高铁
政治经济学
HIGH-SPEED RAILWAY
POLITICAL ECONOMICS

吕健 ◎ 著

感谢

国家铁路局"高铁政治经济研究"课题(KF2019-001-A)

同济大学文科精品力作培育计划(22120220219)

资助

序　言

正如马克思所说,"理论在一个国家实现的程度,总是取决于理论满足这个国家的需要的程度"(《马克思恩格斯选集(第一卷)》,人民出版社2012年版第1页)。中国经过40多年的改革开放,进入了一个新时代,使习近平经济思想具有了全新的时代内涵,从"富起来"到"强起来"的历史性跨越正是这些新思想、新观点、新贡献的高度概括,也是新时代中国特色社会主义政治经济学的集中体现,更是对马克思主义政治经济学的丰富和发展。

党的十八大以来,中国高铁建设突飞猛进,标志着中国装备制造业开始迈向全球价值链的中高端;党的二十大更是发出了加快建设交通强国的伟大号召。截至2022年底,中国高铁里程已突破4.2万公里,占全球高铁总里程的60%以上;中国高铁不但规模大,速度也快,最高运营时速达486.1公里,最高试验时速更达605公里,为世界之最。伴随着中国高铁的发展,应运而生的高铁经济也成为一种新兴的经济形态。自然,它也亟须全新的经济理论——高铁经济学加以支撑和指导。

高铁经济学是研究高铁在各个发展阶段上的各种经济活动和各种相应的经济关系及其运行、发展规律的学科。世界范围内尚未建立"高铁经济学"这一专门学科,因此,高铁经济理论开辟了经济学研究的新领域,丰富了经济学学科组成,拓展了经济学理论体系。研究高铁经济学是一项综合而复杂的工作,涉及政治、经济、文化、社会、生态等多个领域,在这一过程中,各种立场、理论、观点、方法交叉应用,相关知识体系、理论结构错综复杂。因此,高铁经济学的研究,离不开马克思主义理论特别是马克思主义政治经济学的基本理论、观点、方法的指导。在这种情况下,开展高铁政治经济研究,对于我们在高铁经济学研究中深刻领悟"两个确立"、增强"四个意识"、坚定"四个自信"、做到"两个维护",确保高铁经济学始终坚持马克思主义立场、走中国特色社会主义哲学社会科学研究道路具有重要的意义。

近十几年来,高铁深刻地影响了国家经济建设和社会发展的各个领域,必将对现代化经济体系建设发挥强大的战略支撑作用。因此,高铁政治经济学的研究对象就是高铁支撑现代化经济体系建设的理论机制。具体而言,就是从现代化经济体系的基本内涵和总体要求入手,探究其背后的根本逻辑,即"富起来"到"强起来"的历史逻辑,进而从指导思想、现实基础、根本逻辑、关键视角、建设路径五个方面提出高铁支撑现代化经济体系建设的理论机制。最后,基于该理论机制所提出的建设路径,构建发挥高铁战略作用的政策体系,即以建设现代化经济体系为根本目标,在对内发展方面,基于高铁经济,围绕微观生产效率和宏观发展质量提出政策措施,促进国内经济发展;在对外开放方面,在"一带一路"倡议下,围绕高铁"走出去"战略提出政策措施,开创对外开放新格局。

《高铁政治经济学》全书共分八部分,除第一章绪论之外,第二、三、四章首先明确了高铁政治经济学研究的指导思想,即习近平经济思想,这是中国特色社会主义政治经济学的集中体现;其次,阐述了高铁政治经济学的理论基础和实践基础,并指出高铁政治经济学研究是对习近平经济思想的生动实践;再次,通过对高铁经济学研究现状的分析,指出高铁经济领域的研究亟须高铁政治经济学加以引领。第五、六、七章主要围绕高铁支撑现代化经济体系建设的理论机制展开,该机制包括指导思想、现实基础、一条根本逻辑、两个关键视角、两条建设路径,进而分别沿着两条建设路径进行阐述。第八章分别从微观、宏观、国际三个层面提出政策建议,构成较为完备的政策体系。

本书即将付梓之际,欣逢党的二十大胜利召开。大会指出:从现在起,中国共产党的中心任务就是团结带领全国各族人民全面建成社会主义现代化强国、实现第二个百年奋斗目标,以中国式现代化全面推进中华民族伟大复兴。这充分表明本书的研究合乎中国式现代化的进程,合乎时代的需求。我们既要以党的二十大精神检验本书的研究,又要将党的二十大精神融入本书的研究,使高铁政治经济学更具时代气息。

  本书在写作过程中,参考了大量的文献、引用了大量的数据,在此向这些科研工作者表示感谢!杜博士、刘静静、章义蓉、张宜慧、张晓晴、陆宣、马硕等研究生为本书的撰写做了大量的文献梳理和文字准备工作,这里一并感谢!更要感谢复旦大学出版社徐惠平先生、谢同君先生为本书出版所付出的辛勤劳动!由于高铁政治经济学是一个全新的研究领域,主题内涵深刻而复杂,本书只是此项研究的一个开始,或者说一种尝试,其中还有许多问题值得进一步探讨,再加之作者知识水平有限,书中的错误和争议在所难免,敬请读者批评指正!

吕　健
2024 年 4 月

目　录

第一章　绪论 ··· 1
　　第一节　高铁政治经济学的研究背景和研究意义 ················· 1
　　第二节　高铁政治经济学的研究对象和研究方法 ················· 12
　　第三节　高铁政治经济学的研究框架 ······························ 15

第二章　高铁政治经济学的指导思想 ·· 20
　　第一节　改革开放与新时代 ·· 20
　　第二节　习近平经济思想的科学性 ·································· 30
　　第三节　习近平经济思想对政治经济学的丰富和发展 ·········· 38

第三章　高铁政治经济学的形成 ·· 42
　　第一节　高铁建设与高铁经济 ······································· 42
　　第二节　高铁与政治经济学的新发展 ······························ 52
　　第三节　高铁政治经济学对习近平经济思想的集中体现 ······· 60
　　第四节　高铁政治经济学与中国式现代化 ························· 65

第四章　高铁经济学的研究现状 ·· 74
　　第一节　高铁经济学研究总览 ······································· 74
　　第二节　高铁经济学的文献计量分析 ······························ 79
　　第三节　高铁经济学研究的演进阶段 ······························ 91
　　第四节　高铁经济学研究的发展趋势 ······························ 97
　　第五节　评论与展望 ··· 106

第五章　高铁与现代化经济体系建设 …… 109
第一节　现代化经济体系 …… 109
第二节　建设现代化经济体系的根本逻辑 …… 113
第三节　高铁支撑现代化经济体系建设的理论机制 …… 124

第六章　高铁与国内经济发展 …… 133
第一节　高铁与社会主义生产力 …… 133
第二节　高铁与微观生产效率 …… 149
第三节　高铁与宏观发展质量 …… 157

第七章　高铁与对外开放新格局 …… 171
第一节　经济全球化发展的新阶段 …… 171
第二节　国际公共品供给及其模式 …… 182
第三节　高铁与"一带一路" …… 191
第四节　对外开放新格局 …… 202

第八章　发挥高铁战略作用的政策体系 …… 215
第一节　微观层面：以高铁提升经济效率 …… 215
第二节　宏观层面：以高铁提升发展质量 …… 234
第三节　国际层面：以高铁开创对外开放新格局 …… 249

参考文献 …… 264

第一章 绪　论

本章主要分析高铁政治经济学的研究背景和意义,明确高铁政治经济学的研究对象,即高铁支撑现代化经济体系建设的理论机制,并提出了在研究过程中所遵循的研究方法;进而介绍本书围绕高铁政治经济学的研究对象所展开的章节设计。

第一节　高铁政治经济学的研究背景和研究意义

一、研究背景

(一)习近平经济思想的产生

"理论在一个国家实现的程度,总是取决于理论满足这个国家的需要的程度。"①作为新时代中国特色社会主义政治经济学集中体现,习近平经济思想继承了马克思主义政治经济学的立场、观点和方法,彰显了改革开放以来特别是十八大以来中国经济建设的伟大实践。习近平经济思想是新发展理念和新理论内容的有机结合,是对马克思主义政治经济学的丰富和发展。习近平经济思想不仅为中国经济的持续健康发展提供了科学指导,也为世界经济的可持续发展提供了解决思路。

党的十八届五中全会提出了创新、协调、绿色、开放、共享的发展理念,党的二十大进一步强调要完整、准确、全面贯彻新发展理念,体现出党

---

① 马克思,恩格斯.马克思恩格斯选集(第一卷)[M].北京:人民出版社,2012:11.

对中国经济社会发展规律认识的深化。创新作为"发展的第一动力",解决的是中国发展的动力问题;协调作为经济持续健康发展的内在要求,致力于解决中国发展中出现的不平衡问题;绿色不仅是保证中国永续发展的必要条件,也是满足人们对美好生活需要的重要体现;开放作为国家繁荣发展的必由之路,解决了内外联动的问题,加速了中国经济与世界经济的融合发展;共享是中国特色社会主义的本质要求,是新发展理念的出发点和落脚点,致力于解决中国的社会公平正义问题,不仅要做大经济发展的"蛋糕",也要分好"蛋糕",实现"发展为了人民、发展依靠人民、发展成果由人民共享"。新发展理念也是对改革开放以来中国共产党人发展理念的继承和发展。这些发展理念为习近平经济思想提供了理论源泉。

"中国特色社会主义政治经济学只能在实践中丰富和发展,又要经受实践的检验,进而指导实践。"[①]理论对实践有着巨大的指导作用,理论只有在实践中才能产生并得到验证。经过改革开放40多年的发展,中国的社会生产力得到了极大的发展,高铁的发展、大飞机的升空、5G通信的运营对中国乃至全世界产生了巨大的影响。进入新时代之后,中国的主要矛盾转变成人民日益增长的美好生活需要和不平衡不充分的发展之间的矛盾。不平衡是因为经济社会体系结构制约生产力的全面提升,主要表现在区域、城乡、收入、经济与社会发展以及生态发展等方面;不充分是总量和水平的问题,需要从有效供给、市场竞争、动力转换和制度创新等方面加以解决。因此,进入新时代,社会主义经济建设的推进、"两个一百年"奋斗目标的实现,以及中华民族的伟大复兴,迫切需要新的思想来指导,从而为习近平经济思想的产生提供了实践基础。

习近平经济思想内涵丰富,不仅继承了马克思主义政治经济学中的理论观点,又立足中国实际,推动了马克思主义政治经济学的新发展。第一,习近平经济思想回答了新时代坚持和发展什么样的中国特色社会主义、怎样坚持和发展中国特色社会主义的重大时代课题。其中,有关中国

---

① 习近平. 坚定信心增强定力 坚定不移 推进供给侧结构性改革[N]. 人民日报,2016-07-09(01).

经济发展的新思想、新观点,展现出习近平经济思想的创造性,开拓了政治经济学的新境界。第二,习近平经济思想提出创新、协调、绿色、开放、共享的发展理念,是对发展理念的完善,改变了经济发展单纯追求增长速度的观念,把追求经济的高质量发展作为发展的最终目标,开拓了政治经济学的新理念。第三,习近平经济思想明确要求"始终坚持以人民为中心",充分发挥人作为物质财富创造者的作用,从而使人的发展与生产的发展相协调,生产发展的最终目的是促进人的自由而全面发展,发展了政治经济学的新立场。第四,习近平经济思想把供给侧结构性改革作为发展的主线,从生产端入手,通过不断提高社会生产力和供给体系的质量和效率满足人们对美好生活的需要,通过供给侧结构性改革提供更多的选择来扩大消费者的需求,为政治经济学提出了研究的新主线。第五,习近平经济思想强调使市场在资源配置中起决定性作用,同时,发挥好政府的职能作用,有效的政府治理让社会主义市场经济体制优势得以更好发挥,丰富了政治经济学的新理论。

(二) 中国高铁的发展

2008年,京津高铁开通运营,标志着我国开始迈入高铁时代。党的十八大之后,中国高铁迎来了新的发展机遇。2015年6月,具有中国完全自主知识产权的中国首列标准动车组正式下线。2016年7月,国家发展改革委员会(简称发改委)、交通运输部以及中国铁路总公司正式印发了《中长期铁路规划网》,"四纵四横"的高速铁路网升级为"八纵八横"的高速铁路网。中国高铁不仅在国内取得了巨大的成就,还走向了世界。2016年10月,中国中车宣布正式启动时速600公里的高速磁浮、时速400公里可变轨距高速列车、时速200公里的中速磁浮以及轨道交通系统安全保障技术研发项目。2017年6月,中国标准动车组正式命名为"复兴号",开启了中国高铁创新发展的新征程。2018年,福建省成为中国首个"市市通高铁"的省份。中国高铁已经站在了全球高铁市场的最前沿,并不断地引领着全球高铁市场的发展。

高铁经济伴随着高速铁路的建设而兴起,是中国步入高铁时代所衍生出的一种新型经济形态。党的十九大报告在强调加快建设创新型国家时，提出了建设交通强国，党的二十大报告进一步要求加快建设交通强国，可见高铁对于促进国家经济社会发展的巨大作用。具体地说，高铁经济主要是依托高速铁路的综合优势，促进资本、技术、人力等生产要素以及消费群体和消费资料等消费要素，在高速铁路沿线和城市群之间实现优化配置和集聚发展，兴起的以高铁为轴线的新型经济形态。不仅铁路事业的深层发展需要高铁，国民经济和社会发展的各个领域都对高铁建设有巨大的需求，高铁建设不仅能够带动高铁相关行业的发展，也能够拉动高铁沿线城市经济的发展，加快中国的城镇化和工业化的进程，可以说，高铁经济的兴起具有必然性。

基于"一带一路"倡议，中国高铁积极推行"走出去"战略。随着中国高铁技术的长足发展和创新能力的日益强大，高铁迈出的每一步都为中国在国际市场上谋求发展打下坚实的基础。当前，中国高铁已经开始了由单一的要素走出去转变为全产业链走出去，因此，中国与沿线国家在交通设施尤其是高铁领域的各类合作也日益密切。一方面，中国高铁推动了技术标准的国际化，推广了中国高铁标准的应用范围，提升了我国的国际影响力和竞争力，让越来越多的国家分享了中国高铁发展的成果。另一方面，促进了高铁国际产能合作，使合作各方能够根据自己的需要引入其他国家有竞争力的装备、技术和管理经验，充分发挥比较优势，推动工业化和现代化水平。中国高铁积极响应"一带一路"倡议，努力推动沿线国家基础设施互联互通，既为"一带一路"搭建了合作的桥梁，又支持了沿线各国经济社会发展，提高了沿线人民的福祉，从而为构建人类命运共同体创造了条件。与此同时，高铁走出去不仅仅向世界输送高铁产业，更是为人类文明进步和文化交流搭建了平台，把中国优秀文化更加生动、更加直观地带给了世界。

（三）高铁经济学发展的需要

高铁经济学是研究高铁在各个发展阶段上的各种经济活动和各种相应的经济关系及其运行、发展规律的学科。世界范围内尚未建立"高铁经济学"这一专门学科,因此,高铁经济学开辟了经济学研究的新领域,丰富了经济学学科组成,拓展了经济学理论体系。高铁经济学原创于中国,主要原因是中国高铁在规划建设、运营管理等方面具有独特的优势及其与之相关的动能研究、动力研究,而世界上其他国家尚不具备这些。高铁经济学瞄准世界科技和高铁发展前沿,聚焦基础研究,实现前瞻性研究、引领性原创成果的重大突破。因此,高铁经济学是一门涉及多个产业、多个行业、多个领域的创新型、复合型学科,同时,高铁经济学是由哲学、政治学、社会学、数学、地理学、理论经济学、应用经济学、系统学、交通工程学、管理科学与工程、工商管理等自然科学和社会科学、软科学与硬科学交叉融合的新兴学科①。

高铁经济学既是一门以经济学基本理论为基础的应用科学,又是一门融多学科于一体的综合性交叉科学。除高铁政治经济之外,高铁经济学的研究领域还包括以下10个领域。(1)高铁国民经济:主要研究高铁发展与国民经济发展的关系,涉及高铁与投资、高铁与消费等。(2)高铁社会经济:主要研究高铁经济与社会发展之间的关系。(3)高铁生态经济:主要研究高铁发展与自然资源、生态环境之间的关系。(4)高铁地理经济:主要研究高铁发展与国土开发、区位经济活动、资源配置利用之间的关系。(5)高铁区域经济:主要研究高铁与区域经济发展之间的关系。(6)高铁产业经济:主要研究高铁产业内部各企业之间相互作用关系的规律。(7)高铁劳动经济:主要研究高铁全产业链劳动关系及其发展规律。(8)高铁数量经济:主要研究高铁规划项目决策、运营绩效评估等。(9)高铁运输经济:主要研究旅客和货物通过高铁进行位置转移的经济问题。(10)高铁旅游经济:主要研究高铁发展对旅游流及旅游产业的影响②。

随着中国高铁发展不断提速、高铁走出去战略不断推进,高铁经济学理论的深化、高铁经济学学科的发展将是一个必然的趋势。然而,研究高铁经

---

① 国家铁路局.高铁经济学导论[M].北京:中国铁道出版社,2018:7.
② 同上书,第11—12页。

济学是一项综合而复杂的工作，涉及政治、经济、文化、社会、生态等多个领域，在这一过程中，各种立场、理论、观点、方法交叉应用，相关知识体系、理论结构错综复杂。因此，高铁经济学的研究和学科创立，离不开马克思主义理论，特别是马克思主义政治经济学的基本理论、观点、方法的指导。在这种情况下，开展高铁政治经济学，对于我们在高铁经济研究中深刻领悟"两个确立"、增强"四个意识"、坚定"四个自信"、做到"两个维护"，确保高铁经济学始终坚持马克思主义立场、走中国特色社会主义哲学社会科学研究道路具有重要的意义。

第一，高铁政治经济学能够巩固马克思主义在高铁经济学意识形态领域的主导地位。开展高铁政治经济学有助于马克思主义在整个高铁经济学研究和学科创建中掌握意识形态工作领导权、管理权、话语权。在当前国际国内形势深刻变化和社会思潮多元化的背景下，哲学社会科学，特别是新兴的交叉学科意识形态领域争夺阵地、争夺研究人员、争夺人心的斗争日趋激烈，维护国家意识形态安全、做好高铁经济学研究中的思想政治工作的任务更加艰巨、紧迫和重要。高铁政治经济学既有自己的研究范围、研究对象和研究内容，又是对从事高铁经济研究人员进行马克思主义指导和思想政治教育的重要渠道；也可以说，高铁政治经济学是高铁经济学研究、高铁经济学学科创建的基本支撑。

第二，高铁政治经济学能够提高马克思主义对高铁经济学重大理论和现实问题的解释力。科学性和革命性的统一是马克思主义的鲜明特征，因此，科学性与意识形态性、真理性与价值性的有机统一也应该是高铁经济学的理论特征和重要原则。高铁政治经济学能够坚持马克思主义在高铁经济学理论研究、理论宣传上的科学性，通过与中国高铁成功实践相结合，不断推进马克思主义在高铁经济学领域的中国化时代化大众化，不断增强马克思主义对于高铁经济学重大理论和现实问题的解释力，从而不断提高作为新兴学科的高铁经济学的影响力和吸引力。高铁政治经济学的指导思想就是习近平经济思想，其灵魂就是新发展理念，根本立场就是"以人民为中心"，在高铁经济学研究和学科创建中，只有坚持把新发展理念作为研究导向，把"以人民为主线"作为价值立场，将中国高铁发展的实践经验总结提升为科学的经济理论,才能在真正意义上解释高铁经济学重大的理论和现实问题。

第三,高铁政治经济学能够发挥马克思主义在高铁经济学人才培养过程中的引领作用。而这种引领作用的关键,就是要引导人。高铁经济学发展和高铁经济学学科创立,必然要求建立一整套规范的本科生和研究生教育培养体系。在这一过程中,高铁政治经济学能够在培养高铁经济学专业人才的同时,引导广大青年学生以正确的世界观、人生观、价值观去认识、了解、研究和传播中国高铁发展的实践经验和高铁经济学理论,进一步坚定中国特色社会主义道路自信、理论自信、制度自信、文化自信,从而对新兴的高铁经济学研究和高铁经济学学科的创建树立信心。

二、研究意义

(一) 高铁政治经济学是习近平经济思想的生动实践

第一,坚持了新发展理念。高铁政治经济学不仅在技术上坚持了创新,在制度上也进行了很大的创新;高铁政治经济学强调利用高铁的优势实现各个区域联动,对缩小区域发展差距、促进区域协调发展方面发挥着巨大作用;高铁政治经济学本身自带绿色属性,同时对推动社会的绿色发展起到了巨大的作用;高铁政治经济学特别强调,中国高铁成功实现了与国际的接轨,成功地引进来国外先进的经验和技术,通过消化吸收再创新后推动中国高铁走出去。高铁政治经济学坚持"以人民为中心"的思想,通过促进区域之间的发展带动了贫困地区的脱贫,实现了贫困地区自然资源和特色农产品走出去。

第二,坚持了供给侧结构性改革的发展主线。高铁政治经济学的研究发现,人们的需求的满足,不仅在于经济的发展、市场的发展以及国民对其有需求,更关键的是高铁经济从供给侧出发,使经济的发展由原来追求数量的粗放型方式转变为以质量为主的集约型方式,通过创新和技术优势降低了劳动力成本、土地和自然资源成本以及生态环境成本。高铁的发展实现了产业的优化调整,将经济发达地区丧失比较优势的产业转向经济欠发达地区,促进了经济发达地区产业的转型升级、欠发达地区经济的加速发展。

第三,坚持了市场在资源配置中的决定性作用。中国高铁在发展初期为了打破资本和技术的束缚,开放了高铁发展的市场,实现了对高铁技术引进消化吸收和创新,因此,才有了中国高铁完全自主的知识产权。在国内经济的发展上,高铁政治经济学强调借助高铁高速的运输能力,加强了区域之间的互联互通,实现了区域之间资源的优化整合,拓宽了要素集聚的市场,充分发挥了市场在资源配置中的决定性作用,同时也利用政府的监管职能,避免了市场的盲目性、滞后性以及恶性竞争,促进了市场的健康发展。

第四,坚持了高速度向高质量发展的转变。高铁经济不是简单的速度经济,必须依托创新驱动的作用,创立"高铁标准",实现高质量的发展,它不仅仅是高铁行业经济的发展,并且包含其所辐射的每一个区域和行业。高铁政治经济所研究的高质量发展表现在它有很长的产业链。高铁经济高质量发展的建设是一个庞大的系统性工程,能够带动与高铁直接相关的上下游产业的全面优化升级,高铁能够通过"高铁标准"将一些传统产业推向绿色和高端,传统产业将搭乘高铁的快车"走出去",角逐世界市场,推动高科技产业在世界的领先地位。

(二)高铁政治经济学是对政治经济学的发展

第一,高铁政治经济学是对马克思主义生产力理论的丰富和发展,高铁政治经济学也显示出对生产力的全新认识。中国经济发展进入新常态,经济增速从高速增长转为中高速增长,经济结构不断优化升级,从要素驱动、投资驱动转向创新驱动,高铁的建设消除了区域之间发展的距离障碍,加强了区域之间的联系,为经济的发展提供的广阔的市场,释放了区域发展的生产力,引领了新常态的发展,推动了经济社会的持续发展,而社会生产力的发展又需要社会生产关系作出相应的调整。

第二,高铁政治经济学是对马克思主义经济发展方式理论的丰富和发展。在全球新技术取代旧技术、人工智能技术取代劳动密集型技术的趋势下,高铁政治经济学是对中国经济发展方式转向内涵式方向发展的体现,实现了从注重速度、数量向追求质量和效益转变。高铁政治经济学充分体现出对经济发展方式转变的思考，是对马克思主义经济发展方式理论的坚持和发展。

第三，高铁政治经济学是对马克思主义供求关系理论的丰富和发展。高铁政治经济学通过创新、升级式的发展为人们主观需求的满足提供了客观条件，高铁政治经济学从供给侧方面出发，通过安全高速的出行体验，改变了人们的生活方式；通过推动制造业的发展，为人们提供了更高级的高铁产品；通过推动城市化发展的进程，加速了社会经济的发展。高铁政治经济学倡导的是一种高效益的经济，通过空间的集聚效应，能够将生产的成本降到最低，通过高质量和低价格的供给促进了商品的生产，满足了人们不断变化的需求。

（三）高铁政治经济学为建设现代化经济体系提供理论支撑

第一，高铁政治经济学论证了高铁能够形成社会主义生产力。当新的生产力具备了人民性、前瞻性、符号性的时候，就符合了社会主义生产力基础的本质要求。由于高铁能够完整、准确、全面贯彻新发展理念，缩小居民收入差距，避免贫富两极分化，实现共同富裕，增强人民群众的获得感，从而符合了人民性的要求。由于高铁有着极高的科技含量，因此要比一般的生产活动具有前瞻性，对生产的发展起着巨大的推动作用，从而符合了前瞻性的要求。由于中国高铁走出去战略除了支持其他国家经济社会发展之外，还积极传播中国优秀文化，成为一张亮丽的中国名片，从而符合了符号性的要求。

第二，高铁政治经济学指出高铁能够提升微观经济效率。高铁带来的虹吸效应使城市内企业活动所必需的生产要素发生集聚，通过对资本、劳动力和技术等关键生产要素在更大规模市场上的优化配置，来保障市场所需产能的要素投入数量和质量；通过企业管理者和劳动者对生产制度和工作绩效的完善，激发人的创新性和创造力，以科技驱动生产方式的高效变革；通过促进地区消费规模的扩大和对外经贸市场的交往，不断激发企业活力，从质量层面、效率层面和动力层面综合提高企业的微观生产效率。

第三,高铁政治经济学指出高铁能够提高宏观发展质量。高铁所产生的集聚效应,能够显著提高宏观经济发展质量,主要体现在高铁对区域经济的协调,以及对产业布局的优化。高铁对区域经济协调的直接影响即高铁经济投资价值的直接体现,主要包括:高铁拉动直接投资、加快生产要素流动、形成时空压缩效应。间接影响即高铁网络的经济附加价值间接推动区域经济社会总产出的增长,主要包括:改善区域经济结构、带动土地利用效率提高、提高区域对外开放水平。高铁对产业布局的优化,体现在以下三个方面:一是联动相关产业发展,二是促进轴线带动新产业地理格局的形成,三是提升产业布局灵活度。

第四,高铁政治经济学指出高铁能够开创对外开放新格局。高铁产业做到了引进来和走出去并重,同时,也加强创新能力开放合作,形成陆海内外联动、东西双向互济的开放格局。高铁产业链"走出去",能够培育贸易新业态新模式,推进贸易强国建设。高铁快速、便捷的运输能力使得在更大范围内开展自由贸易试验区、自由贸易港等对外开放高地建设成为可能。此外,高铁走出去这种创新的对外投资方式,促进国际产能合作,形成立足高铁产业、面向全球的贸易、投融资、生产、服务网络,加快培育国际经济合作和竞争新优势。

(四)高铁政治经济学为国家治理体系和治理能力现代化提供依据

高铁政治经济学分别在政治建设、经济建设、文化建设、社会建设以及生态建设等方面有助于提高国家治理体系和治理能力现代化的水平。

第一,高铁政治经济学有助于政治治理水平的提升。中国共产党人始终将为中国人民谋幸福、为中华民族谋复兴作为自己的初心和使命。高铁的建设和发展不仅是对党的执政水平的考验,也是对党的执政能力的提升;高铁经济作为一种新的经济业态,要想实现可持续发展必须打破原有行政体制的束缚,不断改革和完善行政体制,在高铁快速发展的时代,政府必须严格遏制监管不严、制度执行不力以及腐败滋生等问题,狠抓落实、抓监管和保质量等促进高铁经济可持续发展的举措。

第二,高铁政治经济学有助于经济治理水平的提升。高铁政治经济学坚持和完善经济制度,在坚持公有制主体地位的同时,也为民营经济、中小企业等非公有制经济增强了发展的动力;高铁政治经济学坚持和完善经济体制,在充分发挥政府作用的同时,利用市场的决定性作用实现对各种要素资源的有效配置,激发各类市场主体的活力;高铁政治经济学坚持和完善创新体系,成功开辟出一条具有中国特色的高速铁路创新发展道路;高铁政治经济学坚持和完善对外开放,积极推行高铁"走出去"战略。

第三,高铁政治经济学对文化治理水平的提升。高铁政治经济学的发展始终坚持以马克思主义为指导,坚持"四个自信"。中国高铁发展始终坚持解放思想、实事求是的思想路线,通过发展实现最广大人民群众的根本利益。高铁政治经济学在发展过程中以社会主义核心价值观为引领,充分展示了高铁人的敬业精神和爱国情怀,也让每一个中国人产生了民族自豪感和国家认同感。高铁政治经济学强调加强高铁文化组织、文化引导力度,形成发展高铁文化的浓厚氛围,增强全民对高铁品牌的忠诚度以及对中国高铁文化的认可度。

第四,高铁政治经济学对社会治理水平的提升。高铁的发展有利于公共服务能力的完善和公共服务水平的提高,以教育为例,高铁经济的发展带动了区域经济的快速发展,同时高铁在优化出行方式上为人们提供了选择更多优质教育资源的机会。高铁的发展能够促进贫困地区产业的发展,为农业产业发展所需生产资料的引进来和农产品的走出去提供便捷的交通运输条件。高铁在应对公共安全事件时,如突发的自然灾害、疫病蔓延时,高铁以其高运能、高速度为相关地区提供物资支援,发挥中流砥柱的作用。

第五,高铁政治经济学有助于生态治理水平的提升。中国高铁在建设过程中始终坚持人与自然之间的和谐相处,克服了航空运输方式和公路运输方式的弊端,在建设和运行过程中对土地的需求和能源的需求明显更低,避免了建设中对农田等土地资源的占用。高铁发展也提升了沿线地区绿色发展的意识,将对人们的生产和生活方式产生很大的影响。现在伴随着高速度和舒适度,高铁正在被越来越多的游客所青睐。同时,高铁发展也很重视生态安全,提高了人们保护土地、水体、大气、物种安全的能力。

第二节　高铁政治经济学的研究对象和研究方法

一、研究对象

高铁经济伴随着高速铁路的建设而兴起,是中国步入高铁时代所衍生出的一种新型经济形态。中国高铁经济的蓬勃发展离不开政治经济学的理论指导,而新时代中国特色社会主义政治经济学的核心是习近平经济思想,其基础是社会主义制度,其灵魂是新发展理念。中国经过40多年的改革开放,处于高度空前的新时代历史站位上,并赋予了习近平经济思想全新的时代内涵,从"富起来"到"强起来"的历史逻辑是新思想、新观点、新贡献的高度概括,中国高铁事业的发展和高铁经济的繁荣是这一历史逻辑的集中体现。因此,高铁经济又极大地丰富和发展了政治经济学,形成了高铁政治经济学;可以说,高铁政治经济学以习近平经济思想为理论指导,对加快社会主义现代化经济强国建设具有参考价值。

习近平在党的十九大报告中指出,建设现代化经济体系是中国在"两个一百年"历史交汇期亟须完成的战略目标和迫切任务,"必须坚持质量第一、效益优先,以供给侧结构性改革为主线,推动经济发展质量变革、效率变革、动力变革,提高全要素生产率,着力加快建设实体经济、科技创新、现代金融、人力资源协同发展的产业体系,着力构建市场机制有效、微观主体有活力、宏观调控有度的经济体制,不断增强我国经济创新力和竞争力"[①]。在党的二十大报告中又进一步强调:"我们要坚持以推动高质量发展为主题,把实施扩大内需战略同深化供给侧结构性改革有机结合起来,增强国内大循环内生动力和可靠性,提升国际循环质量和水平,加快建设现代化经济体系,着力

---

① 习近平.决胜全面建成小康社会 夺取新时代中国特色社会主义伟大胜利——在中国共产党第十九次全国代表大会上的报告[M].北京:人民出版社,2017:30.

提高全要素生产率,着力提升产业链供应链韧性和安全水平,着力推进城乡融合和区域协调发展,推动经济实现质的有效提升和量的合理增长。"①可以看出,现代化经济体系是由社会经济活动各个环节、各个层面、各个领域的相互关系和内在联系构成的有机整体,是以国内大循环为主体、国内国际双循环相互促进的新发展格局。

高铁作为中国创新发展的典范,近十几年来深刻地影响着国家经济建设和社会发展的各个领域,必将对现代化经济体系建设发挥强大的战略支撑作用。因此,高铁政治经济学的研究对象就是高铁支撑现代化经济体系建设的理论机制。具体而言,高铁政治经济学就是要从现代化经济体系的基本内涵和总体要求入手,探究其背后的根本逻辑,即"富起来"到"强起来"的历史逻辑,进而从指导思想、现实基础、根本逻辑、关键视角、建设路径等五个方面提出高铁支撑现代化经济体系建设的理论机制。最后,基于该理论机制所提出的建设路径,构建发挥高铁战略作用的政策体系,即以建设现代化经济体系为根本目标;对内发展方面,基于高铁经济,围绕微观生产效率和宏观发展质量提出具体的政策措施,促进国内经济持续健康发展;对外开放方面,在"一带一路"倡议下,围绕高铁走出去战略,提出具体的政策措施,开创对外开放新格局,最终建成现代化的经济体系。

二、研究方法

(一) 历史与未来相结合的方法

首先,高铁政治经济学要在中国改革开放 40 多年来经济社会发展的历史大背景下,基于中国高铁最近十几年来的快速发展的成功实践进行构建。改革开放使中国在政治、经济、文化、社会、生态建设等各个方面都发生了翻天覆地的变化,中国的经济实力、综合国力显著提高。在此期间,中国高铁从零起步,串珠成线、连线成网,截至 2022 年运营里程超过 4.2 万公里,占

---

① 习近平.高举中国特色社会主义伟大旗帜 为全面建设社会主义现代化国家而团结奋斗——在中国共产党第二十次全国代表大会上的报告[M].北京:人民出版社,2022:28.

全球高铁运营总里程的60%以上,"八纵八横"高铁网正在逐渐形成。其次,中国特色社会主义进入新时代,高铁政治经济学还必须站在这个全新的历史方位上面向未来,致力于中国在"两个一百年"历史交汇期亟须完成的战略目标,即建设现代化经济体系。而这一战略目标背后的根本逻辑就是从"站起来"到"强起来"的历史唯物主义逻辑。

(二) 理论与实践相结合的方法

高铁政治经济学要在习近平经济思想的指导下,把马克思主义政治经济学理论与中国高铁实践相结合,论证高铁发展所形成的社会主义新生产力,进而为构建高铁支撑现代化经济体系建设的理论机制提供理论准备。马克思主义认为,人类全部社会生活的物质前提是物质生产力的发展,社会的物质生产力同其发展一定阶段相适应的生产关系的总和构成了社会的经济基础,生产力在生产活动中是最活跃、最革命的要素。创新是引领发展的第一动力,高铁的发展为中国带来了新的劳动资料,进而产生了新的劳动者和劳动对象,这些全新的生产力要素有机结合形成了新的生产力,当新的生产力具备了人民性、前瞻性、符号性的时候,就符合了社会主义生产力基础的本质要求,成为社会主义新生产力。

(三) 微观与宏观相结合的方法

高铁政治经济学的核心内容是构建高铁支撑现代化经济体系建设的理论机制。由于现代化经济体系是由社会经济活动各个环节、各个层面、各个领域的相互关系和内在联系构成的有机整体,对于现代化经济体系建设理论机制的构建必然区分微观与宏观两个层面。在论证以高铁为代表的先进技术创造了新的劳动资料、形成了新的生产力,同时又催生了新的社会化生产的基础上,高铁政治经济学指出高铁所产生的虹吸效应能够优化资本、劳动等生产要素的配置,提高微观生产效率;另外,又指出高铁所产生的集聚效应,有助于优化区域经济和产业经济布局,提高宏观发展质量,进而从宏观、微观两个方面推动了国内经济持续健康发展。

（四）国内与国际相结合的方法

高铁政治经济学所构建的高铁支撑现代化经济体系建设的理论机制，从对内和对外两个关键视角提炼出两条建设路径。第一条建设路径就是从对内发展的视角出发，利用高铁发展优化资源配置，通过生产力和社会化生产领域的创新和发展，在微观层面提升经济效率，在宏观层面提高发展质量，进而推动国内经济发展。第二条建设路径就是利用高铁走出去战略为世界提供非霸权主义公共品，通过全球化与国际分工领域的创新和发展，从实现工程技术出口到引领世界经济发展，从而开创对外开放新格局。通过国内与国外相结合的方法，本研究指出当中国经济对内实现持续、健康、高质量发展，对外开放形成新格局之时，中国的现代化经济体系已基本建成。

第三节 高铁政治经济学的研究框架

一、研究内容

本书共分八个部分，除绪论之外，第二、三、四章首先明确了高铁政治经济学的指导思想，即习近平经济思想，这是中国特色社会主义政治经济学的集中体现；其次，阐述了高铁政治经济学的理论基础和实践基础，并指出高铁政治经济学研究是对习近平经济思想的生动实践；再次，通过对高铁经济学研究现状的分析，展望了其未来的发展趋势，并指出高铁经济学的发展亟须高铁政治经济学论加以引领。第五、六、七章主要围绕高铁支撑现代化经济体系建设的理论机制展开，该理论机制包括指导思想、现实基础、一条根本逻辑、两个关键视角、两条建设路径，进而分别沿着两个关键视角所凝练出的两条建设路径进行阐述。第八章分别从微观、宏观、国际三个层面提出政策建议，构成较为完备的政策体系。本书第二至八章的主要研究内容分述如下。

第二章：高铁政治经济学的指导思想。本章作为全书正文开篇章节，为高铁政治经济研究明确了指导思想,即习近平经济思想。习近平经济思想是中国特色社会主义政治经济学的集中体现,也是中国高铁迈向全球价值链的中高端的理论指导。第一节"改革开放与新时代"阐述了改革开放40多年所取得的巨大成就以及改革开放的历史意义和时代价值;分析了新时代的新方位、新内涵和中国特色社会主义进入新时代的历史意义。第二节"习近平经济思想的科学性"探讨了习近平经济思想产生的理论基础和实践基础;论述了习近平经济思想的科学内涵——"1+7"的理论结构,即新发展理念和"7个坚持"及其伟大的时代意义;进而从新课题、新理念、新立场、新主线、新理论五个方面阐述了习近平经济思想对政治经济学的丰富和发展。

第三章:高铁政治经济学的形成。中国高铁经济的蓬勃发展离不开政治经济学的理论指导,而高铁经济又极大地丰富和发展了政治经济学,催生了高铁政治经济学。第一节"高铁建设与高铁经济"首先梳理了世界高铁建设历史和中国高铁建设历程,进而分析高铁经济出现和兴起的主要原因;其次从产业结构优化、区域经济协调、经济资源配置、国民经济发展四个方面介绍了高铁经济对经济社会发展的意义。第二节"高铁与政治经济学的新发展"分析了高铁经济的兴起离不开政治经济学的指导,反过来,高铁经济又可以从生产力理论、发展方式理论、供求关系理论等多个方面丰富和发展政治经济学。第三节"高铁政治经济学对习近平经济思想的集中体现"主要论述了高铁经济完整、准确、全面地坚持了新发展理念,坚持了供给侧结构性改革的发展主线,坚持了市场在资源配置中的决定作用,坚持了高速度发展向高质量发展的转变。第四节"高铁政治经济学对中国现代化的意义"主要论述了高铁政治经济学有助于提高国家在政治、经济、文化、社会、生态等方面的治理水平。

第四章:高铁经济学的研究现状。由于学术界关于高铁政治经济的研究文献极为缺乏,本章尝试通过对中国高铁经济学研究的基本现状、历史演进与发展趋势分析,为本书后文构建一个较为系统的高铁政治经济学框架提供启示和思路。对现有的高铁经济学研究文献进行全面的梳理后发现,未来研究趋势将围绕高铁经济的开放实践研究、区域融合研究、生态契合研究、社会效益研究展开,这就涉及政治、经济、文化、社会、生态等多个领域,在这一过程中,各种立场、理论、观点、方法交叉应用,相关知识体系、理论结构错综复杂。在这种情况下,开展高铁政治经济学研究,对于我们在高铁经济研究中深刻领悟"两个确立"、增强"四个意识"、坚定"四个自信"、做到"两个维护",确保高铁经济学研究始终坚持马克思主义立场、走中国特色社会主义哲学社会科学研究道路具有重要的意义。

第五章:高铁与现代化经济体系建设思路。本章将从现代化经济体系的基本内涵和总体要求入手,探究其背后的根本逻辑,即"富起来"到"强起来"的历史逻辑,进而从指导思想、现实基础、根本逻辑、关键视角、建设路径五个方面提出高铁支撑现代化经济体系建设的理论机制。第一节"现代化经济体系"简要介绍的现代化经济体系的基本内涵和总体要求。第二节"建设现代化经济体系的根本逻辑"明确从"富起来"到"强起来"的历史逻辑就是建设现代化经济体系背后所蕴含的根本逻辑,分析了实现从"富起来"到"强起来"的根本要求,并讨论了新时代中国"强起来"的必然性和重大意义。第三节"高铁支撑现代化经济体系建设的理论机制"为本书后续章节的明确了研究思路。该理论机制由五个方面组成。(1)指导思想:习近平经济思想。(2)现实基础:十八大以来中国高铁发展的成功实践和经验总结。(3)根本逻辑:从"富起来"到"强起来"。(4)关键视角:高铁支撑现代化经济体系建设的机制可以从对内和对外两个视角提炼出两条建设路径。(5)建设路径:第一条建设路径,通过提升微观经济效率,提高宏观发展质量,进而实现国内经济发展;第二条建设路径,利用高铁走出去战略推动全球化与国际分工领域的创新和发展,从实现工程技术出口到引领世界经济发展,从而开创对外开放新格局。

第六章:高铁与国内经济发展。本章将从高铁推动社会主义新生产力的角度入手,围绕现代化经济体系建设机制中的第一条建设路径展开,详细论证高铁是如何在微观层面提升经济效率、在宏观层面提高发质量,从而引领国内经济持续健康发展的。第一节"高铁与社会主义生产力"论证高铁的发展可以产生新的劳动资料、劳动者和劳动对象,进而形成新的生产力,由于其具有人民性、前瞻性、符号性,因此符合社会主义生产力基础。第二节

"高铁与微观生产效率"分析高铁所形成的虹吸效应可以通过生产要素的优化配置,并以高铁对城市经济的影响为例,指出高铁发展有助于提升微观生产效率。第三节"高铁与宏观发展质量"首先分析了高铁所产生的空间集聚效应和扩散效应,进而探讨了高铁对于区域经济的协调和产业结构的优化,通过促进沿线区域第二产业转型升级、第三产业发的快速发展、供给侧结构性改革、发展方式转变,进而提高宏观发展质量。

第七章:高铁与对外开放新格局。本章将从经济全球化发展新阶段中国角色的转换入手,围绕现代化经济体系建设机制中的第二条建设路径展开,详细论证高铁走出去是如何开创对外开放的新格局的。第一节"经济全球化发展的新阶段"简要梳理了经济全球化的发展历程,以及中国参与经济全球化所取得成就;同时,以习近平关于经济全球化的重要论述为指导,论证了经济全球化发展已经进入新阶段,中国将成为世界经济发展的推动者和引领者。第二节"国际公共品供给及其模式"指出在经济全球化发展的新阶段,国际公共品供给问题是单个主权国家无法解决的,需要多个国家的分工协作彻底改变霸权主义国际公共品供给模式,中国高铁走出去对于非霸权主义国际公共品的供给具有重要意义。第三节"高铁与'一带一路'"具体分析了高铁走出去战略对于"一带一路"倡议的推动和落实,该战略致力于打造人类命运共同体,为国际秩序转换和全球治理体系重塑贡献了重要的中国智慧。第四节"对外开放新格局"重点从三个方面设计了中国未来的对外开放新格局:以优化开放布局为目标,以技术和制度创新为抓手,以"一带一路"为战略支撑;指出高铁发展和走出去战略对于开创对外开放新格局的作用。

第八章:发挥高铁战略作用的政策体系。本章基于高铁战略支撑现代化经济建设的理论机制,特别是其中两条建设路径,构建发挥高铁战略作用的政策体系。以建设现代化经济体系为根本目标,在对内发展方面,基于高铁经济,围绕微观生产效率和宏观发展质量提出具体的政策措施,促进国内经济持续健康发展;在对外开放方面,在"一带一路"倡议下,围绕高铁走出去形成的国际公共品供给新模式,提出具体的政策措施,开创对外开放新格局;最终建成中国的现代化经济体系。第一节"微观层面:以高铁提升经济效率"分别从高铁提升要素配置效率、企业生产效率、空间集聚效率、市场效率、城市经济效率等多个方面提出政策建议。第二节"宏观层面：以高铁提升发展质量"分别从高铁提高创新发展质量、协调发展质量、绿色发展质量、开放发展质量、共享发展质量等多个方面提出政策建议。第三节"国际层面：以高铁开创对外开放新格局"分别从以高铁提供国际公共品供给、引领经济全球化、建立世界政治经济新秩序、推进"一带一路"沿线建设、构建"人类命运共同体"等多个方面提出政策建议。

二、总体框架

本书的研究框架如图 1-1 所示。

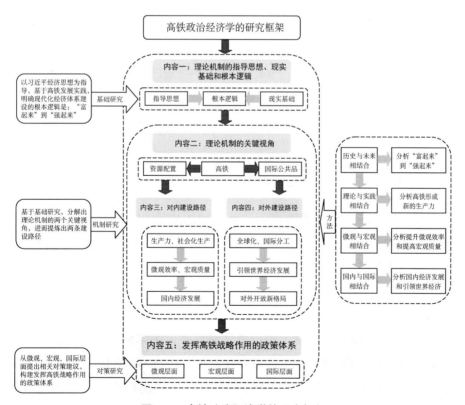

图 1-1 高铁政治经济学的研究框架

第二章　高铁政治经济学的指导思想

经过40多年的改革开放,中国特色社会主义进入新时代。习近平经济思想科学、全面地阐述了新时代如何发展中国特色社会主义经济的重大历史问题,从而丰富和发展了马克思主义政治经济学;具有坚实的理论和实践基础、科学的内容体系、伟大的时代意义;习近平经济思想也为中国高铁迈向全球价值链的中高端提供了科学的理论指导。

第一节　改革开放与新时代

一、改革开放

(一) 改革开放前的"三十而立"

1949年中华人民共和国成立,实现了中国从几千年的封建专制向人民民主的伟大飞跃。毛泽东同志在中国人民政治协商会议第一届全体会议的开幕词中庄严宣告:"占人类总数四分之一的中国人从此站立起来了。"[①]政治上的"站起来"之后,中国人民也开始在经济上"站起来"。1956年社会主义改造的完成,标志社会主义制度在中国的确立。而在第一个五年计划完成之后,中国已经基本建立了比较独立完整的工业体系和国民经济体系。与此同时,中国的道路交通也逐渐发展起来。1949年11月,民航局成立,揭开了中国民航事业发展的新篇章。当时中国民航拥有7条国内航线。

---

① 毛泽东.毛泽东文集(第5卷)[M].北京:人民出版社,1996:343.

1950年6月15日，新中国自行修建的第一条铁路成渝铁路开工。公路、水路、港口建设也在各地全面铺开。截至1978年，中国铁路营业里程达到5.2万公里，比1949年增长了两倍多；公路通车里程达到89万公里，搭起了铁路、公路、水运、民航行业的骨架，实现了从"无路"到"有路"的跨越。其间虽然经历了无数艰辛和困难曲折，但这些成就的取得，为当代中国的各方面发展进步奠定了根本政治前提和物质基础，使中华民族在政治、经济、外交等各方面都成功"站稳站好"；在社会主义革命和建设过程中取得的独创性理论成果和巨大成就，也为在新的历史时期开创中国特色社会主义和建设社会主义现代化强国提供了宝贵经验、理论准备和物质基础。

（二）改革开放后的"四十不惑"

"站起来"只是我们实现中华民族伟大复兴的第一步，接下来，如何使亿万人民生活"富起来"、使国家"富起来"就成为党和国家带领人民要完成的第二步任务。1978年，以邓小平为核心的党的第二代中央领导集体带领全党全国各族人民深刻总结中国社会主义建设的正反两方面经验，解放思想，实事求是，审时度势，作出把党和国家工作重心转移到经济建设上来、实行改革开放的历史性伟大决策，鼓励一部分人、一部分地区先富起来，先富带后富，最终实现共同富裕。改革开放这一决策极大地解放和发展了社会生产力，激发了广大人民群众的创造力，增强了社会发展活力，使中国社会发展呈现一片欣欣向荣的景象，中华民族一步一步地"富起来"。

40多年的改革开放，中国在政治、经济、文化、社会、生态建设等各个方面都发生了翻天覆地的变化，中国的经济实力、综合国力显著提高，科技创新能力不断提升，国际地位和国际影响力不断增强，人民的生活水平和质量大幅提高，文化生活多姿多彩，生态环境日益改善。

自改革开放这"关键一招"实施以来，中国始终坚持以经济建设为中心，不断解放和发展社会生产力，实现了国民经济的快速增长。2010年，中国GDP总量首次超过日本成为世界第二大经济体，后来又逐渐成为世界制造业第一大国、货物贸易第一大国、商品消费第一大国、外资流入第二大国，外汇储备连续多年位居世界第一。改革开放40多年来，中国交通事业也取得了辉煌的成就,中国路、中国桥、中国港、中国车一次次得到创新与突破。长期以来,中国铁路发展滞后,运输能力不能满足国民经济发展要求,特别在春运、暑运、"黄金周"等客流集中的特殊时期,客货运输能力更是极度紧张。改革开放初期,中国的铁路里程5.2万公里,客运列车平均时速不到40公里,铁路运输能力严重落后。改革开放以来,中国铁路运输网络不断扩张,截至2022年,全国铁路营业总里程达到15.5万公里,是1978年的3倍,其中,高铁运营里程突破4.2万公里,占世界高铁运营里程的60%以上。自2008年中国第一条自主建设的高铁——京津城际高铁正式运行以来,京沪高铁、郑西客专、沪杭高铁、合蚌高铁、哈大高铁、京广高铁等陆续开通运营,中国高铁网络开始从"四纵四横"迈向"八纵八横",目前中国成为世界上唯一高铁成网运行的国家。高铁不仅体现了中国装备制造业的发展水平,更是对中国发展速度之快的强有力说明。中国能够用短短几十年的时间完成资本主义国家几百年走过的工业化历程,创造了世界发展史上的奇迹,充分证明了改革开放政策的伟大性、先见性、科学性。只有改革开放才能发展中国,发展社会主义。

改革开放以来,中国始终坚持以人民为中心,教育、就业、医疗、社会保障、住房等一系列民生最关注的问题都是党和国家工作的重中之重。中国逐步推行九年义务教育、普及高中教育、完善职业教育和培训体系、加快"双一流"高校建设,还建成了包括养老、医疗、低保、住房在内的世界最大的社会保障体系。此外,随着中国高铁的快速发展,铁路出行逐渐成为人们出行的首选。特别是2019年,铁路客货运输强劲增长,国家铁路完成旅客发送量36.6亿人次,同比增长8.6%;其中,2019年暑运期间,全国铁路旅客发送量突破7.35亿人次,同比增长10.4%,均创2023年前铁路运输的新高。高铁的发展变革了中国人的出行方式以及对"时间"和"空间"的感知,使千里之地可以"朝发午至",带给了人民以强烈的幸福感和获得感。

40多年改革开放取得的成就是全方位的、开创性的,社会变革是深层次的、根本性的,社会主义焕发出新的强大的生机与活力,国家面貌发生了前所未有的变化,中华民族正以新的姿态屹立于世界的东方。但也必须清醒地认识到目前中国发展仍然存在着一系列的矛盾与问题,在中国社会各方面,不平衡、不充分的发展的问题依然存在。以高铁发展为例,当前高铁布局存在区域不平衡现象,东部地区高铁覆盖率要远高于西部地区。纵然高铁布局受地区经济发展水平和人口密度等因素影响较大,但若要实现区域经济协调发展,实现高铁产业空间布局的良性协调发展将是其中重要一环。"改革是由问题倒逼而产生,又在不断解决问题中得以深化。同时,旧的问题解决了,新的问题又会产生。"①习近平强调:"改革开放只有进行时,没有完成时。"②我们过去几十年的快速发展靠的是改革开放,未来的发展也必须坚定不移地推行改革开放这一伟大决策。

(三) 改革开放的历史经验

改革开放这一伟大决策对中国的重要意义、对社会主义发展的重要意义都是不言而喻的。中国高铁各种尖端技术的从无到有、从模仿到创新、从跟跑到并跑再到领跑,得益于改革开放的实践;中国40多年来经济社会各方面成绩的取得,得益于改革开放的实践;人民生活水平的不断提高,人民幸福感的不断增长,民族振兴进程的不断加快,得益于改革开放的实践。可以说,没有改革开放,就没有今天的中国。40多年改革开放的实践充分证明,改革开放是党和人民大踏步赶上时代的重要法宝,是坚持和发展中国特色社会主义的必由之路。

1. 坚定不移地推行改革开放这"关键一招"

过去的几十年,中国最鲜明的时代特色就是改革开放,依靠改革开放这一伟大决策,中国面貌发生了翻天覆地的变化。1991年,邓小平同志就曾指出,坚持改革开放是决定中国命运的一招。27年后,习近平在庆祝改革开放40周年大会上总结说:"40年的实践充分证明,改革开放是党和人民大踏步赶上时代的重要法宝,是坚持和发展中国特色社会主义的必由之路,是决定当代中国命运的关键一招,也是决定实现'两个一百年'奋斗目标、实

---

① 中共中央宣传部.习近平总书记系列重要讲话读本(2016年版)[M].北京:人民出版社,2016:69.
② 同上书,第68页。

现中华民族伟大复兴的关键一招。"①回顾40多年改革开放走过的历程和取得的成就,充分证明了只有改革开放才是一个国家、一个民族的生存发展之道,闭关锁国、故步自封只能导致落后、贫穷,最终必将被时代所淘汰。改革开放推动中国发生了历史性的巨变,实现了中华民族从"站起来"到"富起来"的历史性跨越,同时为中华民族"强起来"奠定了坚实的基础,走出了一条国富民强的社会主义现代化发展之路,是真正决定中国命运的"关键一招"。

2. 坚定不移地走中国特色社会主义道路

方向决定前途,道路决定命运。中国共产党"团结带领中国人民进行改革开放新的伟大革命,极大激发广大人民群众的创造性,极大解放和发展社会生产力,极大增强社会发展活力,人民生活显著改善,综合国力显著增强,国际地位显著提高。这一伟大历史贡献的意义在于,开辟了中国特色社会主义道路,形成了中国特色社会主义理论体系,确立了中国特色社会主义制度,使中国赶上了时代"②。习近平在庆祝中国共产党成立100周年大会强调,"中国特色社会主义是党和人民历经千辛万苦、付出巨大代价取得的根本成就,是实现中华民族伟大复兴的正确道路。我们坚持和发展中国特色社会主义,推动物质文明、政治文明、精神文明、社会文明、生态文明协调发展,创造了中国式现代化新道路,创造了人类文明新形态"③。改革开放之所以成功,就在于我们坚持走适合中国国情的道路,走中国特色社会主义道路。我们在学习和借鉴西方国家先进技术和管理经验同时,并不照搬照抄西方的发展模式,而是坚定社会主义方向,走自己的道路。改革开放以来,中国道路交通领域如公路、铁路、空港等基础设施的建设以及其他领域等一系列成就的取得,充分展现了社会主义的生命力和凝聚力,充分体现了社会主义制度的优越性。40多年改革开放取得的辉煌成就,充分证明中国特色社会主义道路的正确性。

3. 坚定不移地坚持中国共产党的领导

中国共产党的领导是中国特色社会主义的本质特征,是中国特色社会

---

① 习近平. 在庆祝改革开放40周年大会上的讲话[N]. 人民日报,2018-12-19(02).
② 习近平. 在庆祝中国共产党成立95周年大会上的讲话[N]. 人民日报,2016-07-02(02).
③ 习近平. 在庆祝中国共产党成立100周年大会上的讲话[N]. 人民日报,2021-07-02(02).

主义制度的最大优势。正是因为在中国共产党的伟大领导下,我们才作出了改革开放的伟大决策,并在党的坚强领导下,克服改革开放中遇到的风险挑战、艰难险阻,坚守初心不动摇。以高铁发展为例,自 2007 年始,中国高铁从无到有,逐渐成为世界上高铁里程最长、运输密度最高、成网运营场景最复杂的国家,"中国技术"和"中国制造"已经迈出领先世界的步伐;中国高铁之所以能取得如此巨大的成就,就是因为人民需要高铁,共产党领导高铁建设的初心就是为人民谋幸福。改革开放每一步都不是轻而易举的,未来必定会遇到难以想象的惊涛骇浪,因此,我们要确保改革开放这艘航船在党的带领下始终沿着正确的航道前行。

回顾改革开放的历史,总结改革开放的经验与成就,对于站在新的历史方位上的中国能够起到重要的指导和引领作用。正如习近平在庆祝改革开放 40 周年大会上所说,"回顾改革开放 40 年的光辉历程,总结改革开放的伟大成就和宝贵经验,动员全党全国各族人民在新时代继续把改革开放推向前进,为实现'两个一百年'奋斗目标、实现中华民族伟大复兴的中国梦不懈奋斗"①。

二、中国特色社会主义进入新时代

十九大报告中明确指出,"经过长期努力,中国特色社会主义进入了新时代,这是我国发展新的历史方位"②。这是党和国家作出的新的重大历史判断,描绘了中国发展的新的时代面貌。之所以能够作出新时代的判断,关键是 40 多年改革开放的伟大成就为中国发展奠定了最坚实的基础。

(一) 新的历史方位

改革开放以来,在党的坚强领导下,中国的综合国力显著增强,国际地位不断提升,GDP 已稳居世界第二位;政治体制不断健全,中国特色社会主

---

① 习近平.在庆祝改革开放 40 周年大会上的讲话[N].人民日报,2018-12-19(02).
② 习近平.决胜全面建成小康社会 夺取新时代中国特色社会主义伟大胜利——在中国共产党第十九次全国代表大会上的报告[M].北京:人民出版社,2017:10.

义制度正展现出极大的活力和创造力,努力开创"中国之治"新局面;道路交通等基础设施不断完善,中国高铁从零起步,串珠成线、连线成网,运营里程超过4.2万公里,占全球高铁运营总里程的60%以上;人民出行更加便捷,各种要素流动更加通畅,人民生活水平日益提高、生态环境日益改善……正是在这一系列重大成就的取得下,十九大报告庄严地宣告,"经过长期努力,中国特色社会主义进入了新时代,这是我国发展新的历史方位"。进入新时代之后,中国的社会主要矛盾也转化为人民日益增长的美好生活需要和不平衡不充分的发展之间的矛盾。但是,我们仍然是世界上最大的发展中国家,仍然处于社会主义初级阶段的基本国情没有变。

中国特色社会主义进入新时代这个新的历史方位,也相当于站在了新的历史起点上,习近平明确指出,"这个新起点,就是中国全面深化改革、增加经济社会发展新动力的新起点,就是中国适应经济发展新常态、转变经济发展方式的新起点,就是中国同世界深度互动、向世界深度开放的新起点"①。我们将以更大的勇气和智慧,创造出让世界刮目相看的新奇迹。

(二) 新的时代内涵

新时代有着丰富的内涵,深刻认识新时代,科学把握新时代,对于决胜全面建成小康社会、开启全面建设社会主义现代化国家新征程、更好地建设中国特色社会主义事业有着重要的指导意义。

1. 新时代是继往开来的时代

改革开放以来,中国共产党以巨大的政治勇气和强烈的责任担当,提出了一系列新理念新思想新战略,出台一系列重大方针政策,推出一系列举措,推进一系列重大工作,解决了许多长期想解决而没有解决的难题,办成了许多过去想办成而没有办成的大事,推动党和国家事业发生历史性变革。这些历史性变革和一系列成绩使得中国特色社会主义进入了新时代这一新的历史方位。新时代我们又作出了新的战略布局,提出了新的发展要求。为顺利实现"两个一百年"奋斗目标,新时代的中国特色社会主义必然要在

---

① 习近平.在二十国集团工商峰会开幕式上的主旨演讲[N].人民日报,2016-09-04(01).

之前成就与变革的基础上承前启后、继往开来,开启新时代的新征程。

2. 新时代是全面建成社会主义现代化强国的时代

党的十九大对新时代中国特色社会主义发展在决胜全面建成小康社会后分两个阶段作出了战略安排:第一个阶段,从 2020 年到 2035 年,在全面建成小康社会的基础上,再奋斗上 15 年,基本实现社会主义现代化;第二个阶段,从 2035 年到本世纪中叶,在基本实现现代化的基础上,再奋斗 15 年,把我国建成富强民主文明和谐美丽的社会主义现代化强国。全面建成小康社会是我们的第一个百年奋斗目标。这一目标的实现,要求我们在决胜期内,坚持统筹推进"五位一体"总体布局、协调推进"四个全面"战略布局,坚决打好防范化解重大风险、精准脱贫、污染防治的攻坚战,最终如期完成全面建成小康社会的奋斗目标;至此,我们的第二个百年奋斗目标,也就是到 21 世纪中叶建成社会主义现代化强国才能顺利推进。从全面建成小康社会到基本实现现代化,再到全面建成社会主义现代化强国,是新时代中国特色社会主义发展的战略布局,我们要齐心协力、全力以赴实现新时代的战略目标。

3. 新时代是"坚持以人民为中心"的时代

经过 40 多年的改革开放,中国的生产力水平以及人们的物质文化生活水平都得到了极大的提高,稳定解决了十几亿人的温饱问题,全面建成小康社会;中国社会各方面建设都取得了突出的成就,在教育、医疗、道路交通等领域的建设举世瞩目,在一个拥有 14 亿人口的大国普及了义务教育,建成了包括养老、医疗、低保、住房在内的世界最大的社会保障体系,完成了总里程 4.2 万公里的高铁网络建设,中国特色社会主义制度的优越性在新时代里展现出了更好的活力和创造力。但是,由于不平衡不充分发展的问题长期存在,人民群众对于美好生活的需求尚难以得到满足,中国区域之间经济社会发展不平衡现象仍然存在。例如,中国"八纵八横"的高铁网络大多布局在东部发达地区,西部地区仍然受制于地理及交通不便等因素而难以实现快速跨越发展。因此,进入新时代,我们不能仅仅满足于实现人民群众的基本生活要求,仅仅"富起来",还要着力解决好发展不平衡不协调不充分的问题,更好地满足人们日益增长的美好生活需要,真正地实现"强起来",让人民拥有更多的幸福感和获得感。

4. 新时代是实现中国梦的时代

这一新的历史时期"是全体中华儿女勠力同心、奋力实现中华民族伟大复兴中国梦的时代"①。不是我们口头宣布进入了新时代,我们就真正达到了新时代的目标要求,"中华民族伟大复兴,绝不是轻轻松松、敲锣打鼓就能实现的"。如今,我们进入中国特色社会主义新时代,我们比历史上任何一个时期都更接近实现中国梦的目标,我们也比历史上任何一个时期都有能力和条件去实现中华民族伟大复兴的伟大梦想,我们一定要勇于面对新时代的重大挑战、抵御新时代的重大风险、克服新时代的重大阻力、解决新时代的重大矛盾,在党的坚强领导下充分调动自身的主体性、发挥出极大的创造力,为新时代中国特色社会主义事业贡献出自己的智慧和力量,为实现中华民族伟大复兴的中国梦添砖加瓦,共同创造出新的更大的奇迹。

5. 新时代是贡献中国智慧的时代

所谓新时代,"是我国日益走近世界舞台中央、不断为人类作出更大贡献的时代"②。随着综合实力的增强,中国的国际影响力也日益增强,日益走近世界舞台中央,为世界贡献中国智慧。例如,雅万高铁是连接印度尼西亚雅加达和万隆的高速铁路,全长142.3千米,最高设计时速350千米,是中国高速铁路在技术标准、勘察设计、工程施工、沿线综合开发等方面整体走出去的第一单。雅万高铁通车后,雅加达到万隆的行车时间由之前的3个多小时缩短至40分钟左右,为当地百姓创造了更好的出行条件,也优化了当地投资环境,为印度尼西亚经济发展增加一条大动脉,造福印度尼西亚广大人民。雅万高铁只是中国智慧和中国方案走出去、造福世界人民的一个缩影。新时代,我们继续坚持对外开放的基本国策,实行更加主动的对外开放战略,积极促进"一带一路"国际合作,支持广大发展中国家发展,积极参与全球治理体系改革和建设,倡导构建人类命运共同体,为促进世界和平与发展不断地贡献中国智慧、中国方案、中国力量。

---

① 习近平.决胜全面建成小康社会 夺取新时代中国特色社会主义伟大胜利——在中国共产党第十九次全国代表大会上的报告[M].北京:人民出版社,2017:11.

② 同上。

（三）进入新时代的历史意义

中国特色社会主义进入新时代，不仅对中华民族具有重大意义，而且在世界社会主义发展史上、在整个人类社会发展史上也具有重大的意义。

1. 对中华民族的重大意义

中国特色社会主义进入新时代，意味着近代以来饱经磨难的中华民族迎来了从站起来、富起来到强起来的伟大飞跃，迎来了实现中华民族伟大复兴的光明前景。经过长期的艰苦奋斗，中国人民在中国共产党的带领下先后"站起来""富起来"，并在摸爬滚打中开辟出来一条中国特色社会主义道路，如今进入新时代新的历史方位，我们距离实现中华民族伟大复兴的伟大夙愿越来越近，我们要进一步坚定中国特色社会主义道路自信、理论自信、制度自信、文化自信，以更加求真务实的精神、破釜沉舟的勇气朝着这个梦想砥砺前行。中国古代的"四大发明"对人类文明作出了巨大贡献，新时代中国又将通过高铁、大飞机、5G 通信等高端装备制造业再次对世界经济产生深远的影响。

2. 对世界社会主义发展的重大意义

改革开放以来，我们党全部理论和实践的主题就是坚持和发展中国特色社会主义。习近平在改革开放 40 周年大会讲话中讲道："在中国这样一个有着 5 000 多年文明史、13 亿多人口的大国推进改革发展，没有可以奉为金科玉律的教科书，也没有可以对中国人民颐指气使的教师爷。"[①]我们坚持把马克思主义基本原理同中国的具体发展实际相结合，走出了适合中国国情的社会主义发展道路，并且这么多年来一直坚定不移地沿着这条道路走下去，才有了中国经济社会的巨大发展，高铁产业才能把引进、消化、吸收和自主创新相结合，走出一条引领全球高铁发展的成功之路。

3. 对人类社会发展的重大意义

中国特色社会主义进入新时代，意味着中国特色社会主义道路、理论、制度、文化不断发展，拓展了发展中国家走向现代化的途径，给世界上那些

---

① 习近平.在庆祝改革开放 40 周年大会上的讲话[N].人民日报，2018-12-19(02).

既希望加快发展又希望保持自身独立性的国家和民族提供了全新选择,为解决人类问题贡献了中国智慧和中国方案。我们从本国国情出发,在建设社会主义现代化建设的道路上形成了自己独特的发展路径,无疑给广大发展中国家提供了借鉴意义,打破了发达国家对发展道路话语权的垄断。中国用事实证明了实现现代化不止西方资本主义扩张那一条道路,条条大路通罗马,只要是符合时代要求和本国实际情况,不损害其他国家发展利益的道路都是可以选择尝试的。这就是中国特色社会主义进入新时代对人类社会发展作出的重要贡献。

第二节　习近平经济思想的科学性

"理论在一个国家实现的程度,总是取决于理论满足这个国家的需要的程度。"[①]作为新时代中国特色社会主义政治经济学的集中体现,习近平经济思想继承了马克思主义政治经济学的立场、观点和方法,彰显了改革开放以来特别是十八大以来中国经济建设的伟大实践。从思想体系上看,习近平经济思想是一个有新发展理念贯穿在其中的、由 13 个方面有机统一的理论系统,是对马克思主义政治经济学的丰富和发展。习近平经济思想不仅为中国经济的持续健康发展提供了科学指导,也为世界发展提供了中国方案。因此,我们将从理论与实践基础、科学内涵、时代意义三个方面阐述习近平经济思想的科学性。

一、习近平经济思想的基础

(一) 理论基础

唯物史观认为,在社会历史的发展进程中,人民群众起着决定性的作用。马克思在《1844 年经济学哲学手稿》中对资本主义社会的异化劳动现

---

① 马克思,恩格斯. 马克思恩格斯选集(第一卷)[M]. 北京:人民出版社,2012:11.

象进行了揭露,并通过对异化劳动的扬弃阐述了共产主义产生的历史必然性,指出了共产主义社会中"每个人的自由发展是一切人的自由发展的条件"的状态。中国共产党一经诞生,就把为中国人民谋幸福、为中华民族谋复兴作为自己的初心和使命,从"全心全意为人民服务"的根本宗旨到"一切为了群众,一切依靠群众,从群众中来,到群众中去"的群众路线,再到"发展为了人民,发展依靠人民,发展成果由人民共享",无不彰显了党和国家领导人对初心的坚守和对使命的践行。习近平指出,"发展为了人民,这是马克思主义政治经济学的根本立场"①。在部署经济工作、推动经济发展中要牢牢坚持以人民为中心的根本立场。

中共十八届五中全会提出了创新、协调、绿色、开放、共享的发展理念。创新的发展理念是对马克思主义发展观中"科学技术是第一生产力"观点的突破;协调的发展理念是对马克思简单再生产和扩大再生产的丰富和发展;绿色的发展理念是对马克思主义生产力理论的重大贡献;开放的发展理念是对马克思主义全球化理论的拓展;共享的发展理念是对马克思主义发展目的理论的深化。同时,新发展理念也是对改革开放以来发展理念的继承和发展。在探索中国特色社会主义道路上,邓小平指出社会主义的本质是"解放生产力,发展生产力,消灭剥削,消除两极分化,最终实现共同富裕",强调"发展才是硬道理";江泽民提出"发展是党执政兴国的第一要务";胡锦涛提出了以人为本、全面协调可持续的科学发展观。这些思想为习近平经济思想提供了理论源泉。

(二) 实践基础

"中国特色社会主义政治经济学只能在实践中丰富和发展,又要经受实践的检验,进而指导实践。"②理论对实践有着巨大的指导作用,同时,只有在实践中理论才能产生并得到验证。习近平经济思想在十八大以来中国特色社会主义经济建设的实践总结和理论归纳中得以丰富和发展。在"人民

---

① 中共中央文献研究室.习近平关于社会主义经济建设论述摘编[M].北京:中央文献出版社,2017:30.
② 习近平.习近平主持召开经济形势专家座谈会[N].人民日报,2016-07-09(01).

日益增长的物质文化需要同落后的社会生产之间的矛盾"阶段,由于社会生产力总体处于一个较低的水平,区域之间、城乡之间以及行业收入等方面差距较小,生产力的发展与社会的发展处于较为平衡的状态。经过改革开放40多年的发展,中国的社会生产力得到了极大的发展,中国的主要矛盾转变成"人民日益增长的美好生活需要和不平衡不充分的发展之间的矛盾",而新发展理念正是为了破解发展中出现的不平衡不充分难题,厚植发展优势。早在2014年5月,习近平在河南省考察时,就首次以"新常态"描述了中国经济已由高速转为中高速增长;同时,指出中国仍处于重要的战略机遇期。正是出于对中国经济处于新常态的准确论断,才提出了供给侧结构性改革,从而进一步提出了高质量发展的目标。理论来源于实践,也必将对新的实践产生重要的指导意义。

二、习近平经济思想的科学内涵

习近平经济思想是习近平新时代中国特色社会主义思想的重要组成部分,是马克思主义政治经济学中国化的最新成果,极大地推动了马克思主义政治经济学的新发展。《习近平经济思想学习纲要》明确指出,习近平经济思想是新时代做好经济工作的根本遵循和行动指南,其科学内涵主要表现在13个方面,即加强党对经济工作的全面领导、坚持以人民为中心的发展思想、进入新发展阶段、坚持新发展理念、构建新发展格局、推动高质量发展、坚持和完善社会主义基本经济制度、部署实施国家重大发展战略、坚持创新驱动发展、大力发展制造业和实体经济、坚定不移全面扩大开放、统筹发展和安全、坚持正确工作策略和方法[①]。

(一) 习近平经济思想的核心内容

作为习近平经济思想的"灵魂",新发展理念是其最重要的理论内涵。

---

① 中共中央宣传部,国家发展和改革委员会.习近平经济思想学习纲要[M].人民出版社,2022:1—5.

党的十八届五中全会指出,"实现'十三五'时期发展目标,破解发展难题,厚植发展优势,必须牢固树立并切实贯彻创新、协调、绿色、开放、共享的发展理念"①;党的二十大进一步强调要完整、准确、全面贯彻新发展理念,体现出党对中国经济社会发展规律认识的深化。习近平指出,"我们将在创新、协调、绿色、开放、共享的发展理念指引下,不断适应、把握、引领中国经济发展新常态,统筹抓好稳增长、促改革、调结构、惠民生、防风险工作,推动中国经济保持中高速增长、迈向中高端水平"②。在新发展理念的科学指引下,近年来,中国铁路部门深入贯彻执行创新、协调、绿色、开放、共享新发展理念,在铁路建设、客运服务、客货运输等方面都取得显著成绩,为中国经济保持中高速增长,提供了重要的支撑保障,从世界先进的中国标准动车组"复兴号"达标运行并稳步扩大开行范围,到高铁网络订餐、站车免费 Wi-Fi、"刷脸"进站,再到动车自主选座、接续换乘等创新服务不断推出,百姓出行获得感不断增强。高铁已成为人民群众旅行的主要交通工具。

(二) 习近平经济思想的理论特色

坚持加强党对经济工作的集中统一领导。中国特色社会主义具有很多特点,其中最本质的特征是坚持中国共产党的领导。坚持党对经济工作的统一领导是坚持党的领导在经济领域的体现。坚持党对经济工作的领导,能够确保经济沿着正确的方向健康发展,集思广益、凝聚共识,调动各方力量形成合力。习近平指出:"党是总揽全局、协调各方的,经济工作是中心工作,党的领导当然要在中心工作中得到充分体现,抓住了中心工作这个牛鼻子,其他工作就可以更好展开。"③当前,中国经济发展面临着日益复杂的国际国内形势,需要解决的问题的难度也越来越大,只有坚持党对经济工作的集中统一领导,才能促进经济社会的平稳运行。

坚持以人民为中心的发展思想。"治国有常,而利民为本",以人民为中

---

① 中共中央.中国共产党第十八届中央委员会第五次全体会议公报[N].人民日报,2015-10-30(01).
② 中共中央文献研究室.习近平关于社会主义经济建设论述摘编[M].北京:中央文献出版社,2017:15.
③ 同上书,第318页。

心的发展思想,体现了我们党全心全意为人民服务的根本宗旨,充分体现出发展作为服务人民需要的手段而存在,将"人民对美好生活的向往"作为党的奋斗目标,"我们的责任,就是要团结带领全党全国各族人民,继续解放思想,坚持改革开放,不断解放和发展社会生产力,努力解决群众的生产生活困难,坚定不移走共同富裕的道路"①。对于中国铁路事业而言,铁路发展要着眼于满足人民日益增长的美好生活需要,补齐铁路网络和运输服务短板,发挥先行作用,把有效支撑精准扶贫放在突出位置,加强革命老区、民族地区、边疆地区、贫困地区铁路对外运输通道建设,提升铁路服务水平和覆盖程度,努力满足人民群众的真实需要。

坚持适应、把握、引领经济发展新常态。中国的经济发展状态由经济增长速度换挡期、结构调整阵痛期以及前期刺激政策消化期"三期叠加"的状况转变为经济发展的新常态,在新常态下,发展方式要从规模速度型向质量效率型转变,发展动力要从主要依靠资源和低成本劳动力等要素投入向创新驱动转变。这些变化也说明"我国经济正在向形态更高级、分工更复杂、结构更合理的阶段演化"②。经济新常态下,"中国制造2025"成为形成经济增长新动力、建设制造业强国的出路之一。而高铁正是中国高端装备制造业的杰出代表。随着国内高铁建设的突飞猛进、海外市场的全方位拓展,高铁的影响力和发展力得以充分显现,成为经济新常态下促进经济发展强有力的助推器。

坚持市场在资源配置中起决定性作用和更好发挥政府作用。如何正确处理市场与政府之间的关系是经济体制改革的核心。市场在资源配置中起决定性作用,但不是起全部作用,政府应该有所为有所不为。中国铁路部门改革就是正确处理市场与政府之间关系的代表性案例。作为涉及国计民生的关键部门,中国铁路的发展不能放弃"人民铁路为人民"的宗旨,不能只追求经济利益;也不能不顾市场规律,简单套用行政改革的做法。2017年以来,中国铁路系统先后实施了铁路局公司制改革、铁路总公司机关内设机构

---

① 习近平. 在十八届中共中央政治局常委同中外记者见面时强调:人民对美好生活的向往就是我们的奋斗目标[N]. 人民日报,2012-11-16(04).
② 习近平. 在中央经济工作会议上的讲话[N]. 人民日报,2014-12-12(01).

改革、所属非运输企业公司制改革等一系列改革,推动了铁路高质量发展。目前,铁路事业呈现良好发展态势,社会效益不断向好,铁路建设科学有序推进,科技创新成果丰硕。

坚持适应中国经济发展主要矛盾变化、完善宏观调控。唯物史观认为,生产关系应该适应生产力的发展要求,改革开放以来中国生产力得到巨大的发展,但生产关系没有跟上生产力的步伐,社会主要矛盾发生新的变化,这就要求党和政府立足主要矛盾,不仅要关注人民的物质文化需要,也要全面地关注人们在政治、文化、社会和生态等方面的需要,将推进供给侧结构性改革作为宏观调控的总抓手,满足人民日益增长的美好生活需要。不平衡不充分的发展在经济领域表现为供给和需求之间的不平衡,需要努力建设以供给侧结构性改革为主线,以实体经济、科技创新、现代金融和人力资源协同发展的产业体系为支撑,以构建市场机制有效、微观主体有活力以及宏观调控有度的经济体制为动力的现代化经济体系。

坚持问题导向部署经济发展新战略,坚持正确工作策略和方法。这两大"坚持"是我们党领导经济工作的战略思维和基本方法,指导我们在分析国际国内经济形势和各种现实经济问题时,能够掌握科学的思想方法和工作方法,提高驾驭经济改革发展复杂局面的能力。习近平指出,"要有强烈的问题意识,以重大问题为导向,抓住关键问题进一步研究思考,着力推动解决我国改革发展面临的一系列突出矛盾和问题"[1]。不管是对社会主要矛盾的判断还是对经济发展新常态的认识,都应以问题意识为导向,从"国民经济的事实出发",从而对发展战略作出相应的调整。必须坚持稳中求进的工作总基调,保持"稳"与"进"之间的辩证关系,实现经济的持续健康发展,切实提高发展质量。

新发展理念与上述"七个坚持"是有机结合、辩证统一的,共同构成了逻辑严密、内涵丰富的习近平经济思想。新发展理念贯穿经济社会发展的各个方面,为经济的发展提供了科学的理论;"七个坚持"相互之间紧密联系,

---

[1] 习近平.关于《中共中央关于全面深化改革若干重大问题的决定》的说明[N].人民日报,2013-11-16(01).

是对实践层面的表述,为理论的贯彻落实提供了具体的实践路径。

三、习近平经济思想的时代意义

习近平经济思想源于实践又指导实践,在理论层面上为发展21世纪马克思主义、当代中国马克思主义作出了历史性贡献,同时,在现实层面上坚持和发展中国特色社会主义,不仅为推进党和国家事业提供了基本的理论指导,也为世界经济的复苏和发展中国家经济的发展贡献了中国方案。

(一)为中国经济发展提供了理论指导

改革开放以来,中国经济在取得伟大成就的同时,也面临着很多的发展困境。"一部分地区发展快一点,带动大部分地区,这是加速发展、达到共同富裕的捷径"[①],但是,发展出现了困境,区域、城乡以及行业之间收入差距逐渐拉大。而在新发展理念的指导下,中国经济发展获得了腾飞的动力。以中国铁路发展为例,在创新发展理念的指导下,高铁引领了"中国创造",使中国成为高铁运营时速最快的国家;在协调发展理念的指导下,中国铁路在建设过程中并未因高铁的迅速发展而取消普通列车,保留下来的普通列车成为中国中西部地区发展的"扶贫专列";在绿色发展理念的指导下,中国铁路在发展的过程中避免了走"先发展后治理"的老路,而是在发展中对可能出现的生态问题进行预防,避免了对生态环境的破坏,实现了真正的绿色发展;在开放发展理念的指导下,中国高铁实现了"走出去",擦亮了"中国名片",不断讲好"中国故事";在共享发展理念的指导下,中国高铁不仅为本国带来了巨大的变化,同时也为世界其他地方的发展助力,随着中老铁路、中泰铁路的开工建设,"中国力量"正在创造更多的辉煌。在经济发展新常态上,习近平对中国经济增长速度、经济结构以及增长动力作出了准确判断。在处理政府和市场之间的关系时,党的十八届三中全会明确提出"使市场在

---

① 邓小平.邓小平文选(第三卷)[M].北京:人民出版社,1993:166.

资源配置中起决定性作用和更好发挥政府作用"①,党的二十大报告中也做了再次强调。市场在资源配置中由基础性作用转变为起决定性作用,表明了市场作为最具效率的资源配置工具对经济发展的推动作用,将"看不见的手"与"看得见的手"相结合,既能够发挥市场配置资源的作用,也能够借助政府为市场经济的发展保驾护航。习近平经济思想能够有效打破经济发展出现的"捷径"之困,为经济在发展中出现的问题提供新的解决思路,使中国经济朝着高质量的方向发展,有效应对国内外复杂的经济环境和挑战,推动中国经济持续健康发展。

(二)为世界经济发展贡献了中国方案

习近平指出:"各国相互联系、相互依存的程度空前加深,人类生活在同一个地球村里,生活在历史和现实交汇的同一个时空里,越来越成为你中有我、我中有你的命运共同体。"②各个国家之间并不是相互孤立的个体,而是相互联系的统一整体,一国的发展对他国的发展也会产生重要的影响。2008年源自美国的金融风暴对世界经济造成了很大的影响,人们开始认识到资本主义制度具有不可克服的制度性缺陷。在西方经济进入"低增长、高风险的新平庸"、全球经济增速放缓时期,中国经济却在稳步增长,为世界经济的发展注入了正能量。"一带一路"倡议的实施、中国高铁的走出去,不仅开创了中国改革开放的新格局,促进了中国经济的发展,也为沿线地区经济的发展提供了机遇,为世界经济的增长注入了新的动力,为全球经济治理提供了新模式,推动了人类命运共同体的构建。中国脱贫攻坚事业取得的巨大成就和宝贵经验,对国际减贫事业和世界经济的发展具有重大贡献。中国现行标准下95%的贫困人口已在2019年底实现脱贫,在2020年底消除农村的绝对贫困,在世界减贫史上创造了"中国奇迹",为发展中国家探索减贫的道路提供了可资借鉴的经验。习近平经济思想推动了马克思主义政治经济学以更加开放的姿态走向世界,不仅

---

① 习近平.习近平谈治国理政[M].北京:外文出版社,2014:117.
② 习近平.顺应时代前进潮流 促进世界和平发展——在莫斯科国际关系学院的演讲[N].人民日报,2013-03-24(02).

为世界经济的复苏提供了新的治理模式,同时也为广大发展中国家探索国家发展之路提供了实践经验、贡献了中国智慧和中国方案。

第三节　习近平经济思想对政治经济学的丰富和发展

习近平经济思想内涵丰富,既继承了马克思主义政治经济学的理论,同时又从世情国情出发对马克思主义政治经济学进行了创新发展。

一、新理论:回答了重大时代课题

中国共产党能够在革命、建设和改革中取得成功,取决于运用马克思主义的立场、观点和方法,在实践中将马克思主义与中国的具体实际相结合,丰富和发展了马克思主义政治经济学,使得马克思主义理论在中国具有强大的生命力。习近平经济思想继承了马克思主义的立场、观点和方法,并从中国改革开放的实际出发,结合改革开放以来各届领导人的实践经验,提出了符合中国实际的思想理论,回答了"新时代坚持和发展什么样的中国特色社会主义、怎样坚持和发展中国特色社会主义"的重大时代课题。经济发展以人民为中心的发展思想,经济发展新常态的论断,发挥市场在配置资源中的决定性作用和更好发挥政府作用,完整、准确、全面贯彻创新、协调、绿色、开放、共享的五大发展理念,坚持党对经济工作的集中统一领导,从"三步走"的完成到新"三步走"的确立,从"全面建设小康社会"到"全面建成小康社会",这些有关中国经济发展的新思想、新观点,展现出习近平经济思想的创造性和中国特色,开拓了政治经济学的新境界。

二、新理念:完善了发展方式

党的十八届五中全会中提出"创新、协调、绿色、开放、共享的发展理念",是对发展理念的完善,改变了经济发展单纯追求增长速度的观念,把追求经济的高质量发展作为发展的最终目标。"创新是引领发展的第一动力",创新的发展理念能够为经济的发展提供持续不断的动能,发展和深化了"科学技术是第一生产力"的论断。协调理念在坚持马克思主义两点论和重点论的基础上,对整体进行统筹,拓展了协调发展的内涵,旨在解决经济发展的不平衡不充分状态。绿色发展不仅是社会经济可持续发展的要求,也是人与自然和谐发展的必由之路,"绿水青山就是金山银山"的论断指出了自然生产力也是生产力,并将生态文明建设融入经济、政治、文化和社会生活等各个方面。不能以牺牲环境为代价而片面地发展经济,以中国交通为例,每天进行长距离旅行的人民群众数以千万计,由于高铁采用的都是电力推进,在运行过程中全程不产生温室气体排放,属于最严格意义上的零排放,因此高铁作为清洁的交通工具,将对减少雾霾、减少温室气体排放产生显著的效果。顺应"世界经济发展"趋势的开放理念有利于国内外发展经验互鉴,符合共赢的发展逻辑,"一带一路"倡议的实施是对开放理念的贯彻。共享理念是经济发展的出发点和落脚点,是对"发展为了人民、发展依靠人民、发展成果由人民共享"的践行,有利于解决社会公平正义问题,实现全体人民共同富裕。由追求增长速度到高质量发展的转变,反映出新发展理念是全方位发展的有机结合的整体,创新了马克思主义的发展观。

三、新境界:坚持以人民为中心

马克思主义认为,人是社会生产力中最活跃、最积极的因素。以人民为中心的发展思想就是要充分发挥人作为物质财富创造者的作用,从而使人的发展与生产的发展相协调。生产发展的最终目的是促进人的自由而全面发展。改革开放以来,生产力得以解放和发展,中国物质财富实现了巨大的发展,但是生产关系却没有适应生产力的发展要求,生产力与生产关系之间出现矛盾,阻碍了生产力的进一步发展。以人民为中心的发展理念有利于化解生产力与生产关系之间出现的矛盾,推动社会生产力的发展。新时代,以人民为中心的发展理念以新的形式贯穿在社会发展的全过程。不管是

"人人参与、人人尽力、人人享有"与"发展为了人民、发展依靠人民、发展成果由人民共享"的契合,还是对社会主要矛盾中"美好生活需要"主体的关注,抑或是"全面建成小康社会,不让一个人掉队",都体现出习近平经济思想对马克思主义政治经济学根本立场的新发展。

四、新主线:推进供给侧结构性改革

新常态下,中国处在"三期叠加"的状态,影响经济增长的因素不仅有总量的问题,结构性的问题更为突出。经济发展面临着供与求的矛盾。从供给侧方面来看,低端产品供给、无效供给较多,核心科技和高端产品供给不足,只有通过国外进口才能满足需求。从需求侧方面来看,随着改革开放取得巨大成就,人们的物质生活得到了极大的提高,需求不断地上升,新时代人们的需要已经由"人民日益增长的物质文化需要"转变为"人民对美好生活的需要","美好生活的需要"对产品的种类和质量提出了更高的要求,消费需求不断升级,然而,供给却未能与人们的需求同步,出现了结构性过剩和结构性短缺并存的矛盾局面。在这种情况下,一方面需要通过适度扩大总体需求,对需求结构进行调整;另一方面,需要加强供给侧结构性改革,从而实现从低水平的供需平衡向高水平的供需平衡提升。供给侧结构性改革就是要从生产端入手,通过不断提高社会生产力和供给体系的质量和效率满足人们对美好生活的需要,因此中国在铁路建设上也实行了改革,开启了高铁的智能服务,如手机买票、刷脸进站、车上设无线网、外卖点餐服务等,不再是提供什么消费者就消费什么,而是通过供给侧结构性改革提供更多的选择来扩大消费者的需求。供给侧结构性改革是对马克思主义供求关系理论的突破。

五、新诊断:重构政府与市场关系

改革开放以来,邓小平提出"不管黑猫白猫、抓到老鼠就是好猫",认为市场经济并不带有制度属性,市场经济能够与社会主义制度相结合。党的

十五大中提出"使市场在国家宏观调控下对资源配置起基础性作用",党的十八届三中全会后又对市场理论做了更新,提出了"使市场在资源配置中起决定性作用和更好发挥政府作用",认为市场能够最有效地对资源进行配置,使市场在资源配置中起决定性作用不仅有利于完善市场体系,同时能够解决政府干预过多和监管不到位的问题,抑制消极腐败现象。例如,中国铁路事业发展曾经一度存在着资产结构和资本利用效率欠佳、活力不足、服务水平不高等问题,究其原因便是政府与市场关系处理不到位,导致发展活力没有充分释放,各方面建设受到一定束缚。中国铁路通过向着政企分开、加快市场化方向不断迈进,各方面建设取得了更好的成绩。同时,需要注意的是,发挥市场在资源配置中的决定性作用,并不是全部作用,政府在整个过程中应发挥好自己的职能,有效的政府治理能够促进社会主义市场经济体制优势的更好发挥。

第三章　高铁政治经济学的形成

高铁经济伴随着高速铁路的建设而兴起,是中国步入高铁时代所衍生出的一种新型经济形态,而中国高铁经济的蓬勃发展离不开政治经济学的理论指导。习近平经济思想是新时代中国特色社会主义政治经济学的集中体现,其基础是社会主义制度,其灵魂是新发展理念。当高铁经济研究接受政治经济学的指导,采用了马克思主义的立场、观点和方法,反过来又推动政治经济学有了创新和发展时,高铁政治经济学就产生了。可以说,高铁政治经济学是习近平经济思想的生动实践,对中国特色社会主义现代化经济强国建设具有重要意义。

第一节　高铁建设与高铁经济

"世界高速铁路发展历史上,有两个国家的故事最为精彩,一个是日本,一个是中国。"[①]高速铁路是现代工业文明的成果,1964年日本建成了世界上第一条高速铁路,尔后欧洲国家的高速铁路也得到了快速的发展。作为世界高铁里程第一、高铁商业运营速度最快的国家,中国将高铁事业推向兴盛。高铁的建设发展催生了高铁经济,高铁经济不仅能够带动高铁相关产业的发展,更重要的是其能够间接地带动周边城市和地区的发展,在国民经济中具有重要的地位。高铁建设使中国发展海权的同时,开始发展自己的陆权,符合从"站起来"到"强起来"的逻辑。

---

① 高铁见闻.高铁风云录[M].长沙:湖南文艺出版社,2015:121.

一、高铁建设的历程

高铁即高速铁路,区别于普通铁路,高速铁路的"高速"具有相对性,其概念具有时代和国别上的差异。20世纪中期,国际铁路联盟(UIC)将高速铁路定义为:既有线路改造时速达到200公里,新建线路时速达到250~300公里则为高速铁路。日本作为最早建设高铁的国家,于1970年通过颁布第71号法令对高铁进行规定:列车在铁路的主要区段运行时速达到200公里及以上称为高速铁路。中国根据本国的国情,将高速铁路定义为:通过改造既有线路(直线化、轨距标准化),使运营速率达到每小时200公里以上,或者专门修建新的"高速新线",使运营时速达到250公里以上的铁路系统。高铁除了要求运营速度达到一定标准外,车辆、路轨以及操作上都需要配合提升。高铁因其载客量高、耗时少、安全性好、正点率高、能耗少以及舒适方便等优势,逐渐受到各个国家的重视。

(一) 世界高铁建设历史

20世纪前期,火车最高时速超过200公里的国家寥寥无几,当时德国铁路的最高运营时速能够达到160公里,最高试验时速能够突破230公里,日本铁路的试验时速没有突破130公里。直到1964年10月最高运营时速200公里的新干线开通,使日本成为世界上第一个拥有高速铁路的国家,铁路史上一个全新的时代诞生了。

1. 第一次高铁建设浪潮

20世纪60年代至90年代初期是高铁发展探索期。1959年3月30日,日本东海道新干线预算正式获得议会通过,4月20日东海道新干线工程便在"新丹那隧道"东口举行了开工仪式,意味着世界上第一条高速铁路建设拉开了序幕。1964年10月1日,世界上第一条高速铁路正式通车,开创了铁路发展史的新时代。随后,日本国铁又把新干线向西延伸,开通了山阳新干线。为了消除内陆地区与沿海地区经济发展的差异,日本政府又修建了连接内陆的新的高速铁路,从1971年11月开始,分别修建了东北新干线和上越新干线。冷战时期美苏两个超级大国在发展高铁上也展开了竞争,美国于 1966 年研制的黑甲虫号创造了 295.54 公里的铁路试验最高时速,1963 年 3 月苏联第一列最高运营时速达 160 公里的特快旅客列车在莫斯科—列宁格勒铁路投入运营,而 1972 年初,SVL 机车通过采用分步加速的方法,创造了当时苏联铁路的最高速度纪录,达到了时速 249 公里。除了美苏之外,英国的高速铁路在 20 世纪也得到了较快的发展,1976 年正式迈入高铁国家的行列。意大利是世界上第二个开工新建高速铁路的国家,1966 年就提出了高速铁路的计划,1970 年对罗马至佛罗伦萨高铁进行开工建设,但是由于各种原因直到 1992 年才全线正式通车。1976 年 10 月法国第一条高速铁路 TGV 东南线正式开工,并于 1981 年 9 月部分建成通车,1989 年 9 月法国 TGV 大西洋高速铁路开通;德国分别于 1971 年和 1973 年正式开工建设曼海姆—斯图加特、汉诺威—维尔茨堡的高铁,但是直到 1991 年这两条线路才正式建成通车。

2. 第二次高铁建设浪潮

20 世纪 90 年代初期至 90 年代中期为各国大规模建设高铁时期。由于受到日本、法国、德国和意大利等国高铁取得巨大成就的影响,世界各国特别是欧洲国家增加了对高铁的关注和投入。西班牙引进了法国的 TGV-R 并增加了德国 ICE1 动车组首先使用的气密设计,1992 年 4 月,马德里至塞维利亚的高铁正式开通。1992 年,韩国规划了首尔至釜山的高速铁路路线,并于当年正式开工建设,但由于种种原因,直到 2004 年 4 月韩国首条高速铁路才正式开通,成为世界上第九个拥有高速铁路的国家。1994 年 11 月,第一列欧洲之星列车正式开出,成为英国伦敦连接法国巴黎最受欢迎的列车。在这一过程中,法国和德国双管齐下,不仅抓紧建设新的高铁线路,也对既有的高铁线路进行两国大规模的扩建改造,有力地推动了高速铁路的发展。

3. 第三次高铁建设浪潮

20 世纪 90 年代中期至今,世界各国掀起了高铁建设的热潮。高铁因其能够适应现代经济社会发展的需要,得到了世界各国政府和民众的支持,并且完成了巨大的创新和突破。前两个时期各国高铁的发展导致几大行业巨头在各国高铁市场上展开角逐,主要有日本的川崎重工、法国的阿尔斯通、德国的西门子以及加拿大的庞巴迪。1996年在美国铁路公司的招标中,法国的阿尔斯通和加拿大的庞巴迪组成的联合体中标。1997年9月,德国西门子和法国阿尔斯通合作,顺利中标了中国台湾的高铁工程,但由于1998年德国ICE发生了高速铁路史上最严重的事故,最终中国台湾重新招标,选择了日本新干线;该工程于2000年3月开始动工,直到2007年2月正式通车运营。当德国西门子拿下西班牙的铁路订单后,法国阿尔斯通开始加大研发力度,推出了最高设计时速达到360公里的AGV。

(二) 中国高铁建设历程

从改革开放开始,中国高铁从"跟跑"阶段、"并跑"阶段进入"领跑"阶段,成功地探索出了一条符合中国特色的高铁创新发展道路。中国高铁发展主要经历了四个阶段。

中国高铁发展的第一阶段:1978—1998年的筹划阶段。改革开放造就了东方强国的崛起,1978年邓小平访问日本时乘坐了"光-81号"新干线列车,中国的铁路人也开始了高速试验。但是,不管是在经济上还是在技术上,当时的中国都不具备建设高铁的条件。解决经济上、技术上的困难刻不容缓,1986年国家专门派出人员到日本和欧洲学习高铁技术,1990年提出了建设京沪高铁,不过在这一阶段出现了"建设派"和"缓建派"的论争。

中国高铁发展的第二阶段:1998—2003年的起步阶段。1998年郑武线在试验中达到了时速239.7公里,成为中国迄今为止电力机车最高试验速度,但这仅是高铁积累技术经验的一次试验,还必须进行更多的、更常规的高铁试验。中国建设的高铁"试验田"共有两个。一个是广深铁路,1998年5月广深铁路经过电气化的改造,成为中国速度等级最高的铁路。另一个是秦沈客专,1995年铁道部作出决定,将秦皇岛到沈阳的铁路建设为时速160公里的客运专线,这一标准意味着秦沈客运专线将和广深铁路一样只能作为一条准高速铁路而存在;而到了1998年,原铁道部又将原先的技术标准提高到设计时速200公里,预留时速250公里,按照该决定,这将是中国第一条高速铁路,但是,2003年10月12日秦沈客专正式开通运营的时速仅为 160 公里,没能成为中国真正的第一条高速铁路。2001 年上海磁悬浮项目正式开始建设,2002 年 12 月 31 日进行全线试运营,2003 年 1 月 3 日上海磁悬浮开始正式商业运营,成为世界上唯一投入商业运营的高速磁浮列车,但是由于巨额的造价和运营成本,无法被全国普遍采用。

中国高铁发展的第三阶段:2003—2013 年的黄金发展阶段。这一阶段的高铁建设的特点是战略和战术上双向推进。2004 年 1 月,国务院讨论并通过了《中长期铁路网规划》,提出了"四纵四横"的客运专线网络,意味着具有划时代意义的铁路网规划正式面世,为中国高铁的发展指明了方向。同年 4 月国家明确了铁路装备技术引进的总原则:"引进先进技术,联合设计生产,打造中国品牌。"此后,中国通过招标的方式,分别向"日本大联合"(以川崎重工为主的企业联合体)、法国阿尔斯通和德国西门子引进了先进的技术,推动了高铁实现国产化和自主化。在解决了战略战术上的问题后,中国铁路开始"两条腿"走路:一是对既有的铁路线进行提速,从 2004 年 9 月的第一次提速到 2006 年 6 月的第六次提速,为高铁建设提供了技术积累;二是开工建设新的高速铁路线,实现"四纵四横"的战略设想。2008 年 8 月开通的京津城际高铁是世界上第一条运营时速达 350 公里的高速铁路。2008 年 10 月,《中长期铁路网规划(2008 年调整)》正式获得国家批准,将 2020 年全国铁路营业里程规划目标由 10 万公里调整到 12 万公里以上。

中国高铁发展的第四阶段:2013 年至今的稳步发展阶段。党的十八大以后,中国高铁迎来了新的发展机遇。2015 年 6 月,具有中国完全自主知识产权的中国首列标准动车组正式下线。2016 年 10 月 21 日,中国中车宣布正式启动时速 600 公里的高速磁浮、时速 200 公里的中速磁浮、时速 400 公里可变轨距高速列车以及轨道交通系统安全保障技术研发项目。2016 年 7 月 13 日,国家发改委、交通运输部以及中国铁路总公司修编了《中长期铁路网规划》并印发相关部门,"四纵四横"的高速铁路网升级为"八纵八横"的高速铁路网。中国高铁不仅在国内取得了巨大的成就,同时还走向世界。2017 年 6 月 25 日,中国标准动车组正式命名为"复兴号"。2018 年,福建省成为中国首个"市市通高铁"的省份,其他省区也在陆续实现"市市通高铁"的目标。中国高铁已经站在了全球高铁技术的最前沿,并不断地引领着全球高铁技术的发展。

二、高铁经济

(一) 高铁经济的出现

高铁经济伴随着高速铁路的建设而兴起,是中国步入高铁时代所衍生出的一种新型经济形态。20世纪初,孙中山提出了"交通是实业之母,铁路是交通之母",认为铁路对于发展实业具有很大的促进作用。1978年邓小平访问日本,在乘坐东京到京都的新干线列车时深切地感受到了高铁对人们生产生活的巨大影响①,也为中国播下了发展高铁的种子。党的十九大和二十大提出并强调了加快建设"交通强国",可见高铁对于促进国家经济社会发展的巨大作用。

高速铁路的建设,不仅改变了中国以自然河流水系为基础的流域经济格局,促进了区域经济的平衡发展,还为公路和航空等运输工具找到了互补产品,缓解了公路运输的压力,加速了区域内资本、技术以及人力资源的快速流动,促进了城市之间的经济联系和优势互补。

高铁经济主要是依托高速铁路的综合优势,促进资本、技术、人力等生产要素以及消费群体和消费资料等消费要素,在高速铁路沿线和城市群之间实现优化配置和集聚发展,兴起的以高铁为轴线的新型经济形态。对于高铁,不仅铁路的深层发展有需求,国民经济和社会发展的各个领域都有巨大的需求,高铁经济不仅能够带动高铁相关行业的发展,同时也能够拉动高铁沿线城市经济的发展,加快了中国的城镇化和工业化的进程,可以说,高铁经济的兴起具有必然性。

(二) 高铁经济兴起的原因

1. 地理条件和社会需求

从地理条件上来看,中国是一个典型的大陆型国家,幅员辽阔,东西跨

---

① 中共中央文献研究室.邓小平年谱(1975—1997)[M].北京:中央文献出版社,2007:413.

度和南北跨度均较大,需要发展速度快的基础交通设施对区域间进行连接贯通。高铁因其速度快、运量大,能够满足这一要求。从区域发展上看,中国东西部差异显著,以胡焕庸线(黑河—腾冲一线)为界,东南侧占中国国土面积的43.18%,却聚集了全国93.5%的人口和95.70%的经济体量,东南部地区显示出高密度的经济和社会功能,西北部地区则是地广人稀,经济功能薄弱,高铁建设对中国的国土空间具有压缩作用,可以促进区域之间要素的流动,缓解东部地区交通运输压力和人口压力。中国第一个实现"市市通高铁"的福建省,针对多山的地理特征,只有加强交通基础设施的建设才能实现省内各种资源走出去、人才和资本引进来。公路运输虽然灵活,但是运输量较少、运输成本高;水路运输受到自然地理条件的限制;飞机虽然运输的速度快,但也因运输成本过高而不被大众所青睐。高铁运输相比以上交通工具优势明显:运输量大、能源耗费少、运行安全且运行成本低,尤其适合大流量的长途运输。高效率的铁路快速客运网,能够在根本上解决客运能力问题,释放普通列车的货运能力。高铁因其惊人的速度,促成了"N小时生活圈",带动了"同城效应",拉近了区域与区域之间的距离,加速了城镇化和工业化的发展。

2. 区域经济协调发展的需求

人类文明大多发源于水系发达的地区,华夏文明亦是依托大江大河而孕育,黄河流域、长江流域以及珠江流域构成了中国经济发展的大板块,以自然河流水系为基础的流域经济推动了中国经济的巨大发展,但是也存在其自身的局限性。一方面,经济发展区域以块状或条带状分布,经济辐射范围有限。西高东低的地势影响了中国河流的走向,形成了沿东西方向的流域经济,缺乏纵向布局的流域经济,虽然有京杭大运河这样的人工运河纵贯南北,但是经济辐射范围仍然有限。另一方面,辐射范围的局限性导致了区域经济发展不均衡。流域经济的产生必须依靠自然的河流水系,而中国流域所占的面积有限,这就将远离河流水系的内陆地区和水路交通不便的地区排除在外,同时,依托流域形成的产业会从下游向上游渗透,产业的布局呈现梯级的层次分布,但是地区之间的差异性明显,不仅出现了流域外经济发展的不平衡,流域内产业的梯级分布也使经济发展的不平衡凸显出来。

高铁经济突破了流域经济受自然环境影响的局面,"八纵八横"的布局网络使各区域之间形成了互联互通的状态,经济的辐射范围广泛,有效地带动了曾因交通不便经济发展受限的地区,打破了区域发展不均衡的状态,实现了区域的共同发展。

3. 产业结构优化的需求

第二次世界大战结束以后,公路和航空迅速崛起,铁路却成为"夕阳产业"。公路因其机动灵活、运行速度快以及投资少在全社会广泛发展,美国因汽车的大批量生产和广泛应用成为"汽车上的国家",汽车作为一种支柱性产业,通过促进就业和基础设施建设拉动了经济的增长;航空因其运行速度快、可以突破各种天然障碍受到青睐。二者在很大程度上改变了以往时间和空间对人类活动的限制。但是不管是公路还是航空,交通运输量都比较小,并且运输过程中耗能较高。进入20世纪70年代以后,在能源危机、环境恶化以及交通安全等问题的困扰下,人们开始寻找能够克服这些问题的交通工具,铁路重新被搬回了历史舞台,各国开始重视高速铁路的发展。受地理位置、历史发展以及交通运输等条件的制约,我国东部地区经济发展明显快于其他地区,但是当经济集聚到一定程度时,企业在竞争中将处于不利的地位,如果将经济发达地区丧失优势的产业向经济欠发达地区转移,不仅有利于经济发达地区创新发展,实现产业升级,也能够为欠发达地区经济发展提供更多的机会。总之,借助高速铁路能够帮助经济发达地区和经济欠发达地区实现资源、技术和市场的流动,提升产业结构调整的自主性和灵活性。

三、高铁经济对中国经济的作用

铁路是国民经济的大动脉,是国家发展的经济力量,对经济发展和社会进步起着巨大的推动作用。高铁经济的发展能够有力地推动产业结构的优化和调整,产业转移又能够带动欠发达地区经济的发展,促进区域之间经济的协调发展。高铁带动的生产要素和消费要素的高速流动,使资源集聚在市场中实现了优化配置,实现了利益最大化,促进了国民经济的发展。

(一)高铁经济有利于产业结构的优化和调整

"政府在考虑建设高铁时所衡量的不是它所带来的直接经济利润,而是间接带动的周边城市和地区发展"①,作为一种新业态,高铁经济的重要性不仅体现在交通设施本身的投资上,更重要的是其在发展过程中对各行业和区域经济发展产生的带动作用。一方面,高铁建设在发展过程中带动了相关行业经济的发展。高铁建设是一项综合性的系统工程,涉及资金、技术以及人才等各个方面,在研发过程中打破了部门、行业、院校和企业之间的体制壁垒,整合了科技资源,是高新技术的集成。同时,高铁经济有着长长的产业链,不仅带动了冶金、制造、建筑、电力、电子信息等产业的发展,还有效地消耗了过剩的产能和库存,促进了产业的优化升级。另外,高铁相对于飞机和汽车等交通运输工具而言,其所耗费的能源较少、占用的土地资源也较少。另一方面,高铁建设具有压缩时间和空间的功能,促进区域经济发展。东西部地区资源禀赋不同,发展的进程也不同,东部地区在各种有利的条件下实现了经济的腾飞,但是随着产业的不断积聚,资本、劳动力和技术等要素有限的流动使企业的生产成本不断上升,边际收益呈现递减的趋势,一些产业丧失了比较优势,企业为了追逐最大化的利益,必定将产业转向低成本的区域,这种产业的梯级转移不仅能够促进发达地区实现产业的转移,也为欠发达地区注入了资金和技术,有利于劳动力充分就业、带动区域经济的发展。

(二)高铁经济有利于打破区域经济发展不平衡的瓶颈

高铁经济的兴起有利于改变流域经济发展的不平衡,促进区域经济的协调发展。流域经济在促进中国经济的发展中起到了重要的作用,形成了黄河流域经济带、长江流域经济带以及珠江流域经济带等,这些区域的经济依靠良好的水运交通获得了巨大的发展,但是受流域位置和面积的影响,流域经济呈现出"条带状"或者"块状"分布,其作用很难遍布全国各地,远离流

---

① 高柏等.高铁与中国21世纪大战略[M].北京:社会科学文献出版社,2012:48.

域的内陆地区难以惠及，是中国区域经济发展不平衡的重要原因之一。而从"四纵四横"到"八纵八横"的高铁网具有很强的经济辐射作用，东至上海、西达新疆、南到海南、北抵哈尔滨，从点出发的"市市通高铁""县县通高铁"，通过以点到线、以线到网的贯通，网状分布的高铁经济带能够将其发展的触角延伸到高铁所达之处，加强了各区域之间的经济联系，打破了以往资源的单向流动，形成了资源的双向循环流动模式，充分发挥了各地区的比较优势。东部地区可以利用中西部地区土地和人力等生产要素实现产业转移和产业升级，继续保持较高的增长率；中西部地区可以通过东部地区转移的资本和技术等生产要素推动产业发展，缓解就业压力，实现经济崛起。各地区经济发展由分散化、同质化向系统化、集成化方向发展，有利于缩小东中西部地区经济发展差异，打破区域经济发展不平衡的瓶颈，实现协调发展。

（三）高铁经济有利于资源的优化配置

高铁经济是对各种资源的优化配置，实现了利益的最大化。要素和资源具有与生俱来的逐利性，并努力寻求利益的最大化，否则，资源在低效的利用率下必定会被浪费，不符合社会经济增长和社会发展的本质要求。党的二十大提出"充分发挥市场在资源配置中的决定性作用，更好发挥政府作用"[①]。如何界定市场实现了对资源的优化配置？如果市场中的资源有限，市场只能在有限的资源中相对地发挥对资源的优化配置，因此，要想最大化地发挥市场配置资源的作用，需要使更多的资源进入市场。如何使资源最大化地进入市场？尽管资源的优化配置有了制度的保障，但是如果缺乏硬件条件的支撑，也只能停留在理论上，高铁的发展为资源进入市场提供了硬件条件。中国由于国土面积广阔，各个地区不管是在自然条件还是社会条件上存在一定的差异性，如何缩小这种差异，实现各个区域自然条件和社会条件的优势互补？高铁的建设能够缩小区域间自然条件和社会条件的差异性，将各个区域之间进行有效的连接，打破地形对经济发展的限制，实现资

---

① 习近平.高举中国特色社会主义伟大旗帜 为全面建设社会主义现代化国家而团结奋斗——在中国共产党第二十次全国代表大会上的报告[M].北京：人民出版社，2022：29.

源与市场的成功对接与共享。高铁经济是市场经济条件下对资源实现有效的优化配置的一种经济,有利于实现社会利益的最大化。

(四)高铁经济促进了国民经济的巨大发展

高铁建设使中国正在成为"轨道上的国家",高铁经济在很大程度上推动了国民经济的发展。在促进城镇化的发展方面,高铁具有压缩时间和空间的能力,"市市通高铁""县县通高铁"推动了"同城时代"和"N 小时经济圈"的形成,有利于依托铁路沿线城市打造城市发展、社会繁荣、人民安居乐业的现代化城市。在加速制造业发展方面,高铁发挥了很强的"乘数效应",高铁具有很长的产业链,并且能够带动与高铁相关的产业实现升级,高铁建设不仅为钢材、水泥等传统产业提供了市场,也拉动了机械、信息、计算机和冶金等产业的快速发展。当前,中国已经拥有世界先进的高铁集成技术、装备制造技术以及运营管理技术,为中国高铁走出去提供了广阔的空间。在助推旅游业方面,曾几何时,旅行者花在路上的时间占了很大部分,有了高铁,人们可以将更多的时间花在观光上,实现了"快旅慢游",出游的意愿增加了,拉动了内需的增长,促进了旅游业的发展。在绿色经济方面,中国虽然幅员辽阔,但是受地理条件和人口因素的制约,土地资源比较紧缺,而铁路的大面积修建无疑会占用很多土地,因此在铁路规划中必须更新设计理念,努力建设节地型铁路,"以桥代路"的方案能够大大减少对土地的占用。同时,高铁作为一种公共交通对能源的消耗较少。在节约时间成本上,人们也更愿意选择高铁出行,实现了绿色可持续发展,有利于推动"低熵时代"的到来。

第二节 高铁与政治经济学的新发展

高铁需要克服发展中出现的不平衡和不充分的问题,适应时代的发展要求。同时,高铁经济作为一种新出现的经济业态,催生了高铁经济研究。一方面,高铁经济研究接受政治经济学的指导,采用了马克思主义的立场、观点和方法；另一方面，高铁经济研究又通过贯彻新发展理念、落实供给侧结构性改革、由"高速度增长"转向"高质量发展"推动现代化发展等方面体现出它对政治经济学的创新和发展，高铁政治经济学产生了。

一、新发展理念对高铁政治经济学的指导

1949年国家实现了"站起来"之后，"富起来"成为又一个阶段性的目标。改革开放后，中国经济实现了长达40多年的快速增长，"强起来"则成了全体中国人的心声。高铁建设最重要的是资金和技术，资金能够依靠国家财政支持，而技术必须学习借鉴国外的成熟经验。让国外转让成熟的高铁技术并非易事，当时引进技术的总原则是"引进先进技术，联合设计生产，打造中国品牌"。所谓"联合设计生产"，就是利用国内广阔的市场吸引国外投资中国高铁，以市场换技术，实行引进消化吸收再创新，逐渐实现中国高铁的国产化和完全的自主创新。中国高铁发展之所以能够实现从无到有的发展并最终成为世界高铁行业的"领跑者"，首先得益于社会主义的制度优势，正是在国家的支持下，中国高铁才能在国际上实现"弯道超车"。中国高铁着眼于长远的发展规划，作为一种公共基础设施，不仅是一种绿色经济，同时在拉动经济增长和实现区域协调发展等方面起着重要的作用。中国正在成为一个"轨道上的国家"，而作为"汽车上的国家"的美国，曾是世界上拥有铁路总里程最多的国家，却也是拆除铁路里程最多的国家，出于维护既有利益集团的利益，高铁建设迟迟没能进行大规模的建设，无法打开高铁发展的市场，发展地方经济。

高铁政治经济学在中国作为一种新出现的经济学研究，离不开社会主义制度的支持以及新发展理念的指导；而新时代中国特色社会主义经济学的基础就是社会主义制度，灵魂就是新发展理念。在社会主义制度的优越性下，中国高铁发展经历了从无到有、由弱变强的过程，从"跟跑者"和"并跑者"跃升为"领跑者"，实现了从"技术引进"到"中国制造"再到"中国创造"的巨大飞跃。在新发展理念的指导下，创新的发展理念能够为高铁政治经济学提供动力支持，协调的发展理念能够指导高铁政治经济学关注均衡发展，

绿色的发展理念能够指导高铁政治经济学重视可持续发展,开放的发展理念引领高铁政治经济学走向更加开放之路,共享的发展理念则为高铁政治经济学明确了终极目标。

(一)创新发展理念为高铁政治经济学提供动力支持

不管是高铁建设还是高铁发展催生的高铁经济,都离不开创新发展理念的指导。技术创新与制度创新是引领中国高铁发展的主要动力,中国通过引进消化吸收和再创新,不仅实现了高铁国产化,而且已经形成了完备先进的技术标准体系,具有完全自主的知识产权。2008年8月1日,京津城际铁路以最高运行时速350公里的速度正式通车运营,这是中国第一条具有完全自主知识产权、世界一流水平的高速铁路,不仅为中国和世界高铁的建设起到了示范作用,也为高铁的后续发展提供了宝贵的经验。高铁带动了沿线地区经济的发展,不同地区由于资源禀赋不同,可以依靠高铁的交通纽带作用实现产业的优化调整,东部地区将丧失比较优势的产业转移到中西部地区,"腾笼换鸟"实现经济发达地区产业的优化升级,中西部地区则充分利用当地丰富的劳动力资源和土地资源承接东部地区转移的产业,促进就业,推动中西部地区区域经济一体化发展。制度的创新也有利于保证高铁的高质量发展以及消除高铁发展的壁垒。2013年实行铁路政企分离,铁路总公司作为与公路、水路、民航平等的市场主体参与市场竞争,实现优势互补,以完善综合交通运输体系。

(二)协调发展理念指导高铁政治经济学关注均衡发展

中国特色社会主义进入新时代,社会主要矛盾也发生了变化,从"人民日益增长的物质文化需要和落后的社会生产力之间的矛盾"转变为"人民日益增长的美好生活需要和不平衡不充分的发展之间的矛盾",这种不平衡不充分的发展也体现在高铁经济的发展上。不平衡主要表现为高铁网络结构布局不够协调以及服务水平参差不齐,不充分体现在高铁设施网络布局尚不完善、与现代信息技术深度融合不充分。为高铁经济注入协调的发展理念能够促进区域经济的协调发展。由于地理位置的差异和社会历史发展的差异,区域之间在各方面存在很大的差异,利用高铁的时空压缩能力,充分发挥"同城效应",促进区域之间要素的流动,实现区域经济的深度融合发展。高铁经济协调发展,不仅能够完善三大产业的布局,也能促进三大产业的均衡发展。利用高铁的便利,能够克服第一产业在保鲜、包装、贮藏和运输、销售体系发展上的滞后,并形成合理的农产品布局结构。对于第二产业,高铁本身的发展需要大量的生产要素,推动了工业化的发展,也加速了城镇化,有利于消费需求的增加。中国的第三产业发展迅速,但是需要加强内部结构的调整,高铁经济的发展能够助力产业的调整和优化,促进三大产业均衡发展。

(三)绿色发展理念指导高铁政治经济学重视可持续发展

习近平指出:"从工业文明开始到现在仅三百多年,人类社会巨大的生产力创造了少数发达国家的西方式现代化,但已威胁到人类的生存和地球生物的延续。"[1]人类经济社会进程快速发展带来了难以弥补的损失,自然资源的匮乏和生态环境的破坏不仅会影响当代人的生存和发展,也会危及子孙后代的生存。经过改革开放40多年的发展,中国社会经济取得了巨大的发展,但是也面临发展起来后的矛盾,比如资源短缺、环境污染等。如何解决这些发展后出现的问题成为一个时代性的课题。"绿水青山就是金山银山",只有绿色发展才能实现经济社会的可持续发展。高铁经济本身具有绿色属性。高铁是一种高新技术产业,与公路和航空相比,耗能低且能有效节约国土资源,在施工过程中紧密结合区域的生态环境,通过隧道穿越、"以桥代路"可以减少对自然环境的破坏,打造人与自然和谐共处的高速铁路。同时高铁能够推动经济朝着绿色的方向发展。高铁建设能够推动产业的结构调整,从规模的扩张转向效率的提升,转移不适宜区域发展的产业,通过创新等手段实现产业的优化升级,利用较少的资源获得较高的经济效益,促进经济的可持续增长。

---

[1] 习近平.之江新语[M].浙江:浙江人民出版社,2013:118.

（四）开放发展理念引领高铁政治经济学走上更加开放之路

开放的理念在中国发展中起到了至关重要的作用。闭关锁国曾让中国一度处于"挨打"的阶段，在改革开放的推动下，中国人解决了"挨饿"的问题，实现了"富起来"，并朝着"强起来"的方向继续前进。开放的理念同样适用于中国高铁的发展。高铁的开放发展，使中国从主要依靠国内资源的配置转为依靠国内、国际两种资源的配置，从主要依靠国内市场转向依靠国内、国际两个市场发展。在开放的发展理念下，中国成功地与日本、德国以及法国等主要高铁国家实现了合作，并成功引进这些国家先进的高铁建设经验和技术。高铁发展经历了从无到有、由弱变强的崛起过程，实现了从"跟跑"到"并跑"再到"领跑"的巨大跨越，形成了从"四纵四横"到"八纵八横"的高铁网。在开放理念的引领下，中国高铁从本国的具体国情出发，通过引进、消化、吸收、再创新拥有了完全自主的高铁知识产权，并成功地使中国高铁建设走出去，使其他国家也能乘坐上"中国创造"的高铁。2015年5月，习近平在"一带一路"国际合作高峰论坛开幕式上的主旨演讲中指出："我们和相关国家一道共同加速推进雅万高铁、中老铁路、亚吉铁路、匈塞铁路等项目，建设瓜达尔港、比雷埃夫斯港等港口，规划实施一大批互联互通项目。目前，以中巴、中蒙俄、新亚欧大陆桥等经济走廊为引领，以陆海空通道和信息高速路为骨架，以铁路、港口、管网等重大工程为依托，一个复合型的基础设施网络正在形成。"① 只有以开放的理念发展高铁，才能使中国高铁不断创造新的奇迹。

（五）共享的发展理念为高铁政治经济学明确了终极目标

共享是中国特色社会主义的本质特征。习近平特别强调，落实共享发展理念，"一是充分调动人民群众的积极性、主动性、创造性，举全民之力推进中国特色社会主义事业，不断把'蛋糕'做大。二是把不断做大的'蛋糕'

---

① 习近平.携手推进"一带一路"建设——在"一带一路"国际合作高峰论坛开幕式上的演讲[N].人民日报，2017-05-15(03).

分好,让社会主义制度的优越性得到更充分体现,让人民群众有更多获得感"①。高铁经济发展的最终目标并非只关注 GDP 的增长,而是让高铁经济的发展真正惠及每个人。胡焕庸线东南部地区人口稠密、交通拥挤,直接影响人们对美好生活的向往。高速铁路的发展,有利于缓解人们的出行压力,节省人们的时间成本。高铁建设能够加速落后地区发展的速度,"要想富,先修路",在交通闭塞的环境下,即使有着丰富的自然资源,也无法让这些具有使用价值的物品实现其价值。未来"市市通高铁"的实现将进一步推动各市、各区域之间生产资料的交换,充分发挥高铁的规模效应和集成优势,为落后地区资源实现价值提供广阔的市场,有效地缩小区域、城乡之间的发展差距和收入分配之间的差距,更好地解决民生领域的各种难题,从而维护社会的公平正义。

二、高铁政治经济学对政治经济学的发展

高铁政治经济学作为一种新出现的经济学研究,丰富和发展了马克思主义政治经济学理论,是马克思主义政治经济学理论与中国经济建设实际相结合形成的新形式,对中国经济社会的发展产生了巨大的推动作用。

(一) 高铁政治经济学是对马克思主义生产力理论的丰富和发展

马克思主义认为,人类全部社会生活的物质前提是物质生产力的发展,社会的物质生产力同其发展一定阶段相适应的生产关系的总和构成了社会的经济基础;生产力在生产活动中是最活跃、最革命的要素,随着社会生产力的发展,社会的生产关系也要发生相应的变化,社会生产关系必须适应社会生产力的发展要求。改革开放以来,中国坚持以经济建设为中心,坚持把解放生产力和发展生产力作为发展的根本任务。中国高铁发展能够在改革开放后取得举世瞩目的成就,主要原因在于坚持了马克思主义的生产力理论。

---

① 习近平. 习近平谈治国理政(第二卷)[M]. 北京:外文出版社,2017:216.

高铁政治经济学丰富和发展了马克思主义的生产力理论。高铁政治经济学是生产力与科学技术相结合的产物,高铁涉及五大系统的技术,中国掌握了集设计施工、装备制造、车辆控制、系统集成以及运营管理于一体的成套高铁系统,形成了具有世界先进水平和自主知识产权的核心技术,优势非常明显。同时,高铁政治经济学也显示出对生产力的不断解放和发展。中国经济发展进入新常态,经济增速从高速增长转为中高速增长,经济结构不断优化升级,从要素驱动、投资驱动转向创新驱动,高铁的建设消除了区域之间发展的距离障碍,加强了区域之间的联系,为经济的发展提供广阔的市场,释放了区域发展的生产力,引领了新常态的发展,推动了经济社会的持续发展,而社会生产力的发展又需要社会生产关系作出相应的调整。

(二)高铁政治经济学是对马克思主义经济发展方式理论的丰富和发展

经济发展方式一般是指通过数量增加、结构变化、质量改善等生产要素的变化,实现经济增长的模式和方法。马克思主义的经济发展方式理论是在社会资本的扩大再生产基础上发展的。马克思把扩大再生产方式分为两类:一种是外延式扩大再生产,即单纯地依靠增加生产资料和劳动力来扩大生产规模;一种是内涵式扩大再生产,即通过提高劳动生产率的方式来扩大生产规模。随着社会的不断发展,扩大再生产的方式逐渐由外延式扩大再生产向内涵式扩大再生产转变。经过研究发现,不仅科学技术的发展能够推动经济发展方式由外延式转向内涵式,通过市场竞争同样能够促使经济发展方式向内涵式方向转变。内涵式的扩大再生产,即利用提高劳动生产率来扩大再生产,有利于生产要素实现优化配置,实现高质量的发展。

铁路网的分布辐射形成,通过对时空的压缩实现"同城效应"。区域作为一个连续的地理空间,具有一定程度的区位共性。区域经济能够通过市场经济这只"看不见的手",统筹区域内各种资源要素、产业布局、交通联系、人口交流等发展,使区域经济发展达到整体最优的效果。高铁发展犹如一块巨大的磁铁,能够将各区域的资源吸附起来产生空间的集聚效应,促进产业的优化调整,使区域的发展由同质化向专业化、系统化方向发展,实现由数量扩张向追求质量的方向发展。高铁政治经济学是对中国经济发展方式转向内涵式方向发展的体现,实现了从注重速度和数量向追求质量和效益转变。高铁政治经济学的发展本身就体现出了对经济发展方式的转变,是对马克思主义经济发展方式理论的坚持和发展。

(三) 高铁政治经济学是对马克思主义供求关系理论的丰富和发展

马克思主义的供求关系理论要求商品的供给和社会的需求保持一定的比例关系。但是由于主客观的原因,商品市场上的供求关系很难达到绝对的平衡状态,有时会存在较大的偏差。供求关系之间出现的不平衡主要表现在生产和价格发生变化两个方面。在商品生产上,当生产某种商品的社会劳动量大于社会需求时,部门内部生产商品所耗费的劳动量超过社会所分配的劳动量,在市场上进行交易时容易出现供大于求。相反,则会在市场上出现供不应求的情况。在价格的变化上,当商品出现供大于求的情况时,出现买方市场,商品价格下跌,而低价又会抑制商品的供给;同样,当商品供给小于需求时,出现卖方市场,商品价格上涨,较高的价格又会抑制人们的消费需求。因此要保证供求之间实现平衡,必须合理地从生产和价格方面入手,促进市场的健康发展。

党的十九大报告中指出,中国社会的主要矛盾已经转变为"人民日益增长的美好生活的需要和不平衡不充分的发展之间的矛盾"①,"人民日益增长的美好生活的需要"与"不平衡不充分的发展"的矛盾中最基本的是社会需求与商品供给之间的矛盾。随着人们生活水平的提高,主观的需求已经发生了变化,需要客观条件与之相适应。高铁经济通过创新、升级式的发展为人们主观需求的满足提供了客观条件,高铁经济从供给侧方面出发,通过安全高速的行车体验,改变了人们的生活方式;通过推动制造业的发展,为人们提供了更高级的高铁产品;通过推动城市化发展的进程,加速了社会经济的发展。高铁经济也讲求高效益的经济,通过空间的集聚效应,能够将生

---

① 习近平.决胜全面建成小康社会 夺取新时代中国特色社会主义伟大胜利——在中国共产党第十九次全国代表大会上的报告[M].北京:人民出版社,2017:11.

产的成本降到最低,通过高质量和低价格的供给促进了商品的生产,满足了人们不断变化的需求。

第三节 高铁政治经济学对习近平经济思想的集中体现

习近平经济思想内涵丰富、影响深远,科学地提出了创新、协调、绿色、开放、共享的新发展理念,准确地选择了供给侧结构性改革的发展主线,创造性地形成了"市场在资源配置中起决定性作用和更好发挥政府作用"的市场观,科学地指出中国的发展应实现由高速度发展向高质量发展的转变,推进了中国特色社会主义现代化建设。习近平经济思想为高铁政治经济学的发展提供了思想指导,高铁政治经济学通过完整、准确、全面贯彻新发展理念、助力供给侧结构性改革、推动高速度发展转向高质量发展等方式,全面践行了习近平经济思想。

一、坚持新发展理念

"坚持新发展理念。发展是解决我国一切问题的基础和关键,发展必须是科学发展,必须坚定不移贯彻创新、协调、绿色、开放、共享的发展理念。"[1]党的二十大强调,"必须完整、准确、全面贯彻新发展理念,坚持社会主义市场经济改革方向,坚持高水平对外开放,加快构建以国内大循环为主体、国内国际双循环相互促进的新发展格局"[2]。可以看出,新发展理念是马克思主义政治经济学基本原理与中国经济社会发展现状相匹配的最新成果。

---

[1] 习近平.决胜全面建成小康社会 夺取新时代中国特色社会主义伟大胜利——在中国共产党第十九次全国代表大会上的报告[M].北京:人民出版社,2017:21.
[2] 习近平.高举中国特色社会主义伟大旗帜 为全面建设社会主义现代化国家而团结奋斗——在中国共产党第二十次全国代表大会上的报告[M].北京:人民出版社,2022:28.

创新作为引领发展的第一动力，决定了发展的速度、效能以及可持续性。中国经济发展进入新时代，经济增长的初始条件发生了很大的变化，中国发展呈现出经济高速增长、人均收入不断提高、市场改革继续推进的新态势，要使经济增长的速度保持在中高速的水平、经济结构实现转型升级、增长方式由"数量追赶"转为"质量追赶"，就必须利用创新为发展提供新动力。高铁政治经济学不仅在技术上坚持了创新，在制度上也进行了很大的调整。高铁政治经济学的产生得益于高铁建设的发展，在创新理念的推动下，中国的高铁技术水平由国产化升级到自主化，覆盖范围由"四纵四横"发展为"八纵八横"，呈现出网状分布。高铁政治经济学的发展坚持了"使市场在资源配置中起决定性作用和更好发挥政府作用"，得益于政府为高铁事业发展扫除了制度的障碍，市场经济为高铁事业腾飞提供了技术条件。

新时代下，中国经济发展在增长的速度、动力以及潜力等方面呈现出了阶段性的变化，协调发展作为评价经济发展水平的重要标准对当前阶段实现经济发展的目标具有关键性的作用。坚持协调发展的理念，能够解决经济发展在各阶段、各方面出现的不平衡问题，从而推动经济结构的整体优化提升，并推动区域经济的协调发展。高铁政治经济学利用高铁的优势实现各个区域联动，促进区域之间要素的双向自由流动，在缩小区域发展差距、促进区域协调发展方面发挥着巨大的作用。

习近平曾指出"保护生态环境就是保护生产力、改善生态环境就是发展生产力"[①]，指出了绿色发展对生产力发展的重要作用。在自然资源约束力较大、环境污染日趋严重的压力下，反观经济增长的历史进程和传统的财富观，将绿色发展和绿色经济纳入新发展理念中显得尤为重要。高铁政治经济学本身自带绿色属性，同时对推动社会的绿色发展起到巨大的作用。高铁是工业革命的结晶，凝聚了最先进的科学技术，在修建过程中通过"以桥代路"、修建隧道等方法可以减少对土地的占用以及避免对自然生态的破坏；高铁全部采用电力牵引，使中国铁路电气化率大幅提升，优化了铁路耗能结构；此外，在建设高铁过程中，建设方在沿线普遍植树造林，有助于保持

---

① 习近平.习近平谈治国理政(第一卷)[M].北京:外文出版社,2014:209.

水土、改善环境。高速铁路的快速发展,使其成为国民出行的重要公共交通工具,对于缓解公路运输压力、减少能源消耗和环境污染起到了很大的作用。

在经济全球化的时代背景下,世界各国发展紧密联系,形成了你中有我、我中有你的"命运共同体"。中国经济发展进入新的发展阶段后,难以维持原先依赖资源投入的粗放型经济增长方式,要想实现更好的发展,必须向世界分工体系以及全球产业链的中高端冲刺,充分利用国际动能转变经济的增长方式,实现经济向着高质量的方向发展。高铁政治经济学特别强调,中国高铁成功实现了与国际的接轨,成功引进来国外先进的经验和技术,通过引进、消化、吸收、再创新推动中国高铁走出去,确立中国在国际高铁发展领域的地位,同时拉动了国内经济的增长。

共享作为中国特色社会主义的本质要求,始终体现着以人民为中心的发展思想。随着生产力的发展和人民生活水平的提高,中国社会的主要矛盾转变成人民日益增长的美好生活需要和不平衡不充分的发展之间的矛盾,这就需要按照共享的发展理念,在发展中实现人民共享的需要,在共享中又能够促进发展。高铁政治经济学坚持"以人民为中心"的思想,通过促进区域之间的发展带动欠发达地区的发展,充分利用欠发达地区的丰富资源,实现欠发达地区自然资源和特色农产品走出去,以及通过发展旅游业引进来游客,推动欠发达地区经济的发展。

二、坚持供给侧结构性改革的发展主线

改革开放以来,中国经济经历了长期快速增长,创造了"中国奇迹";中国经济进入新常态后,增长开始减速,这主要源于结构性的矛盾。从供给侧来看,企业生产的总成本相对前期来说有了明显的上升,包括劳动力成本、土地要素和自然资源成本、生态环境成本以及技术进步和创新成本等,这要求经济的发展方式发生根本的变化,从以往的要素投入转变为依靠创新驱动效率带动经济的增长;否则,在不改变经济发展方式的情况下很难实现经济的持续发展,导致经济发展失衡。从需求侧来看,由于创新能力和产业升

级动力不足的原因,导致投资的机会减少,投资的需求处于疲软状态,加上收入分配不合理,又导致消费需求不足,如果不从根本上改变经济的发展方式,寻求新的经济增长动力,就会出现产能过剩、经济衰退的情况,国民失业率增加。只有转变经济的发展方式,从供给侧入手,实现产业结构的优化升级,才能利用创新驱动促进经济增长。

铁路是国家发展的一种经济力量,对经济发展和社会的进步起着巨大的推动作用。改革开放的巨大成就,使人民的生活水平得到大大的提高,需求也开始多样化。人们的需求得不到满足并非源自供给不足,而是供给的结构失衡。高铁政治经济学之所以能够顺应人们的需求,不仅在于经济的发展、市场的发展以及国民对其有需求,更关键的是高铁政治经济学主张从供给侧出发,使经济的发展由原来追求数量的粗放型方式转变为以质量为主的集约型方式,通过创新和技术优势降低了劳动力成本、土地和自然资源成本以及生态环境成本。高铁政治经济学致力于实现产业的优化调整,主张将经济发达地区丧失比较优势的产业转向经济欠发达地区,以促进经济发达地区产业的转型升级和经济的加速发展。

三、坚持市场在资源配置中的决定性作用

党的十八届三中全会就已作出"使市场在资源配置中起决定性作用和更好发挥政府作用"①的决定,揭示了我们党对马克思主义市场观的新发展,明确了市场和政府之间的关系。之所以要坚持市场经济在资源优化配置中的决定性作用,主要有以下原因。首先,发挥市场的作用可以提高资源配置的效率。市场是配置资源最有效的方式,习近平指出:"把市场机制能有效调节的经济活动交给市场,把政府不该管的事交给市场,让市场在所有能够发挥作用的领域都充分发挥作用。"②其次,市场的决定性作用主要体现在资源配置领域,而非经济发展的所有领域,政府应该同时发挥好调控和

---

① 中共中央关于全面深化改革若干重大问题的决定[N]. 人民日报,2013-11-13(1).
② 习近平. 正确发挥市场作用和政府作用 推动经济社会持续健康发展[N]. 人民日报,2014-05-28(1).

监管的作用。在资源配置中,市场也存在盲目性和滞后性,因此对于一些关键领域的资源应该注重发挥政府的调控作用。最后,发挥市场的作用能够促进政府职能的转型,提高经济发展的质量,抑制腐败现象的发生。

中国高铁充分发挥了市场在资源配置中的决定性作用。作为社会主义国家的高铁,并未受到计划经济发展的束缚,在其起步阶段充分利用了市场这种有利的资源。中国高铁在发展初期为了打破资本和技术的束缚,开放了高铁发展的市场,利用中国广阔的高铁市场换取了包括日本川崎重工、法国阿尔斯通以及德国西门子等大公司先进的高铁制造技术。通过这些公司在中国市场上的竞争角逐,我国实现了对高铁技术的引进、消化、吸收和再创新,因此,才有了今天中国高铁完全自主的知识产权。在国内经济的发展上,高铁借助其运输能力加强了区域之间的互联互通,实现了区域之间资源的优化整合,拓宽了要素集聚的市场,充分发挥了市场在资源配置中的决定性作用,也利用政府的监管职能,避免了市场的盲目性、滞后性以及恶性竞争,促进了市场的健康发展。

四、坚持高速度发展向高质量发展的转变

"我国经济已由高速增长阶段转向高质量发展阶段,正处在转变发展方式、优化经济结构、转换增长动力的攻关期"①,这是中国处在新时代经济发展的鲜明特征。因此,党的二十大报告提出:"我们要坚持以推动高质量发展为主题,把实施扩大内需战略同深化供给侧结构性改革有机结合起来,增强国内大循环内生动力和可靠性,提升国际循环质量和水平,加快建设现代化经济体系。"②改革开放以来,中国按照提高经济发展质量的思路,先后经历了从经济增长方式转变到经济发展方式转变,再到新时代创新经济发展方式的思路,在这些发展思路的转变中,利用创新的发展方式提高经济发展

---

① 习近平. 决胜全面建成小康社会 夺取新时代中国特色社会主义伟大胜利——在中国共产党第十九次全国代表大会上的报告[M]. 北京:人民出版社,2017:30.
② 习近平. 高举中国特色社会主义伟大旗帜 为全面建设社会主义现代化国家而团结奋斗——在中国共产党第二十次全国代表大会上的报告[M]. 北京:人民出版社,2022:28.

质量的思路凸显出来。习近平多次表示,不再简单以国内生产总值增长率论英雄,而是强调以提高经济增长质量和效率为立足点。发展不应该只追求速度的增长,而应关注经济发展的质量和效益,实现有效的可持续发展。

中国高铁从2004年到2006年经历了六次大的提速,实现了铁路的跨越式发展,对中国后来高铁的发展产生了影响。2011年高铁降速是对中国高铁跨越式发展的及时刹车,放缓了高铁前进的速度,以安全和质量为先,在保质量和保安全的情况下,实现了高铁的稳步发展。四通八达的高速铁路网不仅实现了交通效率和质量的提升,也给全国的工业、农业以及服务业带来了巨大的促进作用,形成了高铁的"乘数效应"。高铁经济不是简单的速度经济,必须依托创新驱动的作用,创立"高铁标准",实现高质量的发展;它不仅仅带来本行业的发展,还会带动其所辐射的每一个区域和行业的发展。高铁的高质量发展表现在它有很长的产业链,其建设是一个庞大的系统性工程,能够带动与高铁直接相关的上下游产业的全面优化升级,高铁能够通过"高铁标准"将一些传统产业推向绿色和高端,传统产业将搭乘高铁的快车,走出去角逐世界市场,推动高科技产业在世界上达到领先水平。高铁经济能够产生一系列的"高铁+"现象,可以与工业化和城市化的发展相联系,可以实现与旅游业的结合,也可以实现与互联网的联系,形成双网联合的叠加效应,实现物理形态和数字形态的结合,对中国的经济和社会发展产生巨大的推动作用。

第四节　高铁政治经济学与中国式现代化

党的二十大明确指出:"从现在起,中国共产党的中心任务就是团结带领全国各族人民全面建成社会主义现代化强国、实现第二个百年奋斗目标,以中国式现代化全面推进中华民族伟大复兴。"[1]高铁政治经济学作

---

[1] 习近平.高举中国特色社会主义伟大旗帜 为全面建设社会主义现代化国家而团结奋斗——在中国共产党第二十次全国代表大会上的报告[M].北京:人民出版社,2022:21.

为中国特色社会主义制度的产物,可以在政治建设、经济建设、文化建设、社会建设以及生态建设等方面有力支撑中国式现代化理论和实践的发展。

一、政治建设方面

(一)坚持和完善党的领导

中国共产党的领导是中国特色社会主义最本质的特征。回顾中国共产党的发展历程,不管是身处逆境还是顺境,中国共产党人始终将为中国人民谋幸福、为中华民族谋复兴作为自己的初心和使命。新中国成立后,中华民族在政治意义上实现了"站起来";改革开放以来,中国人民在经济意义上逐渐实现了"富起来";新时代追求新目标,中华民族和中国人民需要全方位"强起来"。高铁的快速发展是中华民族"强起来"的生动实例,不仅拉动了国内经济的巨大发展,也向世界展示了中国发展的亮丽"名片",现在的中国比历史上任何时候都更加接近中华民族伟大复兴的梦想。不管是"市市通高铁""县县通高铁",还是全国铁路网从"四纵四横"到"八纵八横",中国共产党始终坚持以人为本的执政理念,通过改善交通基础设施建设促进东中西部地区资金、自然资源以及人力资源等生产要素的流动和有效配置,缩小了东中西部地区的发展差距,有利于实现各地区的协调发展。"行之力则知愈进,知之深则行愈达。"从"动车时代"进入"高铁时代",经济发展面临更多的机遇和挑战,需要"坚持党对一切工作的领导",这不仅是对党的执政水平的检验,也是对党的执政能力的提升。

(二)坚持和完善行政体制

自改革开放以来,行政体制改革是中国政治体制改革的重要内容,贯穿改革开放和社会主义现代化建设的各个阶段。高铁经济作为一种新的经济业态,要想实现可持续发展必须打破原有行政体制的束缚,不断改革和完善行政体制。一方面,在权力的运行上,不断优化中央和地方之间的关系。央地关系决定着治理权限在中央和地方之间的分配以及二者之间的互动,高铁政治经济学可以优化中央对地方的把控力度,保证地方有效实施中央的方针政策,有利于中央对地方的管理,并给予地方政府一定的发展权限,通过建立激励约束机制,调动地方自我发展的积极性,形成二者的良性互动。另一方面,在职能的定位上,明确政府的行政职能。高铁政治经济研究是为了促进经济的发展,而经济发展的最终目的需要回归到人本身,这就要求政府以高铁为手段服务民生领域的发展,如在重大公共卫生事件发生时,利用高铁狠抓重点物资运输,稳定生产生活,实现"人民铁路为人民"。同时,在高铁快速发展的时代,政府必须严格遏制监管不严、制度执行不力以及腐败的滋生等问题,狠抓落实、抓监管和保质量等促进高铁经济可持续发展的举措。

二、经济建设方面

(一) 坚持和完善经济制度

习近平指出:"公有制主体地位不能动摇,国有经济主导作用不能动摇,这是保证我国各族人民共享发展成果的制度性保证,也是巩固党的执政地位、坚持我国社会主义制度的重要保证。"①高铁作为国家重要的基础设施和民生工程,是一种资源节约型、环境友好型的交通运输方式,在坚持公有制主体地位下,国家铁路投融资改革取得了巨大成就,铁路的发展质量和经营效益大幅提升,不管是高铁总里程占世界的六成还是"八纵八横"高铁网的全面展开,都为中国经济社会的发展、民族复兴插上了科技的翅膀。高铁发展在坚持公有制主体地位的同时,鼓励社会资本投资建设铁路,为民营经济、中小企业等非公有制经济增强了发展的马力。

(二) 坚持和完善经济体制

中国通过对技术的引进、消化、吸收以及再创新,实现了铁路的跨越式

---

① 习近平.立足我国国情和我国发展实践 发展当代中国马克思主义政治经济学[N].人民日报,2015-11-25(01).

发展,有效保障了国民经济的平稳运行以及人民生产生活的需要,但也存在政企不分、无法与其他交通运输方式实现有效衔接的问题,为保障铁路运行秩序和安全、推动铁路建设的可持续发展,我国 2013 年实行了铁路政企分离改革,撤销铁道部,组建中国铁路总公司,中国铁路发展开始与社会主义市场经济接轨。铁路改革后,在充分发挥政府作用的同时,利用市场的决定性作用实现对各种要素资源的有效配置,激发各类市场主体的活力,从而形成推动高质量发展的强大合力;通过"标准化"建设,从源头上助力高铁的全面提速,进一步打通交通运输的瓶颈,也降低了生产成本,使企业拥有了走出去的比较优势和更广阔的发展市场。

(三)坚持和完善创新体系

创新推动科学技术的发展,马克思说:"资产阶级在它的不到一百年的阶级统治中所创造的生产力,比过去一切世代创造的全部生产力还要多,还要大。自然力的征服,机器的采用,化学在工业和农业中的应用,轮船的行驶,铁路的通行,电报的使用,整个大陆的开垦,河川的通航,仿佛用法术从地下呼唤出来的大量人口——过去哪一个世纪料想到在社会劳动里蕴藏有这样的生产力呢?"[①]中国高铁的发展史也是新时代的科技创新史。为了获得建设高铁的技术,中国与德国、法国、日本以及加拿大等国家结成伙伴关系,通过以市场换技术使国内企业获得了技术,但是中国高铁要想实现长足发展,最终必须在没有合作伙伴的情况下独立运作。2015 年 6 月,具有中国完全自主知识产权的中国首列标准动车组正式下线。中国高铁成功开辟出一条具有中国特色的高速铁路创新发展道路,对建设创新型国家具有重要的推动作用。

(四)坚持和完善对外开放

当今世界是一个你中有我、我中有你的命运共同体,每个国家要独立发展但不能孤立发展,必须扩大对外开放,融入全球化的发展大潮中。自

---

① 马克思,恩格斯. 马克思恩格斯选集(第 1 卷)[M].北京:人民出版社,2012:405.

中国2001年加入世界贸易组织以后,全球化不仅带来了挑战,更多的是带来了发展机遇,中国的发展能够面对更加广阔的国际市场。中国高铁引进吸收了很多国外的先进技术,并通过创新以及市场化的改革研发了能够适应各种复杂地形、气候条件的高铁技术,克服了其他国家建设高铁的技术难题,使高铁能够走出去。同时,"一带一路"倡议的提出和实施,为中国高铁在国际上的全新发展提供了有利的契机。

三、文化建设方面

(一)坚持马克思主义指导地位

高铁政治经济学研究始终坚持以马克思主义为指导,通过"四个自信"坚定发展。首先,高铁发展以对中国特色社会主义道路的自信坚定发展方向。中国特色社会主义道路不是另辟蹊径,而是从改革开放40多年的伟大实践中得到的,更是从新中国成立70多年的历程中探索出来的,正是中国特色社会主义道路促进了高铁的快速崛起。其次,高铁发展以对中国特色社会主义理论体系的自信坚持发展方法。中国高铁事业始终坚持解放思想、实事求是的思想路线,通过发展实现最广大人民群众的根本利益。再次,高铁发展以对中国特色社会主义制度的自信体现发展优势。在社会主义公有制下,能够保证"人民铁路为人民",使全体人民能够共享高铁发展带来的成果。最后,高铁发展以对中国特色社会主义文化的自信丰富发展的内涵。高铁发展在引进国外技术提升硬实力的同时,也结合中华民族博大精深、源远流长的优秀文化丰富自身的软实力,探索具有中国特色的高铁文化。

(二)坚持社会主义核心价值观

高铁在发展过程中以社会主义核心价值观为引领,充分展示了高铁人的敬业精神和爱国情怀,也让每一个中国人产生了民族自豪感和国家认同感。作为"国之重器"的中国高铁能够在短短十几年中实现从无到有、由弱变强、从"跟跑"到"并跑"再到"领跑"的蜕变,离不开一群高铁人的辛勤付出,他们突破了以往经济体制的束缚,探索出符合市场经济发展的现代化管理方式,以引进作为手段、消化作为目的、创新作为追求,创造了青出于蓝而胜于蓝的典范。他们都有着把集体利益和国家利益放在至高地位的报国情怀,正是这种报国情怀激励着高铁人废寝忘食地在车间、实验室和铁路线上拼搏,这是对爱国和敬业最好的诠释。高铁作为中国的"新四大发明"之一,是世界了解中国的一张亮丽"名片",在让每一个外国人惊叹的同时,也让每一个中国人的民族自豪感和国家认同感油然而生。

(三) 坚持和完善文化体制改革

随着中国高铁事业的迅猛发展,具有特色的"高铁文化"也随之产生,中国高铁以"快捷便利、平稳舒适"的高速度、"安全可控、设备精良"的高性能及"服务优质、文明和谐"的高品质,形成了自己独有的品牌效应。然而由于高铁文化建设速度与高铁发展速度的不同步,高铁品牌文化时常面临不受认可的窘境,改变高铁文化的窘境需要高铁文化体制改革助力,结合时代特点和铁路实际,提升高铁文化的品质和可持续力;结合高铁文化特点和地域特点,将不同地域的文化体现在高铁的设计、建设、管理、经营和服务的理念中;加强高铁文化组织、文化引导力度,形成发展高铁文化的浓厚氛围,增强全民对高铁品牌的忠诚度以及民众对中国高铁文化的认可度。

四、社会建设方面

(一) 拓展公共服务

高铁的发展有利于公共服务能力的完善和公共服务水平的提高。从教育方面来看,教育要发展,教育投资是最基本的物质基础和条件,经济的发展水平决定了教育投资,高铁经济的发展带动了区域经济的快速发展,教育投资有了充足的物质基础,有利于教育质量的提高,同时高铁在优化出行方式上为人们提供了选择更多优质教育资源的机会。从公共医疗方面看,高铁成为同域医疗物资运送的优选,也为人们共享优质的医疗资源提供了条件。从就业方面来看,发达的全国高铁网络促进了东中西部地区资源的有效配置,东部地区产业的优化升级以及中西部地区的产业承接,为人们提供了更多可供选择的就业平台。

(二) 助力地区发展

农村贫困原因的产生既有贫困主体的内生因素,也有外部因素的作用,要想打破农村的贫困均衡状态必须标本兼治,既要改善内生因素,也要解决外部因素的制约。高铁发展可以为各区域经济的发展注入动能,为劳动力提供更多的就业岗位,大量农民工返乡就业和创业可以解决农村贫困地区长期"空心化"的状态。另外,高铁发展能够促进贫困地区产业的发展,为农业产业发展所需生产资料的引进来和农产品的走出去提供了便捷的交通运输条件,也为欠发达地区发展旅游产业提供了广阔的国内和国际市场。

(三) 推动社会治理

为了实现共同富裕的目标,邓小平提出了一部分人先富、先富带动后富,促进了生产力的巨大发展,但是也拉大了区域之间、城乡之间发展的差距,而缩小发展差距有利于维护社会的稳定。从"四纵四横"到"八纵八横"全国铁路网络的展开、"市市通高铁"与"县县通高铁"的规划,各区域之间、城乡之间被高铁串成了一条条经济走廊,拉动了各区域间、城乡之间经济的协调发展,全体人民在共建的过程中能够公平地共享社会发展的成果,解决了社会治理的难题,有利于社会共同体的建设。

(四) 保障公共安全

铁路是国家重要的交通运输设施,也是国家经济发展的大动脉,在人民群众的生产建设、生活出行以及公共安全上发挥着重要的保障作用。高铁不仅发挥了促进经济社会发展的作用,同时在应对公共安全事件时,能够及时为相关地区提供物资支援。当遇到突发的自然灾害或者公共安全事件时,高铁以其高运能、高速度能够在灾害发生地发挥中流砥柱的作用,相较于航空运输和公路运输,高铁在保证高速和安全的情况下,具有更大的客货运输能力。

五、生态建设方面

(一) 坚持人与自然和谐发展

恩格斯曾经指出:"但是我们不要过分陶醉于我们人类对自然界的胜利。对于每一次这样的胜利,自然界都对我们进行报复。"[①]纵观人类社会的发展历史,人类社会的每一次巨大发展都伴随着自然的改变,物种灭绝、水污染以及大气污染等问题层出不穷,经济的发展与环境的破坏绑定在了一起,这种发展模式是不可持续的,终将会阻碍生产力的发展。只有坚持人与自然之间的和谐发展,秉承可持续发展理念,尊重自然、顺应自然以及保护自然,才能为经济的可持续发展以及人类的永续发展创造条件。中国高铁在建设过程中始终坚持人与自然之间的和谐相处,克服了航空运输方式和公路运输方式的弊端,在建设和运行过程中对土地的需求和能源的需求明显更低,通过"以桥代路"、修建隧道等途径避免了建设中对农田等土地资源的占用,通过绿色能源减少了运行时对沿线环境的污染,也能够最大限度地减少对动植物物种多样性的破坏,营造了别样的高铁生态风景,有利于打造人与自然共生共存的生命共同体,推动美丽中国的建设。

(二) 坚持和完善绿色发展

"保护生态环境就是保护生产力、改善生态环境就是发展生产力"[②],习近平道出了绿色发展对提高社会生产力和促进经济社会发展的重要作用。在自然资源约束力较大、环境污染日趋严重的压力下,反观经济增长的历史进程和传统的财富观,将绿色发展和绿色经济纳入发展观中显得尤为重要。高铁在科技创新的推动下,本身自带绿色属性,高铁发展的绿色理念也提升

---

① 马克思,恩格斯. 马克思恩格斯全集(第二十六卷)[M]. 北京:人民出版社,2014:769.
② 习近平. 习近平谈治国理政(第一卷)[M]. 北京:外文出版社,2014:209.

了沿线地区绿色发展的意识,对人们的生产和生活方式产生很大的影响,过去人们出行倾向于自驾游,但交通的拥挤影响了人们的出行体验、降低了人们的出行意愿,现在高铁因其高速度和高舒适度,正在被越来越多旅客所青睐。

(三)坚持和完善生态安全

高铁的发展坚持了人与自然和谐相处的理念以及绿色发展的理念,有利于保护中国的生态安全。在对国土资源的影响上,高铁在建设过程中对土地资源的占用较少,通过"以桥代路"的方式减少了对农田或者林地的占用,保证了国土安全。在对水资源的影响上,高铁在选线时明确规定尽量避开饮用水源保护区,实在无法避让的,优先采用架桥或者隧道的通过方式,避免对水资源的污染。在对大气资源的影响上,高铁在运行过程中主要使用的是清洁能源,且对能源耗费较少,并不会对大气产生很大的影响。而在对生物物种多样性的影响上,高铁建设如果经过保护区,会尽量保护动物活动场所的原始生态,在施工建设过程中也极力减少对野生动物的干扰,如中国在建设青藏高铁时,在铁路沿线每隔一段距离设置了"藏羚羊迁徙通道",最大限度地减少对藏羚羊生活的影响。

第四章 高铁经济学的研究现状[*]

由于学术界关于高铁政治经济学的研究文献极为缺乏,因此本章尝试通过对中国高铁经济学研究的基本现状、历史演进与发展趋势分析,为后文构建一个较为系统的高铁政治经济学研究框架提供启示和思路。

第一节 高铁经济学研究总览

一、高铁经济学研究的出现

1830 年,英国利物浦—曼彻斯特铁路开通运行,成为世界上第一条完全使用蒸汽作为动力的铁路,在之后不到 60 年的时间里,英国的铁路线延长至 3 万公里,伴随了英国近一个世纪的全球领导地位。1964 年,世界第一条高速铁路——日本东海道新干线诞生,为日本的经济腾飞打下牢固基础。20 世纪 90 年代,中国首次出现了高铁建设对社会经济效益的影响研究。2008 年,中国第一条高铁正式开通,高铁事业发展在此后的十余年间取得巨大成就,现已成为世界高铁发展的引领力量。截至 2022 年底,中国高铁营业里程已突破 4.2 万公里,占世界高铁总里程的 60%。

与此同时,高铁经济也应运而生,逐渐成为一种崭新的经济形态。既然高铁是中国先进生产力的典型代表,那么发展高铁经济的学科交叉研究,是

---

[*] 本章作为阶段性研究成果已发表,详见:吕健,刘静静.中国高铁经济研究的现状、演进与趋势[J].产业经济评论(山东大学),2019(3):87—113.

中国特色社会主义政治经济学逻辑下的重要实践。高铁带来的时空压缩效应极大地影响了社会经济的发展和走向,并对中国的社会主义现代化强国建设发挥着战略支撑作用。因此,唯有对高铁经济学的作用机理展开研究,才能深刻理解中国今后的社会经济变革规律。此外,高铁走出去战略与"一带一路"倡议的契合,也使高铁经济学的研究发展必须具备国际视野。

高铁经济学诞生于应用经济学科中的运输经济学,而因高铁建设成本高、影响范围大,与传统运输工具显著不同,从运输经济学中逐渐剥离而成为独立的研究方向和学科。交通现象的经济问题是指在人和物的移动过程中,稀有资源是怎样被分配的及其是否被有效地进行了分配的问题(卫藤卓也,2015)[①],也就是使人和物发生移动的交通运输服务,在人与人之间是怎样被分配的。对高铁经济学的研究离不开对高铁在交通运输和国民经济中所扮演角色的思考。一方面,基础设施建设是促进经济增长和社会发展的重要方面(徐玉萍,2011[②];李正彪等,2012[③]),作为一项经济性基础设施,交通运输通过人和物的移动带来要素的区域优化配置和分工,直接参与生产过程,从而影响整个经济系统的运行效率。另一方面,高铁在节约旅行时间和克服空间距离方面表现出其他交通工具远不能及的优势,中国高铁在十几年的迅速发展中已产生了极大的时空压缩效应,能够加速人力资本的跨区域流动,从而带动技术和资本等要素的交流融合,促进市场经济下的高效分工与规模生产,创新经济组织方式,深化经济合作制度,降低生产和交易壁垒,实现经济增长。

二、高铁经济学的研究视角

高铁通过大幅度降低旅客和货物运输的成本,对人力资本和商品货物在更大的地理范围内进行优化配置,并转化为时空的溢出效应(魏立佳、张

[①] 卫藤卓也.交通运输经济论[M].北京:人民交通出版社,2015.
[②] 徐玉萍.高速铁路建设促进区域经济发展问题研究[J].江西社会科学,2011(12):62—65.
[③] 李正彪,杨青,王焱.基础设施建设对经济增长的促进作用研究——以云南省为例[J].经济问题探索,2012(08):28—32.

彤彤,2018)①,使不同地区的经济联系加强,经济效率提升,总体经济得以增长。从高铁与经济的互动内容来看,高铁经济学的研究可划分宏观、中观和微观三种视角。

宏观视角是指围绕高铁对国民经济和区域经济影响的研究。多数学者认为高铁通过提升交通可达性、优化要素配置、发挥正外部性等,对促进一国经济增长和区域发展有显著作用。高铁网络的发展使中心城市的可达性有所提升(钟业喜等,2015)②,赵丹、张京祥(2012)在对长三角城市群的研究中指出,高铁全面提升区域可达性,大大缩短城市之间的时空距离,促进区域均衡化空间结构的形成③。高铁广泛的经济效益总是被外部因素所淹没(Preston和Wall,2008)④,相较于高铁建设初期,当下更多国内学者理性发声,从不同角度献策谏言:张召华、王昕(2019)的计量结果证实了高铁通过提升城市可达性促使二、三产业劳动力资源优化配置⑤;林晓言等(2015)推演得出区域人均GDP在20 000元以下、第三产业就业及结构比例较为平均时,高铁对于区域产生的社会效用最高⑥;孔令章等(2019)充分考虑兰新高铁的特殊体质和欠发达城市发展的实际情况,提出东部城市积极构建小时经济圈、中部城市竭力压缩经济距离、西部城市最大化规避虹吸效应的建议⑦。

中观视角是指围绕高铁对相关产业和沿线城市的影响的研究。高铁发

---

① 魏立佳,张彤彤.铁路经济学研究的新进展[J].经济评论,2018(06):154—166.
② 钟业喜,黄洁,文玉钊.高铁对中国城市可达性格局的影响分析[J].地理科学,2015,35(04):387—395.
③ 赵丹,张京祥.高速铁路影响下的长三角城市群可达性空间格局演变[J].长江流域资源与环境,2012,21(04):391—398.
④ Preston J, Wall G. The Ex-ante and Ex-post Economic and Social Impacts of the Introduction of High-speed Trains in South East England[J]. Planning Practice & Research, 2008, 23(03):403-422.
⑤ 张召华,王昕.高铁建设对劳动力资源配置效果检验——来自产业-就业结构偏差的解释[J].软科学,2019,33(04):44—47,61.
⑥ 林晓言,罗燊,朱志航.区域质量与高速铁路社会效用——关于高速铁路建设时机的研究[J].中国软科学,2015(04):76—85.
⑦ 孔令章,李晓东,白洋.高铁对欠发达地区可达性影响及空间发展策略研究——以兰新高铁为例[J].西北师范大学学报(自然科学版),2019,55(03):112—117.

展直接带动了中国铁路建筑业、轨道交通装备制造业和通信制造业的快速成长和自主创新(兰英,2013)①,间接推动了旅游业等服务业的发展和产业集群。社会的庞大需求是中国高铁产业内生增长的拉动力量,高铁产业知识累积与演化和新制度因素的增长也不断激励高铁企业成长(邓金堂、李进兵,2013)②。高铁开通对地区旅游业发展具有显著的正向影响,相比东部地区,高铁开通对西部地区旅游业发展的正向影响要更为明显(辛大楞、李建萍,2019)③。高铁建设有利于城市群经济集聚梯度效应的实现(王鹏、李彦,2018)④。有高铁城市和廊道沿线城市,其受益远高于无高铁城市(刘莉文、张明,2017)⑤,但 Vickerman(2015)持不同意见,案例显示在高铁线路的中间地区,如果地理条件并未得到有效改善,又缺乏新的跨区域服务业态,高铁开通的潜在经济影响则并不明显⑥。

微观视角是指围绕高铁对具体城镇和企业发展等影响的相关研究。高速铁路不仅对生产者服务的发展作出了巨大贡献,而且对城市资本积累和土地租赁结构也产生一定影响(Kobayashi 和 Okumura,1997)⑦。Geng 等(2015)证实了住房价格随着房屋与高铁站之间的距离的增加而增加⑧。丁志刚、孙经纬(2015)在对比中西方高铁城市后解释道,国内城市政府常将高铁建设作为城市扩张的契机,出于降低成本、线型选择等方面考虑,常将高

---

① 兰英.高速铁路对中国经济发展的影响[M].北京:经济日报出版社,2016.
② 邓金堂,李进兵.我国战略性新兴产业内生增长机制研究[J].软科学,2013,27(08):20—25.
③ 辛大楞,李建萍.高铁开通与地区旅游业发展——基于中国 287 个地级及以上城市的实证研究[J].山西财经大学学报,2019,41(06):57—66.
④ 王鹏,李彦.高铁对城市群经济集聚演化的影响——以中国三大城市群为例[J].城市问题,2018(05):62—72.
⑤ 刘莉文,张明.高速铁路对中国城市可达性和区域经济的影响[J].国际城市规划,2017,32(04):76—81,89.
⑥ Vickerman, Roger. High-speed Rail and Regional Development: the Case of Intermediate Stations[J]. Journal of Transport Geography, 2015, 42:157-165.
⑦ Kobayashi K, Okumura M. The Growth of City Systems with High-speed Railway Systems [J]. Annals of Regional Science, 1997, 31(01):39-56.
⑧ Bin Geng, Haijun Bao, Ying Liang. A study of the Effect of a High-speed Rail Station on Spatial Variations in Housing Price Based on the Hedonic Model[J]. Habitat International, 2015, 49.

铁站点选址远离城区,带动土地增值的效果并不理想①。不过,高铁开通对企业发展有积极影响,显著拉动当地企业的创新投资(陈婧等,2019)②,构成信息和技术跨区域流通、扩散和再创新的高速通道(郭进、白俊红,2019)③,促进高级人才的出差流动(杜兴强、彭妙薇,2017)④。

国内外学者亦有许多声音值得借鉴与思考。Vickerman(2018)指出,高铁本身作为交通基础设施,一般不具备变革性,高铁促成经济变革是因为与其他政策干预相结合⑤。吴锦顺(2019)认为尽管高铁的发展对促进地区经济增长起着积极作用,但也在一定程度上阻碍了县域经济的发展,加剧了城乡差距⑥。Kim和Sultana(2015)提出,通过增加可达性来提升空间公平性的前提是具有更广泛的高铁网络⑦。还有学者对高铁的速度进行反思,认同旅行时间合理即可而非达到最小化,因此我们应该"管理"而不是"满足"对运输的需求(Givoni和Banister,2012)⑧。

三、高铁经济学的研究方法

随着高铁里程的增加和研究水平的发展,高铁经济学的主流研究方法已从规范研究转向实证研究,并出现纳入制度和社会等因素进行研究的非

---

① 丁志刚,孙经纬.中西方高铁对城市影响的内在机制比较研究[J].城市规划,2015,39(07):25—29.
② 陈婧,方军雄,秦璇.交通发展、要素流动与企业创新——基于高铁开通准自然实验的经验证据[J].经济理论与经济管理,2019(04):20—34.
③ 郭进,白俊红.高速铁路建设如何带动企业的创新发展——基于Face-to-Face理论的实证检验[J].经济理论与经济管理,2019(05):60—74.
④ 杜兴强,彭妙薇.高铁开通会促进企业高级人才的流动吗?[J].经济管理,2017(12):89—107.
⑤ Vickerman, R. Can High-speed Rail Have a Transformative Effect on the Economy?[J]. Transport Policy, 2018(62).
⑥ 吴锦顺.高铁改造引发的大都市圈效应对县域经济的影响[J].地域研究与开发,2019(03):1—5.
⑦ Kim, H.,Sultana, S. The Impacts of High-speed Rail Extensions on Accessibility and Spatial Equity Changes in South Korea from 2004 to 2018[J]. Journal of Transport Geography, 2015(45).
⑧ Moshe Givoni, David Banister. Speed: the Less Important Element of the High-Speed Train[J]. Journal of Transport Geography, 2012(22).

均衡分析。国外研究方法在建立数理模型和动态模拟方面比较成熟,但无法满足高铁经济学研究的复杂性。国内研究方法从最初的定性描述,到模仿借鉴国外研究手段,现已形成了较为合理的案例分析方法和计量模型。在主流的定量研究中,研究者多从时间尺度来探讨旅行时间价值的变化,从距离尺度探讨空间可达性的变化,采用双重差分法,对有无高铁的情境进行模拟对比。高铁经济学的正确结论应该是经济现象和数量关系的准确概括,然而对研究变量的设计难以符合多变的现实情况,研究结论难以概括高铁经济学的演变特征。一些学者也在积极探索更为普适的模型,比如对时空进行综合考量,力求突破静态分析范式。

综上分析,高铁经济学是典型的多学科交叉领域,作为应用性经济研究又必须考虑其盈利性与公益性并存的特征,当前文献对高铁经济学的体系化和机理性研究不足。此外,现阶段国内外高铁经济学的研究结论差异性较大,一些甚至完全相反,这与学者在进行定量研究时所假设的前提条件过多或不符实际相关,由此所得结论难以推广,在一定程度上降低了研究意义。因此,围绕中国高铁经济学的研究在世界范围无据可循,必须自己探索。正如习近平所强调的,"加强学科之间协同创新,加强对原创性、系统性、引领性研究的支持"。

第二节　高铁经济学的文献计量分析

本节以1992—2019年3月中国知网(CNKI)期刊数据库的高铁经济学相关研究论文为分析对象,具体设定为框定主题词包含"高铁"或者"高速铁路",并含主题词"经济",经人工筛除,最后得到1954篇相关论文。据此,通过描述统计和知识图谱可以整理出中国高铁经济学的年发文量和年均被引量、高被引论文、发文期刊、学科属性、核心作者和机构等相关数据,并依据关键词共现图谱和关键词时区图谱对高铁经济学研究文献中的热点主题进行深入分析。

一、总体分析

(一) 年发文量与年均被引量分析

中国知网中收录的最早以经济视角考察中国高铁发展的文章可追溯至1992年。该时期的研究背景离不开世界高铁,尤其是日本高铁的成熟发展及其带来的强社会经济效益。由图4-1可以看出,高铁经济学研究的首次快速增长出现在2008年,由2007年只发表10篇论文快速增长至2008年的36篇。同年4月,国内第一条具有世界先进水平的京沪高铁开建;8月,国内第一条城际高铁——京津城际高铁开通,该时期高铁建设和高铁经济研究受到空前关注。此后10年中,除2009年增长缓慢和2012年、2017年有所下降,其余年份发文量均显著增长,尤其是2010年的发文量达到前一年的2.3倍。2008—2018年期间,平均每年发表高铁经济研究相关文献162篇,年均增长率达到30.3%。

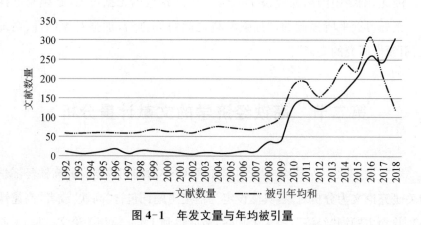

图4-1 年发文量与年均被引量

年均被引量,是通过计算某一年份所发表的全部高铁经济研究相关文献的被引次数和再除以该年发文量得到的。从图4-1可以看出,年发文量和年均被引用次数和的变化曲线非常相似,且二者的增长趋势接近指数增长,这说明学者们对高铁经济学领域的研究兴趣愈发浓厚,高铁经济学越来越受重视和关注。两次明显且同步的数量回落分别出现在2012年和

2017年,这是受异常事件影响下的正常高点回调。

(二) 高被引论文分析

高铁经济学研究高年均被引论文的前10名如表4-1所示,其10篇论文中有8篇发表于2010年及之后,且多聚焦于高铁运行对交通可达性、空间结构和区域经济的影响。截至2019年3月,年均被引最多的论文是蒋海兵等(2010)发表于《地理学报》的论文"京沪高铁对区域中心城市陆路可达性影响",该文通过设计网络分析与成本栅格加权集成法,计算日常可达性、潜力值与加权平均时间,以此比较有无京沪高铁两种情景下,京沪地区中心城市可达性空间格局变化,探讨高铁对中心城市可达性的影响,并采用场强模型计算高铁通车前后中心城市腹地范围[①]。

王姣娥等(2014)同样发表于《地理学报》的论文"高速铁路对中国城市空间相互作用强度的影响"年均被引次数仅次于上文,该文基于GIS网络分析工具,构建时间成本矩阵,研究中国333个地级行政单元和4个直辖市对外经济联系总量和城市对间经济联系强度的空间分布特征,构建、模拟并探讨了无高铁、高铁现状和规划高铁三种情景[②]。

表4-1 高被引文献汇总(前10名)

序号	题目	作者	被引总数(次)	发表时间(年)	年均被引数(次)
1	京沪高铁对区域中心城市陆路可达性影响	蒋海兵、徐建刚、祁毅	314	2010	34.9
2	高速铁路对中国城市空间相互作用强度的影响	王姣娥、焦敬娟、金凤君	138	2014	27.6
3	高速铁路对区域可达性的影响研究——以沪宁地区为例	罗鹏飞、徐逸伦、张楠楠	394	2004	26.3

---

① 蒋海兵,徐建刚,祁毅.京沪高铁对区域中心城市陆路可达性影响[J].地理学报,2010,65(10):1287—1298.
② 王姣娥,焦敬娟,金凤君.高速铁路对中国城市空间相互作用强度的影响[J].地理学报,2014,69(12):1833—1846.

续表

序号	题目	作者	被引总数（次）	发表时间（年）	年均被引数（次）
4	高速铁路影响下的经济增长溢出与区域空间优化	王雨飞、倪鹏飞	73	2016	24.3
5	高速铁路对河南沿线城市可达性及经济联系的影响	孟德友、陆玉麒	192	2011	24.0
6	高速铁路对沿线区域发展的影响研究	张楠楠、徐逸伦	283	2005	20.2
7	哈大高铁对东北城市旅游经济联系的空间影响	郭建科、王绍博、李博等	58	2016	19.3
8	基于交通可达性的京津冀城市网络集中性及空间结构研究	刘辉、申玉铭、孟丹、薛晋	110	2013	18.3
9	高铁建设能否重塑中国的经济空间布局——基于就业、工资和经济增长的区域异质性视角	董艳梅、朱英明	54	2016	18.0
10	中国高速铁路发展及其经济影响分析	谭宝生	105	2013	17.5

总被引次数列于第3位的"高速铁路对区域可达性的影响研究——以沪宁地区为例"（罗鹏飞等，2004）和"高速铁路对沿线区域发展的影响研究"（张楠楠、徐逸伦，2005），以区域空间为研究对象，从时间和空间角度探究了高铁带来的对沿线地区可达性的改变和对区域交通系统、经济系统和区域空间的影响[①]。

（三）发文期刊分析

表4-2所示的是刊发高铁经济学相关论文数量最多的10种学术期刊，可以看出主要集中在铁路运输领域和经济学领域。其中，除了《现代经济信息》和《理论学习与探索》，其余期刊均为中文社会科学引文索引（简称CSSCI）来源期刊或北京大学《中文核心期刊要目总览》来源期刊，表明学术

---

① 张楠楠,徐逸伦.高速铁路对沿线区域发展的影响研究[J].地域研究与开发,2005(03):32—36.

界权威期刊对高铁经济学研究抱有较大兴趣。

表 4-2 高发文期刊汇总(前 10 名)

序号	期刊	发文量(篇)	主办单位
1	铁道运输与经济	69	中国铁道科学研究院
2	中国铁路	65	中国铁道科学研究院
3	综合运输	57	国家发展和改革委员会综合运输研究所
4	铁道经济研究	56	中国铁路经济规划研究院
5	经济地理	27	中国地理学会、湖南省经济地理研究所
6	现代经济信息	25	黑龙江企业管理协会
7	交通企业管理	20	武汉理工大学
8	现代商业	19	中华全国商业信息中心
9	中国市场	18	中国物流采购联合会
10	理论学习与探索	16	铁道党校

《铁道运输与经济》以 69 篇的相关发文量位列第一,《中国铁路》《综合运输》和《铁道经济研究》相关发文量均超过 50 篇。相比经济学类期刊,铁道运输类期刊更为重视高铁经济学研究的学术成果。

从所列期刊的主办单位来看,前 4 位发文期刊中有 3 家是中国铁路总公司下设相关院所,不难发现中国铁路总公司是推动高铁经济学研究的主力。2018 年 6 月,承担原铁道部行政职责的国家铁路局在北京举办高铁经济学学科建设座谈会,指出中国高铁的建设与运行已不满足于聚焦资源与运力分配、高铁建设与规划、高铁技术创新等研究,用经济学视域理解、修正和推动高铁可持续发展是应用科学发展的必经之路。可以说,高铁经济学发展在很大程度上契合了中国特色社会主义政治经济学逻辑。这也印证了不论是从政策制定、学科发展,抑或现实需求,围绕高铁经济学的研究都将是未来的学术热点。

(四)学科属性分析

表 4-3 梳理的是高铁经济学论文发表院所分布,可知经济管理类院所

进行的相关研究最多。在1 954篇论文中,有184篇属于经济管理类别,占前10类院所总发文量的42%;其次是交通运输类院所,发表相关文献56篇(占比13%);地理科学类院所发表相关文献42篇(占比10%)。除这3类院所外,按各类院所(或单位)发表论文量排名,由多至少依次是铁道规划与铁路建设、城市规划与发展、人文社科、土木工程与建筑、资源环境与旅游、国际关系等学科。此外,社科院和党校等机构对高铁经济学研究也较为关注,所发论文呈现出社会科学和人文科学的综合特征。

表4-3 高发文院所汇总(前10名)

序号	院所类别	发文量(篇)	发文占比
1	经济管理类院所	184	42.4%
2	交通运输类院所	56	12.9%
3	地理科学类院所	42	9.7%
4	铁道规划类院所	36	8.3%
5	铁路建设类院所	36	8.3%
6	城市发展类院所	21	4.8%
7	人文社科类院所	19	4.4%
8	土木建筑类院所	17	3.9%
9	资源旅游类院所	13	3%
10	国际关系类院所	10	2.3%

(五) 核心作者分析

根据普莱斯定律,可以将高铁经济相关发文数量超过3篇的作者定义为高铁经济学研究的核心作者。经统计发现,本节选取的文献中共有33位核心作者。

图4-2为作者共现图谱,字号越大,说明发文数量越多。其中,发文最多的是渝黔铁路公司王明慧,研究方向是交通运输规划与管理。作者之间的连线,代表着线段两端的作者有研究合作关系,连线的粗细代表着合作关系的强弱,由此可以判断高铁经济学研究的核心作者群。

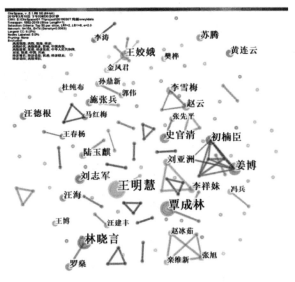

图 4-2 CiteSpace 作者共现图谱

学者发表在 CSSCI 来源期刊上的文献一般被认为具有更广泛的权威性和影响力。表 4-4 所示为在 CSSCI 期刊上发表过 4 篇及以上高铁经济学相关文献的作者的发文频次排序,结合图 4-2 可以发现,高铁经济学研究领域比较重要的 3 大核心作者群,首先是暨南大学覃成林和贾善铭等人,主要研究领域为区域经济和产业集聚,截至 2019 年 2 月中国知网已收录覃成林的 CSSCI 来源期刊文献 11 篇,其中 4 篇由二人合作发表;其次是北京交通大学林晓言和罗燊等人,研究涉及领域广泛,包括高铁的地价、站区建设、知识流动、社会经济效益等问题,在林晓言 9 篇 CSSCI 来源期刊论文中,有 6 篇与罗燊共同完成;最后是东北农业大学姜博和初楠臣等人,他们合作完成 7 篇 CSSCI 来源期刊论文,研究多基于东北地区高速铁路,主要探索高铁影响空间格局的形成规律。

表 4-4 高发文作者汇总(前 10 名)

序号	CSSCI 来源论文数(篇)	作者	机构名称
1	11	覃成林	暨南大学
2	9	林晓言	北京交通大学

续表

序号	CSSCI来源论文数(篇)	作者	机构名称
3	8	姜 博	东北农业大学
4	7	初楠臣	东北农业大学
5	6	罗 燊	北京交通大学
6	5	孟晓晨	北京大学
7	4	李雪梅	北京交通大学
8	4	贾善铭	暨南大学
9	4	施张兵	上海外国语大学
10	4	王姣娥	中国科学院地理科学与资源研究所

(六)核心机构分析

各研究机构的高铁经济学研究发文频次排序如表4-5所示,可以清晰看出高铁经济学研究的学科牵头院校。北京交通大学以64篇高居榜首;由图4-3可知主要由经济管理学院和交通运输学院展开相关研究。西南交通大学以35篇次之,主要由交通运输与物流学院和土木工程学院展开相关研究。此外,高铁经济学研究文献发表超过10篇的机构还有暨南大学(17篇)、中国铁路经济规划研究院(13篇)和兰州交通大学(11篇)。不同机构的研究依据其所在地,多聚焦不同的高铁线路。北京交通大学围绕京沪高铁的研究最为深入,武广高铁的开通意义和后续追踪研究由暨南大学为主展开,兰新高铁的优劣势分析集中在兰州交通大学,贵州大学多立足贵广高铁,东北农业大学多以哈大高铁线路为研究对象。

表4-5 高发文机构汇总(前10名)

序号	机构名称	发文量(篇)
1	北京交通大学	64
2	西南交通大学	35
3	暨南大学	17

续表

序号	机构名称	发文量（篇）
4	中国铁路经济规划研究院	13
5	兰州交通大学	11
6	中国科学院地理科学与资源研究所	9
7	中国铁路经济规划研究院	8
8	贵州大学	8
9	东北农业大学	8
10	北京师范大学	8

图 4-3 CiteSpace 机构共现图谱

虽然这些机构的高铁经济学研究均对区域经济和产业结构有所探讨，但是侧重点有所不同，主要分为三个方向。(1)高铁对空间经济的影响研究：北京交通大学的研究成果最为丰富，尤以地方经济、交通运输经济为多；中国铁路经济规划研究院主要围绕土地综合开发和铁路网铺设，同时对标 UIC 国际标准，探索中国高铁走出去战略；中国科学院地理科学与资源研究所则以空间格局的打造与形成作为研究核心，包括陆空交通联动问题。

(2)高铁对产业经济的影响研究：暨南大学和北京师范大学的研究者较早地开辟了高铁带动第三产业的研究路径，贵州大学的研究则偏向高铁旅游经济的影响分析与合作发展。(3)高铁的效应评价研究：西南交通大学的研究侧重于财政管理、评价指标体系的构建与求证，兰州大学的研究多基于兰新铁路的财政盈亏对经济效益的影响。

二、研究主题分析

在文献计量研究中，统计核心词词频可对学者的研究活动作出定量分析，即词频分析，指在文献信息中提取能够表达文献核心内容的关键词或主题词，统计词频的高低分布，以此研究该领域研究热点和发展动向的方法。论文的关键词是从论文标题和正文中选取出来的表现论文主题内容、具有关键作用的规范化单词或术语，高度概括了论文研究的内容和主题。CitesSpace 基于论文关键词词频，绘制出关键词词频共现图谱和关键词共现时区图谱(timezone view)，以此可在词频计量基础上对高铁经济研究的核心主题和阶段热点进行详细分析。

(一) 关键词共现图谱

关键词共现图谱除了统计关键词全年份的词频外，还通过挖掘关键词网络中的关键节点来计算节点中心度，以此反映某个关键词离该领域研究中心的远近以及不同关键词之间的联系互动关系。图 4-4 传递了以下 3 点信息。

(1)圆圈的大小代表着关键词词频，圆圈越大，说明词频越高。区域经济无疑是高铁经济的研究热点，其次是交通运输、旅客运输、可达性等。

(2)圆圈内延伸出线条数量的多少反映出关键词的中心性，线条越多，说明该关键词与其他关键词一同被展开研究的越多，即越处于研究中心地位。由表 4-6 知交通运输的中心性达 0.26，体现出其重要的研究地位，其次是可达性、旅游经济和铁路网。

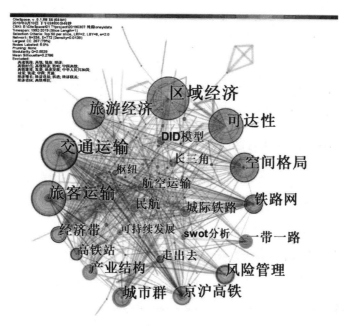

图 4-4 CiteSpace 关键词共现图谱

表 4-6 高频次关键词汇总(前 20 名)

序号	发文量（篇）	中心性	关键词	序号	发文量（篇）	中心性	关键词
1	105	0.15	区域经济	11	40	0.08	产业结构
2	95	0.26	交通运输	12	38	0.12	经济带
3	88	0.14	旅客运输	13	36	0.07	一带一路
4	85	0.18	可达性	14	29	0.06	城际铁路
5	79	0.18	旅游经济	15	28	0.1	高铁站
6	70	0.15	空间格局	16	26	0.01	民航
7	52	0.08	城市群	17	23	0.03	航空运输
8	52	0.09	京沪高铁	18	23	0.05	走出去
9	50	0.04	风险管理	19	22	0.03	长三角
10	48	0.17	铁路网	20	21	0.03	DID 模型

(3) 圆圈之间连线的粗细代表着关键词之间的联系紧密程度；不同关键词之间的连线越粗，说明它们的联系越紧密。区域经济的研究常伴随可达性研究；旅客运输研究离不开交通运输经济和高铁站的研究；"一带一路"围绕走出去战略和财政管理相关研究，产业结构常从旅游产业、高铁产业、第三产业等方面展开研究。民航、航空围绕交运经济、空铁联运进行研究。

（二）关键词共现时区图谱

高频关键词虽然在一定程度上反映了中国高铁经济学研究的聚焦领域，但仍需依据不同年份的词频统计分布来判断不同时期的研究热点。关键词时区图谱可展示关键词的时间维度，通过显示不同时期的关键词词频反映高铁经济学的历来研究热点。由图4-5可清晰划分出高铁经济学研究的5次阶段性热点。

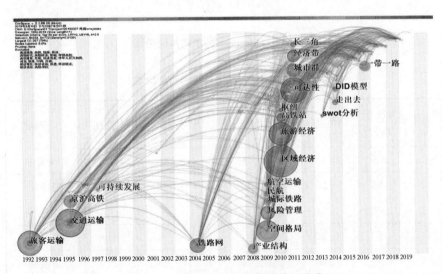

图 4-5　CiteSpace 关键词共现时区图谱

第一次热点出现在1992年前后，以旅客运输、京沪高铁、交通运输和可持续发展为研究主题。由于旅客运输的矛盾，展开了建设京沪高铁的设想，出现了建设京沪高铁的利弊研究，并引发了高铁建设对交通运输体系的经济影响研究。1997年可持续发展战略正式上升为国家战略，学界对高铁建设的现代化研究立即响应这一战略。

第二次热点出现在 2004 年前后，以铁路网为研究主题，学界对其展开了规划、构建与论证的研究，呼应了同年出台的《中长期铁路网规划》。

第三次热点出现在 2008—2011 年，众多学者基于不同视角，纷纷加入高铁经济学的研究中，出现了百花齐放的研究态势，包括高铁对区域发展、产业推动、空间格局和综合交通运输等多方面的影响，并尝试探究其作用机理，对高铁未来的建设提供建议和思路。

第四次热点出现在 2013—2015 年前后，以 SWOT 分析、走出去和 DID 模型（双重差分法）为研究主题，体现出对高铁效益评估和高铁经济开放的重视。DID 模型通过数据模型拟合评判某一区域有无高铁两种情境下的效益表现，SWOT 分析通过对某一态势的优势、劣势、机会和威胁的分析指导决策。此外，2015 年 2 月政府提出的促进中国重大装备和优势产能走出去战略，推动了学界对高铁走出去的关注。

第五次热点出现在 2016 年前后，以"一带一路"为研究主题，如何在该倡议下更好地引导和服务中国高铁走出去战略成为研究主旋律。围绕"一带一路"展开的研究方向有高铁海外项目的案例研究、高铁经济的外部性研究、高铁建设与运营管理、中国高铁的话语体系构建等。

第三节 高铁经济学研究的演进阶段

上一节通过基础信息统计分析和关键词共现分析等得到文献计量的数据结果以及高铁经济学研究过程中出现的 5 次热点，为该领域的研究演进阶段划分提供了充分的依据。为明确梳理出中国高铁经济学研究的演进阶段，还需要进一步分析和探究高铁经济学研究过程中更为明显和连贯的阶段性特征。

不同时期下，政府政策和社会矛盾所引发的学术热点能够从侧面反映学科发展所处阶段，这可以从辩证和微观两个角度进行解释。从辩证角度来看，基于客观现实的经济运行与发展推动政府政策出台和社会矛盾运动，政府政策和社会矛盾又反作用于客观现实，社会科学领域的学术研究也多伴随社会的客观现实条件而逐步推进,尤以经济条件为最强动力,因此学科发展阶段离不开社会土壤。从微观角度来看,一旦政府出台重大政策,社会矛盾严重激化,或者发生重大突发事件,一些研究者往往在短时间内同时聚焦于该瞬时性事件,出现大量相同或相似主题,比如,提出中国高铁走出去战略的一段时间后,走出去成为高铁经济研究热点主题。需要注意的是,由不可预见的重大突发事件所导向的研究热点不一定具有跨越研究阶段的学术意义,政策出台和矛盾凸显则会极大激发研究者在该领域的研究兴趣,推动研究快速发展,所以,相关研究成果的意义更为深远。

高铁经济学研究过程中的短期突增热点,可通过 CiteSpace 的突现算法来获取。陈超美将适用于识别紧急的研究前沿概念的 burst detection 算法(Kleinberg,2002)和用于突出范式随时间变化的潜在关键点的中间中心性度量(Freeman,1979)相结合,所实现的互补可视化视图用于检测可视化科学文献中出现的趋势和瞬变模式,这种视觉突出算法检测大大降低了可视化网络的复杂性(Chen,2014)[1]。该种算法下关键词一旦出现突现,即表示在这一时期该研究主题瞬间获得高度关注。通过探索突现关键词的演变路径,可以在一定程度上揭示某个研究领域主题的发展趋势,并挖掘潜在的、有价值的研究方向(万昆等,2017)[2]。图 4-6 为 CiteSpace 基于上述算法所检测到的关键词最强引用突现(keywords with strongest citation bursts),条状区域指对应关键词在开始和结束时间段内(可 1 年或多年)达到设定突现强度。将图中捕获到的 16 个突现关键词按当期政府出台政策或社会热点事件划分,可分为表 4-7 所示的三个集群。

---

[1] Chen C. CiteSpace Ⅱ: Detecting and Visualizing Emerging Trends and Transient Patterns in Scientific Literature [J]. Journal of the American Society for Information Science and Technology, 2006, 57(03):359-377.

[2] 万昆,李建生,江毅. 国际知识建构研究的热点领域和前沿演变——基于 WOS 期刊文献的可视化分析[J]. 现代情报,2017,37(12):154—161.

前16个关键词最强引用突现

关键词	年份	强度	开始时间	结束时间	1992—2019年
旅客运输	1992	13.397 9	**1992**	2010	
京沪高铁	1992	13.361 9	**1995**	2011	
交通运输	1992	14.151 8	**1995**	2009	
高速列车	1992	3.399 7	**1996**	2006	
可持续发展	1992	3.939 8	**1997**	2011	
民航	1992	6.351 2	**2009**	2014	
城际铁路	1992	7.255 0	**2009**	2011	
空运	1992	3.746 1	**2009**	2010	
航空运输	1992	4.512 5	**2009**	2012	
铁路线路	1992	4.499 0	**2009**	2010	
武广铁路	1992	7.606 2	**2010**	2012	
同城效应	1992	3.927 6	**2010**	2011	
铁道部	1992	3.927 6	**2010**	2011	
融资模式	1992	3.875 3	**2013**	2014	
经济带	1992	4.703 0	**2015**	2017	
一带一路	1992	9.533 2	**2016**	2019	

图 4-6　CiteSpace 关键词突现图谱

表 4-7　关键词突现集群分类

类别	社会热点	突现关键词	起始时段
1	京沪段旅客铁路运力长期低下，学界就是否修建京沪高铁以及何时修建京沪高铁展开了热烈的讨论；1997年党的十五大把可持续发展战略确定为中国现代化建设必须实施的战略	旅客运输、京沪高铁、交通运输、高速列车、可持续发展	1992—1997年
2	2009年12月，武广高铁开通，武汉、长沙、广州同城效应明显，高铁对沿线城市的影响研究兴起；高铁运营初期，航空业首先受到巨大冲击；2013年3月撤销铁道部，组建中国铁路总公司，承继原铁道部职责	民航、城际铁路、空运、航空运输、铁路线路、武广铁路、同城效应、铁道部、融资模式	2009—2013年
3	2014年12月，粤桂黔三省区合作共建粤桂黔高铁经济带；随着"一带一路"倡议的推广，新丝绸之路经济带引发关注；2016年1月，中印雅万高铁作为"一带一路"早期成果合作开工，中国高铁迎来走出去的爆发元年	经济带、"一带一路"	2015—2016年

依据中国高铁的发展规划,社会普遍把中国高铁建设划分为研究论证时期(1990—2002年)、探索实践时期(2003—2012年)和高速发展时期(2013年至今)三个阶段。基于中国高铁的战略发展历程,通过上一节对年发文量增长特征的分析、关键词时区图谱5次热点的梳理、研究主题随热点事件突现3类集群的归纳,可以发现高铁经济学研究在不同时期呈现出不同的阶段性学术特征,从而对高铁经济学研究的演进阶段作出划分。

一、摸索起步阶段(1992—2007年)

改革开放以来,中国经济体量不断增长,公路、航空等交通运输设施同步发展,但是到了20世纪90年代,中国铁路运力出现明显的发展滞后。世界高铁在20世纪80年代末期至90年代中期迎来蓬勃发展,日本、法国等国家高铁建设取得巨大成就。1991年5月,原铁道部下达《关于开展京沪高速铁路可行性研究有关问题的通知》,受此推动,学界在可行性研究阶段早期探讨的主流是高铁对交通运输的影响和京沪高铁修建的利弊。这一时期关注度最高的两篇论文《高速铁路的社会效益及其计算方法》[1]和《论我国发展高速铁路的必要性》[2],分别指出高速铁路所产生的时空效益将带来显著的社会效益,以及高速铁路通过在运输大通道快速输送旅客将带来科技和国民经济的互动进步。

1997年,党的十五大把可持续发展战略确定为中国"现代化建设中必须实施"的战略,学界有关高铁经济学的研究纷纷转向可持续发展的视域。由关键词突现可知,可持续发展这一主题的热度一直持续至2011年,体现了国家现代化战略的长期性和艰巨性。随着高铁经济的可行性论证结果愈加清晰,该阶段后期的研究多从高铁的技术引进与开发、世界高铁的建设和运营经验等方面展开对具体操作的探究,对高铁经济的关注度有减无增。

---

[1] 曹亚林.高速铁路的社会效益及其计算方法[J].中国铁路,1992(11):18—21,38.
[2] 程庆国,尹令昭,陈修正,陈金林.论我国发展高速铁路的必要性[J].中国铁道科学,1992(02):1—8.

二、广泛求证阶段(2008—2015年)

自2004年国务院出台的《中长期铁路网规划》明确建设中国高铁客运网以来,2005年,包括合武高铁等在内的中国首批高速铁路投入建设;2008年8月,中国首个城市高铁客运系统——全长120公里的京津城际高铁开通运营;2009年12月,中国首条具有划时代意义的高铁——全长1068公里的武广高铁开通运营,这些都标志着中国高铁建设从研究论证期走向快速发展期,高铁经济学的研究主流也随之转向对已开通的高铁线路影响经济的实证求索。因此,以京津高铁的开通时间作为划分依据,可以将2008年及之后一段时期划分为高铁经济学研究的广泛求证阶段。

这一阶段的研究热点多来源于高铁建设和运行所带来的重要社会经济现象。随着多条高铁的开通运营以及高铁里程的迅速增加,高铁对社会经济的影响逐渐渗透到各个领域。学者们最为浓厚的研究兴趣在下述热点现象中得到了集中表现:(1)随着武广高铁的开通,武汉、长沙、广州同城效应明显,高铁对沿线城市的融合研究一时兴起;(2)高铁运营初期,航空业首先受到巨大冲击,高铁与航空运输的替代互补研究在短期激增;(3)2013年3月,原铁道部实行政企分离,承担企业职责的中国铁路总公司承继原有负债,高铁项目的投资回报低、债务负担重等问题集中爆发,对高铁经济融资模式的探索瞬时成为热点。

这一阶段的研究主题多围绕着高铁经济运行发展的影响机理和高铁的社会经济效益评估。在该阶段前期,学者们多从运输经济学、社会经济学、产业经济学和技术经济学等角度对高铁所带来的经济影响进行单视域分析:运输经济学作为高铁经济研究的核心推动领域,主要对高铁连通区域进行可达性研究,延伸至对交通网规划和运输联动的分析等;社会经济学针对高铁运行与地区间均衡发展的关系展开研究,如高铁站点设置、城市群效益分析等;产业经济学围绕高铁自身产业发展、高铁运行所带动的地区产业发展、高铁网铺设对区域产业布局影响等展开研究;技术经济学涵盖高铁提速扩运与时空效益、高铁的节能减排与环境效益、高铁的技术引进和自主化进程等研究主题。在该阶段后期,高铁经济学研究经历低潮后重新迸发活力,越来越多的经济学分析工具除了被成熟运用到高铁经济影响的实证研究中,还被广泛运用到高铁运营过程的实际效益评估中。

三、引领发展阶段(2016年至今)

党的十八大以来,铁路行业贯彻落实中央决策部署,统筹推进"五位一体"总体布局、协调推进"四个全面"战略布局,圆满完成铁路"十二五"发展规划任务目标,高铁建设取得巨大成就:2014年底中国高铁运营里程已占世界高铁总里程的60%;2015年具有完全自主知识产权的设计时速350公里的中国标准动车组样车("复兴号")下线。2016年7月出台的《中长期铁路网规划》提出高铁布局从"四纵四横"迈向"八纵八横",到2020年建成高速铁路总里程达3万公里,覆盖80%以上大城市。中国高铁无论在建设实践还是技术创新层面均拥有丰硕成果,已成为引领世界高铁发展的中坚力量。

对于高铁经济学研究而言,这意味着能够借鉴的国际学术经验将越来越少,必须随着中国高铁建设实践和技术创新的发展而同步引领高铁经济学研究。此外,依据中国特色社会主义政治经济学的演变逻辑,中国的高铁经济已跨越制度、运行和发展三个阶段,进入经济开放阶段:2015年6月俄罗斯莫喀高铁项目的中标,是真正意义上的中国高铁走出国门的第一单;2015年10月印度尼西亚雅万高铁项目的合作建设,是中国高铁第一次全系统、全要素、全产业链走出国门;2016年海外高铁项目捷报频传,成为中国高铁走出去的爆发元年。2016年亦是"十三五"的开局之年,中国高铁的建设规划承前启后,中国高铁的世界地位焕然一新,高铁经济学研究也达到世界前沿水平。由此可以将2016年至今划分为高铁经济学研究的引领发展阶段。

在"一带一路"平台上,中国高铁走出去对高铁经济学研究的学术性和统筹性提出了更高的要求。与高铁经济学研究的广泛求证阶段不同的是,引领发展阶段强调特色创新而不是跟随模仿,强调问题的预见而不是发现,不仅需要纠正高铁建设与运营中所存在的顽疾,而且亟待明确高铁所带动的总体经济以及其他社会效益的增长路径和作用机理,并形成全面有效的高铁经济效益评估体系,以加速形成中国特色社会主义的高铁经济学的学理表达,从而更有效地引导和服务中国高铁在世界层面的经济活动。

第四节 高铁经济学研究的发展趋势

对高铁经济学研究文献的计量结果进行分析,梳理高铁经济学研究演进三阶段的特征,有助于探析中国高铁经济学研究的未来趋势。

2008—2018年,在词频最高的20个关键词中,词频明显上涨的有6个关键词见图4-7。虽然这些关键词在一定时期内呈现局部波动,但总体增幅明显,增长空间大,将持续成为未来一段时间的研究热点。(1)区域经济:2010年增长迅速,2012—2013年有所回落,2014年和2018年增长明显;(2)可达性:长期平稳持续增长,仅2018年没有增长,保持稳定;(3)旅游经济:2014年出现首次增长高点,2018年增长明显;(4)城市群:反复波动,整体上涨;(5)DID模型:2018年增长明显;(6)一带一路:2015年突增,2016年稍有回落,后继续走高。

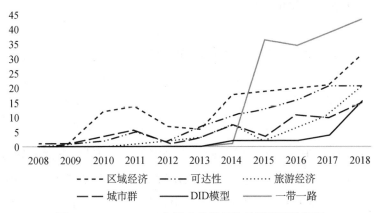

图4-7 2008—2018年呈上升增长趋势的高频关键词

在 2016—2018 年发表的高铁经济学论文中首次出现或重新出现的高频关键词见表 4-8。结合对研究领域的梳理和政策引导,可清晰归纳出新出现的研究热点:一是对高铁区域经济的模式创新和纵向挖掘,即基于时空压缩和通达性等高铁效应影响要素流动从而可能产生的新空间格局,再对新空间格局如粤桂黔高铁经济带进行模式发展研究;二是对高铁经济重大问题的正确预见和对策论证,即重提 PPP 模式进行高铁项目融资以缓解高铁债务危机,高铁走向经济时代则必不可少对营利能力提出要求,这是高铁产业自身创造与走向国际竞争的基础和前提;三是对国家高铁战略的方案探索和项目追踪,即对中俄产能合作提出政策建议和对雅万高铁集中关注。

表 4-8　2016—2018 年高频新关键词

年份	高频新关键词
2016 年	粤桂黔高铁经济带、雅万高铁
2017 年	高铁效应、PPP 模式
2018 年	产能合作、时空压缩、通达性

对上述长期和短期的研究热点进行整合分析,预测高铁经济学研究的发展趋势将集中于 4 个方向。

一、开放实践研究

高铁是中国改革开放以来能够改变世界政治经济格局的一大产业,是中国迈向世界性大国的一大标志(徐飞,2016)。2014 年 12 月,国家铁路局批准发布中国第一部高速铁路设计行业标准《高速铁路设计规范》(TB 10621—2014),为中国高铁发展以及高铁走出去提供系统规范的成套建设标准支撑。中国作为国际高铁标准制定的主要力量,主持或参与了国际标准化组织(ISO)、国际电工委员会(IEC)、国际铁路联盟(UIC)的国际标准制定工作,彰显了中国高铁的国际实力。目前,中国正在积极构建"一带一路"国际合作全面开放新格局,《铁路"十三五"发展规划》指出,全面开放新格局要求铁路提升国际竞争能力。高铁作为一种具有产业、商品承载功能的工业产品,涵盖设备出口、施工建设以及标准认定等全方位领域,高铁走出去成为中国积极推动"一带一路"国际合作的重要领域和优先方向,也是实现中国引领世界经济未来发展的重要支撑。

高铁开放是包括高铁产业对于相关联产业和衍生产业的开放带动战略,也是与国家开放政策相关联的开放战略(林晓言,2018)[①]。从形式上看,由主要配置国内资源转变为同时配置国内国际两种资源,由主要开发利用国内市场转变为同时配置国内国际两个市场;从内容上看,包括推动高铁技术标准国际化进程、促进高铁国际产能合作、助推"一带一路"经济走廊建设、扩大高铁文化对外交流4个层面(国家铁路局,2018)[②]。中国高铁走出去具有技术类型全面、适应范围广阔、系统集成能力强、工期短、质量好、性价比高等明显优势,但高铁的发展一直伴随争议,走出国门并非一帆风顺,这给未来关于高铁经济的开放实践研究指明了方向。

首先,高铁产业走出去迫切需要建立国际产能合作新体系。2018年兴起的针对中俄高铁产能合作的研究认为,更加深入的高铁产能合作在世界市场化进程中加速到来。在对外合作发展中,完善的国际产能和装备制造合作体系能以此开拓沿线国家铁路市场,加快区域战略布局,推进全球化经营和本土化运作。未来随着中国高铁产业走向世界其他国家和地区,中外产能合作模式构建及成果评估、相关标准制度的探索制定、知识产权的清晰界定等都需要高铁经济研究的学者们提供建设思路和指导意见。

其次,高铁走出去战略迫切需要高铁开放实践研究的新指导。备受关注的"一带一路"沿线重要成果——雅万高铁虽在2016年初开工建设,但修建过程不尽如人意,中间一度停滞。此外,2014年墨西哥政府撤销中国公司对墨西哥城至克雷塔罗市的高铁项目的中标授权;中国首次在拉美承建的蒂阿高铁受委内瑞拉经济崩溃影响,2015年已陷入瘫痪状态;2016年美国单方面终止与中铁国际美国公司为建造美国西部快线高铁项目而组建合资公司的一切活动……高铁走出去可谓一波三折,因此亟待学者从政策环

---

① 林晓言. 高铁经济研究成果述评及基础理论走向[J]. 北京交通大学学报(社会科学版),2018,17(04):20—37.

② 国家铁路局《高铁经济学导论》编写组. 高铁经济学导论[M]. 北京:中国铁道出版社,2018.

境和国情、评估评价、技术标准、管理水平、本土化等多个层面探究更优质和更广泛的中外高铁建设合作新格局的打造路径。

二、区域融合研究

高铁通过大幅度缩短地面空间距离促进要素快速流动,通过集聚经济效应驱动着区域空间结构、经济结构和政治结构的变化(林晓言,2018)[①]。区域经济是高铁经济学研究的核心与出发点,促进区域平衡发展,推动产业转型升级已成为中国经济工作的重点领域。《铁路"十三五"发展规划》指出,现有路网结构尚不完善,区域发展仍不平衡,部分通道还未形成系统能力,有效供给和运行效率有待进一步提升。《"十三五"现代综合交通运输体系发展规划》要求以高速铁路通道为依托,培育壮大高铁经济,引领支撑沿线城镇、产业、人口等合理布局,密切区域合作,优化资源配置,加速产业梯度转移和经济转型升级。

高铁区域经济研究主要集中在对区域时空效益和区域产业结构的影响研究。高铁的开通将处于经济增长极的两个城市进行联系,两点连轴形成线段,多线交叉形成网络。点轴开发理论认为在增长极与周围点的交往中,必然产生越来越多的商品、人员、资金、技术和信息等的运输需求。产业梯度转移理论认为资源供给或产品需求、技术进步、生产成本与附加值等条件发生变化后,高梯度地区的产业与技术会向低梯度地区扩散与转移,实现区域经济空间结构优化以及平衡发展。区域经济结构的变动源于产业结构的变动,区域产业结构的调整改变了产业布局,针对高铁区域经济的研究已逐渐走向结构化和纵深化。

正确认识高铁在推动区域发展过程中的实际影响,以积极应对高铁发展带来的区域经济挑战,是未来高铁经济的区域融合研究重点之一。比如对于人口流动方向,一种观点是网状高铁结构将缓解一线城市产业和人口

---

① 林晓言. 高铁经济研究成果述评及基础理论走向[J]. 北京交通大学学报(社会科学版),2018, 17(04):20—37.

过度聚集的问题,促使部分产业沿线转移,同时推动人口向周边城市疏解。杨有国(2019)在高速铁路对区域人才流动的叠加效应的研究发现,高铁的开通将会产生人才流动的马太效应,即中心城市人才集聚效应加快,而次级节点则持续下滑[①]。邓涛涛等(2017)在高铁沿线城市市场区位等级重构的研究中发现,长三角高速铁路网引致的非均衡时空收敛效应加剧了大城市和小城市区位条件的不均衡[②]。

由此,应重视区域深度有效的高铁网络布局研究,高铁区域发展需要纵深研究和模式创新。宋文杰等(2016)基于贝托里尼的"节点-场所"橄榄球模型,通过测算长三角地区26个高铁站点的节点(交通)价值和场所(功能)价值,发现仅有8个站点处于可持续发展状态,其余偏离可持续发展状态[③]。区域增长极或城市增长极分别是区域经济发展和城市经济发展的发动机,好的增长极自身完全能够随着正高铁效应迅速发展。因此,如何从增长极塑造开始,兼顾宏观交通规划和区域通达性,打造区域创新模式,激发区域经济的正高铁效应以带动区域经济均衡可持续发展,是未来研究重点之二。

再者,应重视高铁对区域产业发展的调整作用,推动实现高质量的区域融合。修建高铁后就业人口明显增长的产业是第三产业,尤其是旅游业和服务业,随着经济的快速发展,中国社会正由生产型向消费型转变,城市的中心任务转为消费或服务于消费。如何避免地区同质化竞争、减少生产要素的过度集聚、扶持新兴产业等,以加快产业梯度转移、优化产业结构、均衡区域经济发展,是未来研究重点之三。

三、生态契合研究

高铁与生态的契合发展有利于持续推进中国低碳化能源战略,落实绿色发展理念,为全球生态安全作出创新贡献,以加快推进构建人类命运共同

[①] 杨有国.高速铁路对区域人才流动的叠加效应研究[J].铁道运输与经济,2019,41(03):12—17.
[②] 邓涛涛,王丹丹,程少勇.高速铁路对城市服务业集聚的影响[J].财经研究,2017,43(07):119—132.
[③] 宋文杰,史煜瑾,朱青,张文新,丁俊翔.基于节点-场所模型的高铁站点地区规划评价——以长三角地区为例[J].经济地理,2016,36(10):18—25,38.

体。面对全球气候变暖、环境污染、化石能源枯竭等问题,联合国可持续发展目标旨在到2030年转向可持续发展道路,提高能源利用率、调整能源结构、开发利用新能源。2015年9月,习近平发出构建全球能源互联网的倡议,并强调"一带一路"倡议中的绿色发展理念与2030年可持续发展议程在方向上高度契合,愿意共同构建可持续的交通运输体系。习近平指出,生态文明建设是关系中华民族永续发展的根本大计。发展高铁将直接关系到整个交通运输业节能减排的效果(谢汉生等,2011)[1],据统计,中国铁路用全国交通行业9%的能耗完成了全行业32%的运输量(林晓言,2018)[2]。铁路"十三五"发展规划要求将生态环保理念贯穿铁路规划、建设、运营和养护全过程,节约集约利用资源,加大技术性、结构性及管理性节能减排力度。

高铁生态经济的现有研究主要着眼于高铁生态经济的构成主要因素和影响机理。高铁具有运送能力大、运输速度快、环境污染小、能源消耗低、土地占用少等生态契合特征。中国高铁建设有间接节地效应、货运增量替代效应和客运增量替代效应,以武广高铁为例,初步得出每公里高速铁路比普通铁路每年减排二氧化碳2 190.55吨(张汉斌,2011)[3]。当然,高铁也伴有建设和发展中产生的负面环境累积效应。倪艳霞、孙敬(2014)结合高铁区域环境系统的特征建立系统动力学模型,指出高铁自身系统对于环境的负面影响主要体现在噪声和振动两个方面[4]。此外,也有一些学者指出高铁提高速度导致能耗大比例提高,间接增加源头发电环节的污染等。

未来关于高铁生态经济的研究趋势主要有三方面:(1)高铁在建设和运营过程中对生态带来的破坏影响和保护措施研究。高铁项目从上马到竣工投产,对环境的影响和破坏是不可避免的,在建设期间主要表现为对原有生态环境的扰动、对野生动物的影响、对土地资源的永久占用等问题;在运营期间主要表现为噪声、振动、电磁干扰等问题。(2)落实低碳化能源战略,以

---

[1] 谢汉生,黄茵,马龙.高速铁路节能环保效应及效益分析研究[J].铁路节能环保与安全卫生,2011,1(01):19—22.
[2] 林晓言.高铁经济研究成果述评及基础理论走向[J].北京交通大学学报(社会科学版),2018,17(04):20—37.
[3] 张汉斌.我国高速铁路的低碳比较优势研究[J].宏观经济研究,2011(07):17—19,49.
[4] 倪艳霞,孙敬.关于高铁路域环境累积效应的研究[J].商,2014(18):181.

高铁基建为线索践行中国"一带一路"绿色发展理念的研究。高铁提速将带来能源的消耗增加和污染的产生,国内生产1公里无砟轨道比传统铁路多排放2 975.4吨二氧化碳(张汉斌,2011)[1],因此低碳经济需要高铁技术和生态经济的共同研究发展,以向世界输出低碳化高铁基建。(3)创新高铁生态经济的研究方法,现有对于高铁生态契合的经济研究多应用系统动力学、熵值理论分析、系统能量评价、地理信息系统模型等系统方法,此外也可以使用价值方法、情景分析法和社会评价方法等来研究高铁经济与生态的契合。

四、社会效益研究

在习近平新时代中国特色社会主义经济思想指引下,中国高铁砥砺前行,快速实现突破追赶,成为引领世界铁路发展的重要力量。高铁作为重要的公共交通基础设施,能有效促进区域共享融合发展,增强贫困区域与外部经济的便捷联系,社会效益显著。新时代下,新的社会主要矛盾要求必须牢固树立并切实贯彻"以人民为中心"的共享发展理念,以高铁发展能否服务国家战略和经济社会发展,能否服务社会主义现代化强国建设,最终能否服务人民美好生活需要作为衡量高铁经济研究的社会效益标准。《"十三五"现代综合交通运输体系发展规划》也指出要重点支持交通扶贫脱贫攻坚,并坚持交通运输服务人民。

在现有研究中,耿坤(2013)以京广高铁为例,指出高铁具有节省时间、节省能源、减少占地面积、有效减少空气污染、防止噪声污染、加速相关产业优化升级、促进地域之间的文化交流七种社会效益[2]。余庆(2017)认为高铁项目具备一定的特殊性,需要同时考虑短期经济效益和长远社会效益[3]。关于高铁经济带来的社会效益研究很好地解释了高铁发展带来的社会经济效益的类型、表现和影响机理,如时空压缩带来行政区划的实际改变、高铁

---

[1] 张汉斌.我国高速铁路的低碳比较优势研究[J].宏观经济研究,2011(07):17—19,49.
[2] 耿坤.高速铁路的社会效益研究——以京广高速铁路为例[J].天津经济,2013(04):44—46.
[3] 余庆.高速铁路经济效益及其影响因素分析[J].中国市场,2017(27):22—23.

运行对基础产业的改变等,未来研究将围绕高铁经济社会效益的转化路径、社会效益的负面效应和社会效益的评价体系展开。

(一) 社会效益的转化路径

当前中国社会的主要矛盾已经转化为人民日益增长的美好生活需要和不平衡不充分的发展之间的矛盾,高铁建设助推解决不平衡不充分发展,高铁运营服务满足美好生活需要,以此实现高铁经济的社会效益转化。余泳泽、潘妍(2019)从异质性劳动力转移的视角发现随着高铁通达度的提高,高铁缩小城乡收入差距的作用逐渐增强[①]。鲁万波、贾婧(2018)的研究表明,高铁通行进一步加速了城市差异化的发展,从而显著加剧了样本区域经济发展的不平衡[②]。此外,高铁虽可以显著推动城镇化进程,但其对不同城市的城乡收入差距的影响呈现一定的差异性。如何在高铁规划与建设中推动新型城镇化、缩小城乡或区域间居民收入差距,如何在高铁运营与推广中打造中国高铁品牌、开发新盈利模式、对接特色产业,例如发展高铁物流可以缓解高铁巨大成本仅依靠客运营收的回报率低下的问题(胡延斑、孙有望,2013)[③],是下一阶段落实高铁社会效益的重点领域。

(二) 社会效益的负面效应

高铁是否对地区经济增长、缩小区域发展差距带来有效作用在学界存在争议。王垚、年猛(2014)的实证研究表明,在全国进入经济增速放缓的大背景下,高铁进一步引致经济的回落[④]。归纳来看,高铁经济的负面社会效应主要表现在高铁的替代效应、过道效应和虹吸效应,比如三门峡市和渭南市的旅游资源类型与其他城市相同、易被替代,高铁加速了沿线城市之间游

[①] 余泳泽,潘妍.高铁开通缩小了城乡收入差距吗——基于异质性劳动力转移视角的解释[J].中国农村经济,2019(01):79—95.

[②] 鲁万波,贾婧.高速铁路、城市发展与区域经济发展不平等——来自中国的经验数据[J].华东经济管理,2018,32(02):5—14,2.

[③] 胡延斑,孙有望.基于双重效益发展高速铁路快运物流的研究[J].物流科技,2013,36(10):119—122.

[④] 王垚,年猛.高速铁路带动了区域经济发展?[J].上海经济研究,2014(02):82—91.

客流动,使游客在这些城市停留的时间减少,抑制了当地旅游经济的发展(刘亮娇,2018)①;产业的同质化会导致沿线不同区域、城市间的恶性竞争,失败一方沦为过道(李想、杨英法,2014)②;高铁的虹吸效应主要发生在东部地区,对不同产业的影响存在一定的差异性,距离区域中心城市越近的地级市受到高铁开通的负向影响越大(张克中、陶东杰,2016)③。高铁耗资巨大、投资回收期长,可能增加地方政府错失发展其他产业的机会成本,因此需要对高铁的负面社会效应和相关对策进行更为深入的研究。

(三) 社会效益的指标构建

高铁经济的发展转变和社会效益发挥离不开反映高铁经济发展的社会效益指标体系的构建。一方面,社会效益指标可以为高铁管理创新提供清晰依据。以京津城际铁路为例,2010年就有学者提出实行弹性票价和差异化票价,最大限度地吸引客流,增加运输密度,实现高速铁路综合效益最大化(冯华、黄凌鹤,2010)④。另一方面,由于建设成本和沉没成本高,高铁运营初期如果运输密度达不到设计预期,便很可能处于亏损运营状态,尤其是西部地区的高铁更需要政策支持(冯华、薛鹏,2011)⑤,严谨而全面的社会效益指标体系能为政府决策提供科学指导。李乐乐、周国华(2010)从高铁在带动相关产业发展、时间效益、节能环保、舒适性、安全性、满足多层次出行需求、提高应急运送能力、公众自豪感八个方面,构建了中国高铁社会效益评估的指标体系⑥。现有围绕高铁的社会效益指标多用于对土地综合开发效益、客运效率、旅客满意度等多个单一环节的评价指导,当下中国经济与社会形势复杂多变,高铁发展的争议逐渐涉及多个领域,高铁运行的路线

---

① 刘亮娇. 郑西高铁对沿线城市可达性及旅游经济的影响研究[D]. 陕西师范大学,2018.
② 李想,杨英法. 高铁经济效应的两面性及对策[J]. 云南社会科学,2014(02):94—97.
③ 张克中,陶东杰. 交通基础设施的经济分布效应——来自高铁开通的证据[J]. 经济学动态,2016(06):62—73.
④ 冯华,黄凌鹤. 发挥铁路现代化作用 实现高速铁路综合效益最大化[J]. 中国铁路,2010(10):4—7.
⑤ 冯华,薛鹏. 中国高速铁路的综合效益与支持政策探析[J]. 广东社会科学,2011(03):12—19.
⑥ 李乐乐,周国华. 我国高铁社会效益指标体系研究[J]. 世界科技研究与发展,2010,32(05):707—711.

也已走出国门、走向世界。就已有研究来看,离拥有一套成熟高效的高铁社会效益指标体系仍存在一定距离,高铁社会效益的评价指标体系亟待整体化、标准化和可视化。

第五节 评论与展望

由于学术界关于"高铁政治经济学"的研究文献极为缺乏,本章尝试通过对中国高铁经济学研究的基本现状、历史演进和发展趋势作出一个较为全面和完整的分析,为后文构建一个较为系统的高铁政治经济学研究框架提供启示和思路。

一、高铁经济学研究现状的简要评论

自 2008 年京津城际高铁开通以来,围绕高铁经济的研究成果和关注度持续增加。中国铁路总公司是推动高铁经济学研究发展的主力,其主办的《铁道运输与经济》杂志刊文最多。研究牵头学科为经济类与管理类,其次是交通运输类和地理科学类。研究牵头机构以铁路院校为主,如北京交通大学、西南交通大学等。按其阶段性特征,可将高铁经济研究划分为摸索起步阶段(1992—2007 年)、广泛求证阶段(2008—2015 年)和引领发展阶段(2016 年至今),国内学者的高铁经济学研究成果已成为世界交通运输经济研究的重要组成部分。

区域经济是历来高铁经济学研究中最受关注的主题,作为国民经济的一个缩影,区域经济的健康发展将决定国民经济未来增长的潜力。随着高铁网络的建成,高铁带来的时空压缩效应的影响范围将由铁路沿线延伸至跨区域网络,最后作用于社会整体的多个方面。在这个过程中,"区域"的内涵将被重构,以人力资本为核心的要素将在更大范围更加频繁地自由流动,持续冲刷城市与城市之间、区域与区域之间的制度壁垒,形成新的城市和区域形态。"一带一路"作为当下高铁经济学研究的热点,反映了高铁发展在

中国经济实践中的成熟,并具有清晰的国际战略价值。高铁建设本身需要巨大的初始投资,因此从世界高铁修建史来看,一般由政府牵头。铺设铁轨、购置机车、制造车身等需要在规模经营下才可能获得盈利。一方面,扩大高铁这一高端装备制造业的国际市场,加强与国际企业的产能合作与技术创新,是高铁产业的必然走向;另一方面,伴随我国综合国力和参与全球治理的话语权的提升,发展陆路交通联通欧亚大陆,提升国际贸易自由化和便利性,是倡导构建"一带一路"人类命运共同体展开运输先行的有益实践。

二、高铁经济学研究的未来展望

高铁经济学的未来研究趋势将围绕高铁经济的开放实践研究、区域融合研究、生态契合研究和社会效益研究四大领域展开。第一,高铁开放是高铁产业对于相关联产业和衍生产业的开放带动战略,也是与国家开放政策相关联的开放战略。高铁产业"走出去"亟待建立国际产能合作新体系,高铁走出去战略离不开高铁开放实践研究的新指导,这是在全面开放新格局下为提升国际竞争力对高铁开放经济进行研究的迫切需要。第二,高铁凭借自身强大的时空压缩效应和经济集聚效应,使得区域空间结构、经济结构和政治结构发生日益深远的变化。未来针对高铁区域经济的研究已逐渐走向结构化和纵深化,应加快建立对高铁在推动区域发展过程中实际影响的认识,追求深度有效的高铁网络布局,重视高铁对区域产业发展的调整作用,以推动实现高质量区域融合。第三,高铁生态经济发展有利于深化落实绿色发展理念,改善高铁在建设和运营过程中对生态环境带来的负面影响,如加强对脆弱生态地区的保护措施,并以高铁基建为线索践行中国"一带一路"绿色发展理念,不断创新高铁生态经济的研究方法。第四,高铁建设助推高铁经济的社会效益转化,高铁发展需要打造中国品牌、开发新营利模式、对接特色产业,并客观把握高铁带来的负面社会经济效应,构建一套成熟高效的高铁社会效益衡量体系。

但是需要特别指出的是,在目前的高铁经济学研究领域,鲜有高铁政治经济学研究。高铁经济学研究是一项综合而复杂的工作,正如上文指出,未来研究趋势将围绕高铁经济的开放实践研究、区域融合研究、生态契合研究、社会效益研究展开,这就涉及政治、经济、文化、社会、生态等多个领域和方面,在这一过程中,各种立场、理论、观点、方法交叉应用,相关知识体系、理论结构错综复杂。因此,高铁经济学研究亟须马克思主义理论,特别是马克思主义政治经济学的基本理论、观点、方法加以指导。在这种情况下,开展高铁政治经济学研究,对于我们在高铁经济学研究中深刻领悟"两个确立"、增强"四个意识"、坚定"四个自信"、做到"两个维护",确保高铁经济学研究始终坚持马克思主义立场、走中国特色社会主义哲学社会科学研究道路具有重要的意义。

第五章　高铁与现代化经济体系建设

建设现代化经济体系是中国在"两个一百年"历史交汇期亟须完成的战略目标和迫切任务。高铁作为中国创新发展的典范,近十几年来深刻地影响着国家经济建设和社会发展的改革领域,必将对现代化经济体系建设发挥强大的战略支撑作用。本章将从现代化经济体系的基本内涵和总体要求入手,探究其背后的根本逻辑,即"富起来"到"强起来"的历史逻辑,进而从指导思想、现实基础、根本逻辑、关键视角、建设路径五个方面提出高铁支撑现代化经济体系建设的理论机制。

第一节　现代化经济体系

一、现代化经济体系的基本内涵

十九大报告指出,"我国经济已由高速增长阶段转向高质量发展阶段,正处在转变发展方式、优化经济结构、转换增长动力的攻关期,建设现代化经济体系是跨越关口的迫切要求和我国发展的战略目标"[1]。党的二十大报告进一步指出,"增强国内大循环内生动力和可靠性,提升国际循环质量和水平,加快建设现代化经济体系"[2]。全面掌握经济体系现代化的时代内

---

① 习近平.决胜全面建成小康社会 夺取新时代中国特色社会主义伟大胜利——在中国共产党第十九次全国代表大会上的报告[M].北京:人民出版社,2017:30.
② 习近平.高举中国特色社会主义伟大旗帜 为全面建设社会主义现代化国家而团结奋斗——在中国共产党第二十次全国代表大会上的报告[M].北京:人民出版社,2022:28.

涵,一是要明确建设现代化经济体系的时代地位,二是要理解建设现代化经济体系的历史价值,三是要把握建设现代化经济体系的主要内容。

第一,要明确建设现代化经济体系的时代地位,它是中国步入新时代的战略目标。经过长期努力,中国特色社会主义进入了新时代,这是中国发展的新的历史方位。新时代有新目标,党的十九大明确了实现"两个一百年"奋斗目标的战略安排:在2020年全面建成小康社会的基础上,到2035年基本实现社会主义现代化,再到2050年把中国建成富强民主文明和谐美丽的社会主义现代化强国。"两步走"战略目标把20世纪80年代确定的基本实现社会主义现代化的目标提前了15年,表述也从原先建成"社会主义现代化国家"转变为建成"社会主义现代化强国",可以看出,建设现代化经济体系是实现新时代新目标的经济基础和必要条件,是建设社会主义现代化强国的必然要求和必由之路。没有经济体系现代化,便没有国家现代化。这是以习近平同志为核心的党中央从党和国家事业全局出发,顺应中国特色社会主义进入新时代的新要求作出的重大战略决策部署。

第二,要理解建设现代化经济体系的历史价值,它是中国经济发展进入新时代的必然转向。中国连续多年对世界经济增长贡献率超过30%,标志着中国经济发展迈上新台阶。过去,粗放型发展方式使中国生产能力在短时间内得到快速提升。中国已成为世界制造业第一大国、货物贸易第一大国,建立起全世界最完整的现代工业体系。如此庞大的经济体难以持续实现高速增长,而被高速增长所掩盖的经济问题正不断浮现,比如不平衡的区域发展、遭受破坏的生态环境。发展仍是解决中国所有问题的关键,因此,只有推动经济持续健康发展,以现代化经济体系代替粗放式发展方式,才能为实现国富民强的伟大复兴梦提供坚实的物质基础,为引领世界科技革命和产业变革潮流赢得国际竞争的主动权。

第三,要把握建设现代化经济体系的主要内容,它包括六大战略任务。一是深化供给侧结构性改革,二是加快建设创新型国家,三是实施乡村振兴战略,四是实施区域协调发展战略,五是加快完善社会主义市场经济体制,六是推动形成全面开放新格局。习近平强调,"解放和发展社会生产力,是社会主义的本质要求。我们要激发全社会创造力和发展活力,努力实现更高质量、更有效率、更加公平、更可持续的发展"①！建设现代化经济体系，就是要建设创新引领、协同发展的产业体系；建设统一开放、竞争有序的市场体系；建设体现效率、促进公平的收入分配体系；建设彰显优势、协调联动的城乡区域发展体系；建设资源节约、环境友好的绿色发展体系；建设多元平衡、安全高效的全面开放体系；建设充分发挥市场作用、更好发挥政府作用的经济体制。

二、现代化经济体系的总体要求

关于现代化经济体系的建设路径，习近平指出，"必须坚持质量第一、效益优先，以供给侧结构性改革为主线，推动经济发展质量变革、效率变革、动力变革，提高全要素生产率，着力加快建设实体经济、科技创新、现代金融、人力资源协同发展的产业体系，着力构建市场机制有效、微观主体有活力、宏观调控有度的经济体制，不断增强我国经济创新力和竞争力"②。现代化经济体系是由社会经济活动各个环节、各个层面、各个领域的相互关系和内在联系构成的有机整体。

第一，现代化经济体系建设要以新发展理念为引领。从中国特殊国情出发，在新的历史方位和复杂的国际形势下，现代化经济体系建设要求必须走中国特色社会主义发展道路。创新、协调、绿色、开放、共享五大发展理念是以习近平同志为核心的新一代领导集体治国理政新思想在发展理念上的智慧体现。以新发展理念引领现代化经济体系建设，一是实现从要素驱动、投资驱动转向创新驱动，创新是引领发展的第一动力；二是促进新型城镇化和区域一体化战略，协调是可持续发展的强力保障；三是建设资源节约型、环境友好型社会，绿色是保护和发展生产力的民生福祉；四是深度参与全球化发展，携手共推"一带一路"建设，开放是合作共赢的重要法宝；五是调整收入分配格局，推动公共服务均等化，共享是践行以人民为中心的发展思想。

---

① 习近平.决胜全面建成小康社会 夺取新时代中国特色社会主义伟大胜利——在中国共产党第十九次全国代表大会上的报告[M].北京：人民出版社，2017：35.
② 同上书，第30页。

第二,现代化经济体系建设要以供给侧结构性改革为主线。新时代中国社会主要矛盾在需求侧的目标表现为"人民日益增长的美好生活需要",在供给侧的问题表述为"不平衡不充分的发展"。供给侧结构性改革通过提高供给体系质量和效率,尤其是实体经济供给体系质量,在制度结构、产业结构、区域结构、收入分配结构等方面有效克服"不平衡"的问题。改革的核心是创新能力和全要素生产率的提升,从动力、机制、目标、要素、结构、环境全方位改造现有经济体系。供给侧结构性改革要求实现各要素的优化配置,要求调控总需求与改革供给侧的统一,前者是建设协同发展产业体系的关键,后者则有利于构建市场机制有效、微观主体有活力、宏观调控有度的经济体制。可以说,供给侧结构性改革贯穿了整个建设现代化经济体系六大战略任务,是建设现代化经济体系的核心战略举措。

第三,现代化经济体系建设要协调区域发展,创新现代产业体系。"建设现代化经济体系,必须把发展经济的着力点放在实体经济上……促进我国产业迈向全球价值链中高端,培育若干世界级先进制造业集群。"[①]一方面,中国实体经济"大而不强",存在制造业供需结构失衡、工业与服务业结构失衡、实体经济与虚拟经济结构失衡等问题,已经成为制约中国经济体系现代化水平提高的关键问题。加快建设实体经济、科技创新、现代金融、人力资源协同发展的产业体系,将引领中国走向制造强国。另一方面,地区的经济发展离不开产业支撑,目前存在两大问题致使区域难以协调产业发展。第一,地区产业同构现象极为明显,造成地区之间的恶性竞争,资源的错配带来产能过剩,并造成资源的极大浪费;第二,地区间产业缺乏关联布局,造成劳动力、资本等要素流动效率低下,引起产业成本增加。要坚持创新现代产业体系、统筹区域产业结构,增强国内大循环的内生动力,推动中国经济实现高质量发展。

第四,现代化经济体系建设要宏观微观并重,完善市场经济体制。新时代中国特色社会主义市场经济体制的最主要特征是让市场在资源配置中起

---

① 习近平.决胜全面建成小康社会 夺取新时代中国特色社会主义伟大胜利——在中国共产党第十九次全国代表大会上的报告[M].北京:人民出版社,2017:30.

决定性作用,并建立更具活力的市场调节机制、更具竞争力的国有资产管理体制、更有效率的政府服务体系以及更加安全有效的宏观调控与政策协调机制。科学的宏观调控、有效的政府治理,是发挥社会主义市场经济体制优势的内在要求。构建市场机制有效、微观主体有活力、宏观调控有度的经济体制,就要减少政府对微观经济活动的直接干预,使要素得到市场化配置,以消除制约生产力发展的体制性障碍,保障良好市场经济秩序,不断激发市场主体能动性,激发全社会创新、创造和发展活力,保证国家经济具有竞争力和包容性经济的健康发展。

第二节 建设现代化经济体系的根本逻辑

一、"富起来"的逻辑

40多年的改革开放,使中国实现了"富起来",人民的腰包"鼓起来"。40多年前,中国的GDP总量在1 500亿美元左右,仅仅占世界经济比重的1.75%,人均GDP只有156美元,世界排名在第121位,远远低于美国、日本、德国、英国、法国等主要发达国家,甚至比非洲的一些国家还要低。实行改革开放以来,中国GDP增长率普遍在6%~15%。2010年,中国经济总量首次超越日本,一举成为世界第二大经济体。2022年中国GDP达到了121.02万亿元人民币,约合18万亿美元,人均GDP已达12 741美元。根据世界银行经济体收入分组的最新标准(2022年),如果人均国民收入超过13 205美元就属于"高收入经济体",显然,中国即将迈入高收入水平国家行列。随着第一个百年奋斗目标的完成,中国已经全面建成小康社会,中等收入群体持续增加,共同富裕也得到了扎实推进。"全国居民人均可支配收入由171元增加到2.6万元,中等收入群体持续扩大。我国贫困人口累计减少7.4亿人,贫困发生率下降94.4个百分点……九年义务教育巩固率达93.8%……基本养老保险覆盖超过9亿人,医疗保险覆盖超过13亿人。常住人口城镇化率达到58.52%,上升40.6个百分点。居民预期寿命由1981年的

67.8 岁提高到 2017 年的 76.7 岁。"①

中国对世界经济增长的贡献也愈加明显。根据国际货币基金组织(IMF)资料,2022 年,中国 GDP 总量对美国的占比为 71.1%,占世界经济总量的 18%,稳居世界第二大经济体的地位。世界经济总量前 10 名分别是美国、中国、日本、德国、印度、英国、法国、俄罗斯、加拿大、意大利,这也是全球 GDP 总量在 2 万亿美元以上的 10 个国家。同时,中国的 GDP 已达到世界第三名日本的 4.3 倍,且超过日、德、印、英、法之和。2022 年,欧盟 27 国 GDP 合计 16.6 万亿美元,仍低于中国。

这些数字证明了中国特色社会主义向全体人民、向全世界交出了一张漂亮的成绩单。改革开放极大改变了中国的面貌、中华民族的面貌、中国人民的面貌,中国人民迎来了从温饱不足到小康富裕的极大飞跃,使中国真正实现了"富起来"的梦想。而之所以取得"富起来"的伟大成就,最主要的原因就是 40 多年前,党在关键时刻作出的命运抉择,党的十一届三中全会作出以经济建设为中心、实行改革开放的历史性决策。40 多年来,在中国共产党的坚强领导下,中国人民谱写了国家和民族发展的壮丽史诗,创造了不可复制的人间奇迹。40 多年来,从温饱都成问题到全面建成小康,从封闭落后走向扩大开放,从经济处于极度危险的边缘到日益走近世界舞台中央发出中国声音,实践有力地证明了改革开放是决定当代中国命运的关键一招。

二、"强起来"的逻辑

中华民族因改革开放而"富起来",因改革开放走入"新时代"。"中国特色社会主义进入新时代,意味着近代以来久经磨难的中华民族迎来了从站起来、富起来到强起来的伟大飞跃。"②这一论断明确告诉我们,中国特色社会主义进入了新的发展阶段,而这个阶段的主要任务就是进一步实现从"富

---

① 习近平.在庆祝改革开放 40 周年大会上的讲话[N].人民日报,2018-12-19.
② 习近平.决胜全面建成小康社会 夺取新时代中国特色社会主义伟大胜利——在中国共产党第十九次全国代表大会上的报告[M].北京:人民出版社,2017:10.

起来"到"强起来",具体来说,就是站在40多年改革开放已取得的辉煌成就基础之上,推动中国从经济大国成为经济强国,从制造大国发展成为制造强国,从科技大国发展成为科技强国,从文化大国发展成为文化强国,从教育大国发展成为教育强国等,在政治、经济、文化、社会、生态等各方面真正把中国推进到一个全方位、各领域"强起来"的时代,最终把中国建设成为一个富强、民主、文明、和谐、美丽的社会主义现代化强国。社会主义现代化强国究竟是什么面貌呢?十九大报告中对社会主义现代化强国作出了详细的描述和展望:"到那时,我国物质文明、政治文明、精神文明、社会文明、生态文明将全面提升,实现国家治理体系和治理能力现代化,成为综合国力和国际影响力领先的国家,全体人民共同富裕基本实现,我国人民将享有更加幸福安康的生活,中华民族以更加昂扬的姿态屹立于世界民族之林。"[①]二十大报告更是提出:"在基本实现现代化的基础上,我们要继续奋斗,到本世纪中叶,把我国建设成为综合国力和国际影响力领先的社会主义现代化强国。"[②]

进入新时代,中国的社会主要矛盾也发生了重大转变,新时代人们期盼有更好的教育、更稳定的工作、更满意的收入、更可靠的社会保障、更高水平的医疗卫生服务、更舒适的居住条件、更便捷的交通设施、更优美的环境、更丰富的精神文化生活,但现实中存在的发展不充分问题制约着人们对更高层次更高水平生活的追求,人民日益增长的美好生活需要和不平衡不充分的发展之间的矛盾亟待化解,而解决这一矛盾的路径就是使中国"强起来",大力提升发展的质量和效益,加快建设制造强国、质量强国、航天强国、交通强国、网络强国、数字强国,更好地满足人们在经济、政治、文化、社会、生态等方面日益增长的需要,更好地推动人的全面发展,推动社会全面进步。

---

① 习近平.决胜全面建成小康社会 夺取新时代中国特色社会主义伟大胜利——在中国共产党第十九次全国代表大会上的报告[M].北京:人民出版社,2017:29.

② 习近平.高举中国特色社会主义伟大旗帜 为全面建设社会主义现代化国家而团结奋斗——在中国共产党第二十次全国代表大会上的报告[M].北京:人民出版社,2022:25.

三、从"富起来"到"强起来"的现实表现

党的十八大以来,中国特色社会主义进入新时代,国家发展迎来深层次、根本性的变革,解决了许多长期想解决而没有解决的难题,办成了许多过去想办而没有办成的大事。"富起来"的目标得以实现,"强起来"的目标正在发生,能够说明中国"强起来"的标识主要包括以下四个方面。

(一)社会经济上的"强起来"

改革开放以来,中国通过改革改变了原有的生产关系,以及扩大对外开放与世界市场的发展接轨,生产力得到了前所未有的发展。中国的国内生产总值一路奇迹般地高速增长,并跃居世界第二大经济体。但是需要明确的是,中国经济虽然在总量上取得了较大发展,但是总体上还处于大而不强的阶段。因此,中国在发展中更加注重发展质量型经济,追求更加有质量的增长。通过高新技术来改造传统的产业有利于实现经济的高质量发展,高铁作为一种高新技术则是中国社会经济"强起来"最有力的说明。早在1964年,日本就成功开通了新干线,而20世纪的中国在铁路方面则长期落后于世界发展水平。从20世纪90年代开始,中国开展了对高铁的探索工作,通过引进消化吸收和再创新,成功地实现了弯道超车。目前,中国已成为世界上高铁发展最快、运营里程最长、运营速度最快和在建规模最大的国家,并通过自主研发拥有了纯中国血统的"复兴号",中国铁路发展实现了"脱胎换骨"。在高铁的发展下,高铁经济被激活,铁路沿线的各种生产要素实现了优化配置和聚集发展,拉动了沿线经济的发展以及城市群之间的区域联系。

(二)民生和社会福祉上的"强起来"

近年来,中国在国民收入分配结构上持续改善,合理有序的收入分配格局基本形成。改革开放以来,沿海地区得到了巨大的发展,并与中西部地区逐渐拉开差距,为了缩小这种差距,中央陆续提出东北老工业基地振兴战

略、西部大开发战略以及中部崛起战略,不断缩小区域和城乡之间的发展差距。值得注意的是,高铁作为基础建设在缩小城乡、区域之间的差距上起到了很大的作用。高铁正持续激活沿线区域经济动能,其中既包含大城市与小城市间的辐射联动,也有大城市之间的多核驱动。同时,高铁能带动传统产业区转型升级、培育新的业态和增长极,推动城乡区域协调发展。在扶贫问题上,中国创造了令世界瞩目的"减贫奇迹",通过精准扶贫的措施有效地帮助贫困者脱贫,中国农村贫困人口从2012年的9 899万人减少到2018年的1 660万人,2019年底全国已有95%的贫困人口脱贫,2020年消除了绝对贫困,第一个百年奋斗目标顺利实现,中国全面建成小康社会。在社会保障领域,中国的社会保障政策不断完善,公共服务的覆盖面和质量将在民生领域进一步提高,不断扩大受惠的群体,让广大人民群众共享社会发展的成果。各项政策在收入、就业、教育、社会保障以及公共服务供给等方面的落实,将转化为人民群众实实在在的获得感。

(三) 文化产业和事业发展上的"强起来"

西方国家通过殖民和暴力掠夺确立了自己的霸权地位,并通过文化上的渗透维持自己的中心地位,世界的发展话语被西方的发展话语所垄断,因此打破世界发展话语的一元论,推动世界发展话语的多元化发展势在必行。中国在文化产业和文化事业上的"强起来"有利于世界发展话语朝着多元的方向发展。当前,中国在社会主义文化强国建设上的基础更加坚实,文化自信不断加强。文化产业进一步发展,文化市场进一步繁荣,基本文化设施进一步完善。中国文化产业产品的科技含量和附加值不断提高,在国际市场上的竞争力和影响力也不断上升,通过文化产品传达出了中国的价值观念,增强了道路自信、理论自信、制度自信、文化自信,为推动世界文化和文明的交流提供了中国方案。同时,中国稳步推动文化体制的改革,文化创新创造的体制进一步完善,突破了文化发展的制度壁垒,有利于文化产业的进一步发展。不断扩大对外文化的交流与合作,使中华文化以更大步伐走出去,中国的文化软实力正在不断地加强。

(四) 生态发展上的"强起来"

西方国家较早地建立了资本主义制度,并经历了较长时间的发展,但是西方国家所走的发展道路是以牺牲环境为代价的,"发达资本主义国家的生态治理道路最为世人所诟病的是污染转移或者说环境殖民主义,他们治理环境污染的一条重要途径就是掠夺发展中国家的自然资源,将重污染企业或是污染物转移到第三世界。也就是说,发达国家国内环境的好转是以牺牲第三世界国家的环境为代价的"[1]。中国虽然没有经历西方那样长时间的现代化发展阶段,却能够充分借鉴和吸收西方国家发展中的有益经验,避免造成影响生产和生活不可逆的生态损失。新时代,中国对生态建设和发展提出了更高的要求,不断推进美丽中国建设,用绿色引领现代化的发展,避免了走西方国家"先污染后治理"的老路。十多年来,中国高铁将各地蓬勃的发展串织成美丽的"生态画廊"。高铁不但成为各地生态发展的连接者,更是生态发展的引领者。"杭黄高铁"的开通为我们树立了铁路绿色发展的典型。它让"杭州多了个黄山,黄山多了个杭州",杭黄高铁将两地美景拉到了一起,也将各地的生态发展连到一起。虽然中国生态建设还有许多问题需要解决,生态强国目标的实现依然任重而道远,但有了高铁作为纽带,各地的绿色发展逐渐融合在一起,将促使中国生态建设达到新的高度。在发展中坚持保护生态环境就是保护生产力,改善生态环境就是发展生产力的绿色发展理念。不断提升资源的利用效率,全国单位 GDP 资源消耗和废弃物排放均持续显著降低。在生态治理和环境保护方面进一步加强了保护力度,环境质量得到大幅度的改善。

四、从"富起来"到"强起来"的根本要求

(一) 坚持习近平新时代中国特色社会主义思想的指导

以习近平同志为主要代表的中国共产党人,坚持把马克思主义基本原

---

[1] 成长春,徐海红.中国生态发展道路及其世界意义[J].江苏社会科学,2013(03):7.

理同中国具体实际相结合、同中华优秀传统文化相结合,坚持毛泽东思想、邓小平理论、"三个代表"重要思想、科学发展观,深刻总结并充分运用党成立以来的历史经验,从新的实际出发,创立了习近平新时代中国特色社会主义思想。"习近平同志对关系新时代党和国家事业发展的一系列重大理论和实践问题进行了深邃思考和科学判断,就新时代坚持和发展什么样的中国特色社会主义、怎样坚持和发展中国特色社会主义,建设什么样的社会主义现代化强国、怎样建设社会主义现代化强国,建设什么样的长期执政的马克思主义政党、怎样建设长期执政的马克思主义政党等重大时代课题,提出一系列原创性的治国理政新理念新思想新战略,是习近平新时代中国特色社会主义思想的主要创立者。习近平新时代中国特色社会主义思想是当代中国马克思主义、二十一世纪马克思主义,是中华文化和中国精神的时代精华,实现了马克思主义中国化新的飞跃。"[1]理论来源于实践,实践离不开理论的指导,从"富起来"到"强起来"的伟大实践需要伟大理论来指导方向,因此"强起来"的实践必须坚持以习近平新时代中国特色社会主义思想为指导,深刻领会习近平新时代中国特色社会主义思想的精神实质和丰富内涵,顺利推动"强起来"伟大目标的实现。

(二)坚持新发展理念

理念是行动的先导。一定的发展实践都是由一定的发展理念来引领的。面对全面建成小康社会决胜阶段复杂的国内外形势,党的十八届五中全会提出了创新、协调、绿色、开放、共享的发展理念。五大发展理念是中国共产党对经济社会发展规律的认识深化和理论创新,符合中国国情,顺应时代要求,对破解发展难题、增强发展动力、厚植发展优势具有重大的指导意义[2]。新时代要"强起来"必须坚持五大发展理念的指导。一是坚持创新发展理念,注重解决发展动力问题,要不断推动制度、理论、科技、文化等各方面的创新,培育发展新动力。二是坚持协调发展理念,注重解决发展不平衡

---

[1] 中共中央.中共中央关于党的百年奋斗重大成就和历史经验的决议[N].人民日报,2021-11-17(01).

[2] 中共中央宣传部.习近平总书记系列重要讲话读本[M].北京:人民出版社,2016:127.

问题,新时代的社会主要矛盾就是人民日益增长的美好生活需要和不平衡不充分的发展之间的矛盾,"强起来"就是要解决不平衡不充分的发展的问题,大力促进城乡区域协调发展,促进经济社会协调发展,促进新型工业化、信息化、城镇化、农业现代化同步发展,在增强国家硬实力的同时注重提升国家软实力,不断增强发展的协同性和整体性。三是坚持绿色发展理念,注重解决人与自然和谐问题,坚持节约资源、保护环境的基本国策,树立和践行绿水青山就是金山银山的理念,坚持可持续发展,加快推动形成绿色生产方式、生活方式和发展方式。四是坚持开放发展理念,注重解决发展内外联动问题,积极发展更高层次的开放型经济,提高对外开放水平,开创对外开放新局面。五是坚持共享发展理念,注重解决社会公平正义问题,着力改善民生、满足人民对美好生活的向往,让广大人民群众共享改革发展成果,提高人民的获得感。

(三) 坚持以人民为中心的发展思想

为中国人民谋幸福,为中华民族谋复兴,是中国共产党人的初心和使命,也是新时代"强起来"的初心和使命。十八届五中全会首次提出以人民为中心的发展思想,以人民为中心,就是一切工作的出发点和落脚点都是为了人民,反映了坚持人民主体地位的内在要求,彰显了人民至上的价值取向,体现了我们党全心全意为人民服务的根本宗旨。人民群众是发展的主体,也是发展的最大受益者。"强起来的首要条件就是国内生产要满足人民对更高层次生活的需求。"①从"富起来"到"强起来",要着力践行以人民为中心的发展思想,把实现人民幸福作为"强起来"的目的和归宿,做到发展为了人民、发展依靠人民、发展成果由人民共享,精准把握新时代人民的需要,有效满足人民日益增长的美好生活需要,坚持以经济建设为中心,推动经济高质量发展,更好地满足人民在物质方面的需要,同时推动政治、经济、文化、社会、生态各方面全面发展,使全体人民在共建共享中有更多的获得感,朝着共同富裕的方向稳步前进。中国多年来的高铁发展实践证明,铁路发

---

① 王翊民."从站起来、富起来到强起来"的历史唯物主义逻辑[N].学习时报,2018-01-24(02).

展关系国计民生,事关人民利益,必须始终坚持以人民为中心,聚焦到人民日益增长的美好生活需要上。而今,高铁所到之处,既方便人民群众的出行,又带动了当地经济发展,既解决了民生问题,又提高了人民群众的生活幸福指数,高铁带给人民的变化是前所未有的,人民群众在高铁的发展进程中感受到了实实在在的获得感和幸福感。人民群众是历史的创造者,是决定党和国家前途命运的根本力量,是中国特色社会主义事业建设的主体力量。"强起来"离不开广大人民的共同努力,要坚持人民主体地位,充分调动广大人民群众的参与度与积极性,激发广大人民的创造活力和首创精神,从人民中汲取无穷的智慧和力量。

(四)转变经济发展方式

在"富起来"的阶段,我们更关注的是如何将蛋糕做"大"的问题,那么在"强起来"的阶段,我们则应该关注如何把蛋糕做到"大又好",要更加注重蛋糕的质量。过去粗放型的经济发展方式在促进中国经济快速发展方面发挥了很大作用,但这种发展方式已经不适用于实现新时代"强起来"更高质量、更有效率、更加公平、更可持续的经济发展要求。

中国的经济增长速度要从高速转向中高速,发展方式要从规模速度型转向质量效率型,经济结构调整要从增量扩能为主转向调整存量、做优增量并举,发展动力要从主要依靠资源和低成本劳动力等要素投入转向创新驱动[1]。二十大报告也指出,"我们要坚持以推动高质量发展为主题,把实施扩大内需战略同深化供给侧结构性改革有机结合起来,增强国内大循环内生动力和可靠性,提升国际循环质量和水平,加快建设现代化经济体系,着力提高全要素生产率,着力提升产业链供应链韧性和安全水平,着力推进城乡融合和区域协调发展,推动经济实现质的有效提升和量的合理增长"[2]。这些变化是中国经济走向"强起来"的必经过程。新时代要"强起来",就要主动去适应、把握、引领经济新常态。为此,必须要"更加注重提高发展质量

---

[1] 中共中央宣传部.习近平总书记系列重要讲话读本[M].北京:人民出版社,2016:143.
[2] 习近平.高举中国特色社会主义伟大旗帜 为全面建设社会主义现代化国家而团结奋斗——在中国共产党第二十次全国代表大会上的报告[M].北京:人民出版社,2022:28.

和效益,转变发展方式,优化经济结构,坚持以供给侧结构性改革为主线,减少无效和低端供给,扩大有效和中高端供给,增强供给结构对需求变化的适应性和灵活性,提高全要素生产率,建设现代化的经济体系和产业体系,不断增强我国经济创新力和竞争力"①。推动经济社会持续健康发展,才能全面增强中国的经济实力、科技实力、综合国力,使中国成为名副其实的经济强国。

五、新时代"强起来"的必然性和重大意义

(一)"强起来"是新时代历史方位的必然要求

党的十九大报告结合中国特色社会主义进入新时代的重大判断,讲到三个"意味着",其中第一个"意味着"即"意味着近代以来久经磨难的中华民族迎来了从站起来、富起来到强起来的伟大飞跃,迎来了实现中华民族伟大复兴的光明前景"②。中国特色社会主义进入新时代这一历史方位,新的历史方位呼唤着中国从一个世界大国成为世界强国,这是时代发展的大势所趋。之前我们也已经梳理了"富起来"与"强起来"两者的历史逻辑和现实逻辑,从"站起来、富起来"到"强起来"既是经济社会发展的规律也是现实的客观要求,改革开放已经使中国"富起来",为"强起来"奠定了物质基础、制度基础、理论基础。"强起来"是新时代的发展目标、必然要求,体现了新时代的根本性质,中国特色社会主义进入新时代,就是要使中国"强起来"。

(二)"强起来"是实现中华民族伟大复兴中国梦的必然要求

实现中华民族伟大复兴的中国梦,最关键的就是要使中国由"富起来"变得"强起来"。实现中华民族伟大复兴是党中央对全体人民作出的庄严承诺,是党和国家面向未来的政治宣言,是当代中国的发展走向,是全国各族

---

① 马敏.如何理解新时代"强起来"的深刻内涵[N].陇南日报,2018-09-22.
② 习近平.决胜全面建成小康社会 夺取新时代中国特色社会主义伟大胜利——在中国共产党第十九次全国代表大会上的报告[M].北京:人民出版社,2017:10.

人民共同的奋斗目标。中国梦的基本内涵是国家富强、民族振兴、人民幸福,将国家的梦想、民族的梦想与人民的梦想三者相结合,"国家富强"位于中国梦三个基本内涵之首,我们可以看出它是实现中国梦的关键,因为没有"国家富强","民族振兴"和"人民幸福"也就无从谈起,习近平指出:"现在,我们比历史上任何时期都更接近中华民族伟大复兴的目标,比历史上任何时期都更有信心、有能力实现这个目标。"①"复兴号"已经疾驰在祖国大地上,高铁作为新时代中国的一张亮丽的名片,正在以自己的方式书写中国强起来的篇章,十多年来,人们的生活方式和对时空的认知随着高铁的出现、发展而产生了改变,中国社会的面貌也已经发生了极大的变化。高铁带来的改变只是当前中国社会发展的一个缩影,它的发展也在一定程度上推动中国"强起来"目标的实现,推动中国梦的实现。因此新时代实现"强起来"并不是镜中花、水中月,不是空洞的口号,只要我们坚持走中国特色社会主义道路、弘扬以爱国主义为核心的民族精神和以改革开放为核心的时代精神、凝聚全国各族人民大团结的力量,一个"强起来"的中国有朝一日必然会屹立在世界民族之林。

(三)"强起来"有利于增强中国走近世界舞台的自信

世界繁荣稳定是中国发展的机遇,中国发展也是世界的机遇。中国一直坚持走和平发展道路,既积极争取和平的国际环境发展自己,又以自身发展促进世界和平;既让中国更好利用世界的机遇,又让世界分享中国的机遇,促进世界各国互利共赢②。孙中山曾说过中国如果强盛起来,不但要恢复民族的地位,还要对世界负一个大责任;邓小平同志也曾表述过国家总的力量强大了,可以为人类做更多的事情,在解决南北问题方面可以尽更多的力量;习近平明确指出,我们要推动构建以合作共赢为核心的新型国际关系,推动形成人类命运共同体和利益共同体,始终做世界和平的建设者、全球发展的贡献者、国际秩序的维护者,同世界人民一道,共同创造人类和平

---

① 中共中央宣传部.习近平总书记系列重要讲话读本[M].北京:人民出版社,2016:7.
② 同上书,第264页。

与发展的美好未来①。

"如今经济全球化、世界多极化、文化多样化、社会信息化呼唤并推动着中国特色社会主义走近世界舞台中央。"②在新时代的战略布局里就体现出了中国强烈的全球化发展的愿景。我们积极倡导"一带一路"国际合作,加大对发展中国家特别是最不发达国家的援助力度,促进缩小南北发展差距,秉持共商共建共享的全球治理观,积极推动人类命运共同体建设……中国始终在发挥自己最大的力量帮助人类社会更好发展。而这一切需要中国有强大的自信,有足够的实力和底气,有过硬的本领和能力,因此只有真正"强起来",我们才有走近世界舞台的自信,为人类社会发展贡献更多中国智慧、中国力量、中国方案。

第三节 高铁支撑现代化经济体系建设的理论机制

中国是世界人口最多的国家,庞大的人口基数,巨大的经济体量,幅员辽阔的地理面积,东中西部地区的经济社会发展差异等,都使得中国在新时代的又好又快发展,以及"两个一百年"奋斗目标的实现过程中面临着巨大的挑战。但是,高铁所特有的时空压缩效应和出色的运输能力,为解决这些挑战提供了巨大的便利,可以为中国的现代化经济体系建设提供巨大的战略支撑作用。

一、以高铁贯彻新发展理念

高铁全面贯彻创新发展理念主要表现为高铁事业的发展形成了一个完备的创新体系,包括技术创新、平台创新、系统创新和运营创新。在技术创新方面,中国高铁技术在对国外先进技术进行全面引进和消化之后,实现了

---

① 杨万东,张建君,程冠军. 关键一招——对话改革开放40年[M]. 北京:经济科学出版社,2018:57.
② 汪青松. 新时代马克思主义中国化的新飞跃[J]. 当代世界与社会主义,2018(01):45.

集成创新,形成了"自成一家"的技术创新路线。在平台创新方面,建立了可以持续自我提升的轨道交通装备产品设计开发平台,大大增加了高端产品设计制造的自主性,形成了长效机制。在系统创新方面,形成了集设计开发流程、管理模式和组织体系于一体的专业化管理系统,并能够实现各个组成部分行动统一、分工有序。在运营创新方面,实现了运营模式的多样化,特别是把互联网技术引入高铁运营模式的创新发展之中。高铁所形成的创新体系充分发挥了基地创新、技术创新、市场创新、品牌创新、文化创新的合力作用,强化了中国科技创新的实力;同时,企业在自主创新理念下,不断地从技术维度和市场维度进行颠覆性的探索,增强了企业创新的活力。高铁所形成的创新体系也塑造了产业新优势,推动产业整体迈向中高端水平,成为新的经济增长点和增长极;另外,高铁在创新发展中建立了一种以企业为主体、以政府为主导的集成创新模式,实现了企业与政府的高效合作,从而完善了制度创新机制。

高铁全面贯彻协调发展理念主要体现在区域协调发展、城乡协调发展、生产生活协调发展等三个方面。关于区域协调发展,高铁的快速发展,既有力地支持了长三角、珠三角、环渤海、长江经济带等重大国家战略的实施,又加大了对革命老区、民族地区、边疆地区、贫困地区的支持力度,既服务于东部地区率先发展,又致力于中部地区快速崛起,还进一步推动西部大开发和东北老工业基地振兴,为区域发展新格局的形成发挥了巨大的支撑作用。关于城乡协调发展,高铁让原本交通不便、发展缓慢、信息闭塞的县城和乡村实现了与大城市间的通达性,使其快速融入跨省、跨地区的高铁经济圈,从而推动县域经济和乡镇经济的产业结构转型升级,加快大城市对于县乡的产业转移,也促使农村地区经济潜力不断释放,进一步壮大县城经济实力。同时,由于高铁实现了城乡之间的优势互补、信息共通、资源共享和联动发展,让新型城镇化建设全面提速,加快统筹城乡建设。关于生产生活协调发展,随着中国特色社会主义发展进入新时代,人们不再满足于基本的物质文化需求,而对美好生活的需求不断增长,高铁的发展,使千里之地"朝发夕至"甚至"朝发午至",人民的精神文化生活的范围快速扩大,各地文化发展成果的可获得性不断提高。

高铁全面贯彻绿色发展理念集中体现在对习近平"绿水青山就是金山银山"重要论述的实践上。具体地说,第一,高铁推动了绿色生产方式。近年来,高铁不断掌握核心技术,从低端逐步迈向高端,其绿色环保节能优势也不断凸显。例如,高铁动车组的"机芯"的牵引电传动系统技术的国产化,极大地提升了大功率电力机车的国产化率,为更节能、更环保、更低噪声的新型动车组的研发提供了可能。第二,高铁倡导了绿色生活方式。由于高铁全程使用电力牵引,在能耗结构上,高铁的节能减排效应提高,高铁每位旅客消耗单位燃料所能行使的里程数几乎是公路的两倍,是航空的四倍;可以说高铁网络的形成,让人们在享受高速旅行的同时,摆脱对环境污染的"愧疚"心理,树立起绿色出行的理念;同时,在高铁建设中,建设方在沿途普遍开展种植灌木、乔木,稳固边坡,保持水土,改善环境,防御灾害的活动,这也会促进人们不断形成对绿色生活方式的偏好。第三,高铁健全了绿色发展的制度体系。这主要表现在强化顶层设计,发挥规划引领作用,构建绿色的现代化发展体系;建立完善绿色发展标准化体制机制,增强标准化服务能力,提升标准化和国际化的水平;加快推进绿色发展制度研究,提升行业监管能力,形成绿色发展的目标责任制和评价体系。

高铁全面贯彻开放发展理念的突出表现就是在"一带一路"倡议之下,积极实施高铁"走出去"战略。高铁"走出去"是中国日益走近世界舞台中央,发挥世界性大国作用的一个重要标志。随着中国高铁技术的长足发展和日益强大的创新能力,高铁迈出的每一步都为中国在国际市场上谋求发展打下坚实的基础。当前,中国高铁已经开始了由单一的要素"走出去"转变为全产业链"走出去",因此,中国与沿线国家在交通设施,尤其是高铁领域的各类合作也日益密切。具体地说,第一,中国高铁推动了技术标准的国际化,推广了中国高铁标准的应用范围,提升了国际影响力和竞争力,让越来越多的国家分享了中国高铁发展的成果。第二,促进了高铁国际产能合作,使合作各方能够根据自己的需要引入其他国家有竞争力的装备、技术和管理经验,充分发挥比较优势,推动工业化和现代化水平。第三,响应"一带一路"倡议,积极推动沿线国家基础设施互联互通,既为"一带一路"搭建了合作的桥梁,又支持了沿线各国经济社会发展,提高了沿线人民的福祉,从而为构建"人类命运共同体"创造了条件。第四,高铁"走出去"不仅仅向世界输送高铁产业,更是为人类文明进步和文化交流搭建了平台,把中国优秀文化更加生动、更加直观地带给了世界。

高铁全面贯彻共享发展理念的标志是把以"人民为中心"的共享发展理念作为高铁发展的核心立场,这也与铁路部门长期以来坚持的"人民铁路为人民"宗旨高度契合。中国进入新时代之后,社会主要矛盾转化为人民日益增长的美好生活需要和不平衡不充分的发展之间的矛盾,解决这个主要矛盾的抓手就在不平衡不充分的发展;而中国高铁的发展,特别是构建"八纵八横"跨区域高铁网络,发挥高铁在不同区域间高效地配置经济社会发展所需资源的作用,为有效地解决区域之间、城乡之间不平衡不充分的发展提供了强有力的工具。特别是高铁网络的完善,加快了中西部经济欠发达地区的交通设施建设,使当地的基本公共服务均等化发展得到了同步的推进,增强了区域之间、城乡之间一般公平和服务的共建能力,增加了供给数量、扩大了供给范围;加强了贫困地区与外部经济的联系,推动了精准扶贫工作,有助于缩小区域之间、城乡之间的收入差距,避免贫富两极分化,实现共同富裕,全面建成小康社会。因此,高铁发展增强了人民群众的获得感、幸福感、安全感,让人民群众共享改革发展成果,这是中国高铁事业在中国共产党领导下坚持全心全意为人民服务根本宗旨的重要体现,也是社会主义制度优越性的集中体现,真正地贯彻了社会主义的本质要求。

二、以高铁形成社会主义新的生产力

20世纪80年代末,邓小平就提出"科学技术是第一生产力",并多次指出社会主义的生产力基础已经成为以自动化、信息化、智能化为代表的现代科学技术。习近平在十九大报告中指出,"创新是引领发展的第一动力,是建设现代化经济体系的战略支撑"[1];在二十大报告中进一步指出,"必须坚

---

[1] 习近平.决胜全面建成小康社会 夺取新时代中国特色社会主义伟大胜利——在中国共产党第十九次全国代表大会上的报告[M].北京:人民出版社,2017:31.

持科技是第一生产力、人才是第一资源、创新是第一动力"①,从而把"科学技术是第一生产力"理论进一步纳入社会主义生产力基础之中。科学技术应用于生产过程之中,与生产力中的劳动资料、劳动对象和劳动者等因素相结合而转化为实际生产能力,并引起巨大的进步。高铁作为中国高端装备制造业的成功典范,其背后的实践逻辑正是科技进步和改革创新创造了新的生产力要素,即新的劳动资料。当这种新的劳动资料在生产过程中与劳动对象、劳动者结合之后,又会进一步提高劳动对象的科技含量,催生新的劳动对象;同时,也会促使劳动者提高科学技术水平和科学管理技能,发展成为新的劳动者。当新的劳动资料、新的劳动对象、新的劳动者在生产过程中进一步结合之后,就极大地提升了劳动生产率,形成新的社会生产力。当新的生产力具备了人民性、前瞻性、符号性的时候,就符合了社会主义生产力基础的本质要求。由于高铁能够全面贯彻新发展理念,缩小居民收入差距,避免贫富两极分化,实现共同富裕,增强人民群众的获得感,从而符合了人民性的要求。由于高铁有着极高的科技含量,因此要比一般的生产活动具有前瞻性,对生产的发展起着巨大的推动作用,从而符合了前瞻性的要求。由于中国高铁走出去战略除了支持其他国家经济社会发展之外,还积极传播中国优秀文化,成为一张亮丽的中国名片,从而符合了符号性的要求。

三、以高铁提升微观经济效率

高铁对生产要素的优化配置,源于高铁引发了发展水平不同的地区之间的虹吸效应,使得生产要素能够在更大的市场中通过市场机制寻求选择范围内最优的资源配置方案,以此获得的总体要素配置效益一定大于高铁未开通前在小规模市场内的配置效益。这是因为,第一,大规模市场能够产生更高效益的规模经济,从而降低企业生产成本,在消费市场扩大的基础上,利润将明显增加。第二,具备主观能动性的劳动者在面临更激烈的市场

---

① 习近平.高举中国特色社会主义伟大旗帜 为全面建设社会主义现代化国家而团结奋斗——在中国共产党第二十次全国代表大会上的报告[M].北京:人民出版社,2022:33.

竞争时,能够通过增加知识和技能的方式使自己在竞争中更有优势。第三,"四纵四横"迈向"八纵八横"的高铁网络作为科技交流的平台,能够实时在区域内或全国范围内传递知识、信息和技术,实现更大规模市场的技术型要素共享,深化供给侧结构性改革,对提升全要素生产率产生广泛而深远的影响。

高铁带来的虹吸效应使城市内企业活动所必需的生产要素发生集聚,通过对资本、劳动力和技术等关键生产要素在更大规模市场上的优化配置,来保障市场所需产能的要素投入数量和质量;通过企业管理者和劳动者对生产制度和工作绩效的完善,激发人的创新性和创造力,以科技驱动生产方式的高效变革;通过促进地区消费规模的扩大和对外经贸市场的交往,不断激发企业活力,从质量层面、效率层面和动力层面综合提高企业的微观生产效率。进一步地从效率角度考察,生产率等同于一定时间内国民经济总产出与各种资源要素总投入的比值。因此,提高微观生产效率不是目的,目的是找到创新驱动的经济现代化建设模式。高铁从微观供给侧和市场需求侧两个方向共同发力,丰富市场需求、扩大市场规模。可以看出,高铁提升微观生产效率的功能为经济体系现代化建设提供了坚实的基础。

四、以高铁提高宏观发展质量

高铁所产生的集聚效应能够显著提高宏观经济发展质量,主要体现在两个方面:一方面是高铁对区域经济的协调,另一方面是高铁对产业布局的优化。

高铁对区域经济协调的影响可以分为直接影响和间接影响。第一,直接影响,即高铁经济投资价值的直接体现。具体地说,首先,高铁拉动直接投资,促使经济总量增加。高铁建设直接带动沿线区域的有效内需,刺激消费,通过乘数效应拉动 GDP 显著增长。其次,加快生产要素流动。高速铁路作为区内和区间要素快速流动的新载体,大幅度提升了该区域人力资本的流动性、便捷性和可获得性。最后,形成时空压缩效应。高铁的时空收缩效应加深了沿线中心城市对周边中小城镇的辐射影响,使城市与周边城镇更好地实现统筹发展。第二,高铁对区域经济协调的间接影响,即高铁网络的经济附加价值。一是改善区域经济结构。高速铁路作为区域基础产业,可以增强区域内市场以及相关企业的竞争能力。二是带动土地利用效率提高。通常有改变土地利用性质、增加土地利用强度和提高土地利用价值三种方式。三是提高区域对外开放水平。高铁的开通极大地缩短了全国各大经济区间的时空距离,沿线地区可以在更广的范围内参与区域分工,扩大对外招商引资和对外开放。

高铁对产业布局的优化,体现在以下三个方面。一是联动相关产业发展。高速铁路建设时期大量资金的投入,会促使该城市其他相关产业的资金投入相应增加,形成开发效应,并通过企业间的联动性极大地影响整个产业链,进而优化产业布局。二是带动新产业地理格局的形成。日益完善的高铁网络有利于形成新的运输格局,不断提升高速铁路的客运和货运能力,并逐步形成新的产业以及经济地理格局。三是提升产业布局灵活度。高速铁路大幅加快了运行速度,压缩了时空距离,打通了运输时间和效率限制的瓶颈,为制造业所需要的大量劳动力需求和运输能力提供保证,增大了产业布局的灵活性。

五、以高铁开创对外开放新格局

早在2014年,习近平就高瞻远瞩地指出:"要准确把握经济全球化新趋势和我国对外开放新要求。"[1]中国高铁事业的发展离不开中国的改革开放,离不开中国深入融入经济全球化的大潮。然而,在经济全球化发展的新阶段,西方国家为了遏制广大发展中国家的进一步发展,捍卫其在全球化中的霸权地位和垄断利益,采取了"逆全球化"的相关政策和举措。原本为世界提供霸权主义国际公共品的国家,既没有意愿也没有能力再维系单边供给模式。与此同时,随着中国特色社会主义发展进入新时代,中国在经济社会发展各个方面取得了巨大的成就,因而日益走近世界舞台的中央,承担起一个世界性大国的责任。

高铁作为中国高端装备制造业,其走出去战略并不是简单的高铁工程技术走出去,而是整条高铁产业链走出去,这向世界证明了国际多边合作供

---

[1] 习近平.习近平谈治国理政(第二卷)[M].北京:外文出版社,2017:99.

给模式将是国际公共品供给的一个最佳选择,从而推动了国际分工合作的深化、细化,以及全球价值链的重塑。因此,可以说高铁作为中国为世界提供的非霸权主义公共品,为国际多边合作注入了强大的力量,推动了国际公共品供给模式的变革。反过来,这又深刻地影响了中国对外开放进程,全面开创了对外开放的新格局。具体地说,高铁做到了引进来和走出去并重,加强了创新能力开放合作,形成陆海内外联动、东西双向互济的开放格局。高铁产业链走出去,能够培育贸易新业态新模式,推进贸易强国建设。由于高铁快速、便捷的运输能力,使得在更大范围内开展自由贸易试验区、自由贸易港等对外开放高地建设成为可能。此外,高铁走出去这种创新的对外投资方式,可以促进国际产能合作,形成立足高铁产业、面向全球的贸易、投融资、生产、服务网络,加快培育国际经济合作和竞争新优势。

六、简单的总结

根据上述分析,我们可以将高铁支撑经济体系现代化建设的理论机制做一个简要的梳理,如图 5-1 所示。

(1) 指导思想:习近平经济思想是新时代中国特色社会主义经济发展的指导思想,是马克思主义政治经济学的新发展、新境界,主要围绕着现代化经济体系建设展开。

(2) 现实基础:十八大以来中国高铁发展的成功实践和经验总结。

(3) 根本逻辑:在习近平经济思想之中,蕴含着从"富起来"到"强起来"的逻辑,高铁发展的成功实践更是从"富起来"迈向"强起来"的重要体现。可以认为,从"富起来"到"强起来"正是现代化经济体系建设背后的根本逻辑,而高铁则是理论逻辑作用于经济建设实践的重要一环。

(4) 关键视角:我们从对内和对外两个视角分解高铁支撑现代化经济体系建设的机制,从而提炼出两条建设路径。

(5) 第一条建设路径:从对内发展的视角出发,利用高铁发展优化资源配置,通过生产力和社会化生产领域的创新和发展,在微观层面提升经济效率,在宏观层面提高发展质量,进而实现国内经济发展。

(6) 第二条建设路径:从对外开放的视角出发,借助高铁走出去战略为世界提供非霸权主义公共品,通过全球化与国际分工领域的创新和发展,从实现工程技术出口到推动世界经济发展,从而开创对外开放新格局。

当中国经济对内实现持续、健康、高质量的发展,对外开放形成新格局之时,可以认为,现代化经济体系已基本建成,基本实现社会主义现代化,经济实力、科技实力将大幅跃升,跻身创新型国家前列[①]。而中国的高铁发展将在整个建设过程中发挥无可替代的战略支撑作用。

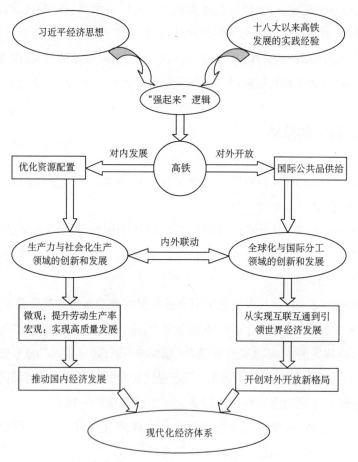

图 5-1　高铁支撑现代化经济体系建设的理论机制

---

① 习近平.决胜全面建成小康社会 夺取新时代中国特色社会主义伟大胜利——在中国共产党第十九次全国代表大会上的报告[M].北京:人民出版社,2017.

第六章　高铁与国内经济发展

我们从对内和对外两个关键视角分解高铁支撑现代化经济体系建设的机制，提炼出两条建设路径。其中，第一条建设路径就是从对内发展的视角出发，利用高铁发展优化资源配置，通过生产力和社会化生产领域的创新和发展，在微观层面提升经济效率，在宏观层面提高发展质量，进而实现国内经济发展。而进一步解放和发展生产力，是这条建设路径通往成功的必要条件。因此，本章将从高铁推动社会主义新生产力的角度入手，围绕现代化经济体系建设机制中的第一条建设路径展开，详细论证高铁是如何在微观层面提升经济效率，在宏观层面提高发展质量，从而引领国内经济持续健康发展的。

第一节　高铁与社会主义生产力

一、关于生产力的科学论断

生产力是人们改造自然的物质性力量，当生产过程中加入了科学技术的作用时，就形成了现实的、直接的生产力。马克思十分重视科学的发展及其在生产中的应用，并反复指出科学是生产力，"生产力中也包括科学""大工业则把科学作为一种独立的生产能力与劳动分离开来"[①]。马克思在确定了生产要素与生产力之间的关系之后，进一步明确提出科学技术是推进

---

① 马克思.资本论(第一卷)[M].北京：人民出版社，2004：418.

社会进步的重要因素,任何时期的社会都要建立在这个基础上才得以发展。正如我们所知,在原始社会中,石器是最具代表性的生产工具;以青铜制品为代表的劳动工具形成了奴隶社会的生产力基础;以铁制工具为代表的生产力形成了封建社会的生产力基础;以机械化大工业为代表的生产力形成了资本主义生产力基础。社会主义是共产主义的第一阶段或者初级阶段,在全球范围内是一种新兴的社会形式,也有其适合的生产力基础,但具体是什么,马克思主义理论并没有详细说明①,这也就为后来马克思主义者留下了诸多的思考。

20 世纪 50 年代初期,中国开始实施第一个五年计划,毛泽东指出要用先进的科学文化知识来武装我们。周恩来也提出了"向科学进军"的思想,并且说明实现"四个现代化"的标准最重要的就是科学技术现代化。到了 20 世纪 80 年代末期,邓小平明确指出了"科学技术是第一生产力",这一结论把科学技术提到整个生产力体系中的首位,深化了对当代中国生产力水平的理解。邓小平论述了科学技术和发展生产力之间的关系,并多次指出社会主义的生产力基础是以自动化、信息化、智能化为代表的现代科学技术。

党的十八大之后,习近平多次就科学技术与生产力之间的关系作出重要论述。2013 年,他在天津视察时就指出,科技创新是提高中国社会生产力和综合国力的战略支撑,我们必须把科技创新摆在全局发展的核心地位。在 2014 年国际工程科技大会上,习近平强调"当今世界,科学技术作为第一生产力的作用愈益凸显,工程科技进步和创新对经济社会发展的主导作用更加突出,不仅成为推动社会生产力发展和劳动生产率提升的决定性因素,而且成为推动教育、文化、体育、卫生、艺术等事业发展的重要力量"②。在 2016 年全国科技创新大会、两院院士大会、中国科协第九次全国代表大会上,习近平提出,要想解决中国所有问题,发展是关键,而要想发展就必须充

---

① 蒋丽.从"第一生产力"到"第一动力"——论社会主义生产力基础与创新发展战略的逻辑起点契合[J].广西社会科学,2018(09):28—33.
② 习近平.让工程科技造福人类、创造未来——在 2014 年国际工程科技大会上的主旨演讲[N].人民日报,2014-06-04(02).

分发挥科学技术第一生产力的作用。他指出:"科技创新链条更加灵巧,技术更新和成果转化更加快捷,产业更新换代不断加快,使社会生产和消费从工业化向自动化、智能化转变,社会生产力将再次大提高,劳动生产率将再次大飞跃。"①习近平在党的十九大报告中指出,"创新是引领发展的第一动力,是建设现代化经济体系的战略支撑"②;在党的二十大报告中又进一步提出,"必须坚持科技是第一生产力、人才是第一资源、创新是第一动力,深入实施科教兴国战略、人才强国战略、创新驱动发展战略,开辟发展新领域新赛道,不断塑造发展新动能新优势"③。显然,"创新是引领发展的第一动力"使"科技是第一生产力"理论进一步纳入社会主义生产力基础运行系统,成为经济发展的"第一动力"。"创新是引领发展的第一动力"同"科学技术是第一生产力"理论一脉相承,是对中国特色社会主义生产力基础的新探索④。

二、高铁与新生产力要素

(一) 生产力要素

生产力作为人类运用生产资料创造社会财富的能力,无疑是推动社会生产发展的决定因素。生产力越高,社会生产发展水平也就越高,从而创造的社会财富也就越丰富。人类进行物质资料生产的劳动过程必须具备三个基本要素,即生产力的三个实体性要素,包括人的劳动、劳动对象和劳动资料。人作为劳动者,具有劳动经验和劳动技能,是生产力构成要素中最重要的能动因素。劳动对象和劳动资料的总和构成生产资料,是生产中不可缺

---

① 习近平.为建设世界科技强国而奋斗——在全国科技创新大会、两院院士大会、中国科协第九次全国代表大会上的讲话[N].人民日报,2016-06-01(01).
② 习近平.决胜全面建成小康社会 夺取新时代中国特色社会主义伟大胜利——在中国共产党第十九次全国代表大会上的报告[M].北京:人民出版社,2017:31.
③ 习近平.高举中国特色社会主义伟大旗帜 为全面建设社会主义现代化国家而团结奋斗——在中国共产党第二十次全国代表大会上的报告[M].北京:人民出版社,2022:33.
④ 蒋丽.从"第一生产力"到"第一动力"——论社会主义生产力基础与创新发展战略的逻辑起点契合[J].广西社会科学,2018(09):28—33.

少的物质条件。劳动对象指劳动者在生产过程中所加工的一切物质资料。劳动资料也称劳动手段,主要指劳动者在生产过程中用以改变和影响劳动对象的一切物质手段和物质条件,包括生产工具、生产建筑物、道路、运河等。劳动资料中最重要的是生产工具,它相当于人的器官的延长和扩大。生产工具的发展状况是社会生产力发展水平的物质标志。除了生产工具以外,劳动资料还包括除了劳动对象以外的一切物质条件。

科学技术是生产力中的重要因素。科学技术能够应用于生产过程,与生产力中的劳动资料、劳动对象和劳动者等因素相结合而转化为实际生产能力。科学技术上的发明创造会引起劳动资料、劳动对象和劳动者素质的深刻变革和巨大进步;科学技术应用于生产的组织管理,能够大幅度提高管理效率;科学技术为劳动者所掌握,可以极大地提高劳动生产率。科学技术发展日新月异,应用于生产过程的周期日趋缩短,对于生产发展的作用越来越大,日益成为生产发展的决定性因素。从这个意义上说,科学技术是先进生产力的集中体现和主要标志,是第一生产力。

(二) 高铁创造新的劳动资料

科学技术在现代化生产中的应用和发展丰富了劳动资料的内涵,诸如能源动力系统、自动控制系统、信息传递系统和仓储包装设备等均作为劳动资料的创新形式直接或间接参与到劳动者对物质资料的改造过程。生产工具的指向也发生了根本性的变化,从原始社会使用的石块、木棒,到工业革命时的纺纱机、蒸汽机,再到今天的智能化机器生产体系,新的劳动资料能够为社会生产力的增长提供强劲动力。

中国高铁虽然起步较晚,但在短短十年间突飞猛进,一跃成为世界高铁发展的引领力量,这离不开国人对核心技术的钻研和突破。2008年开通的京津城际高铁是中国真正意义上的第一条高速铁路。2015年下线的设计时速为350公里的标准动车组样车"复兴号"标志着中国高铁已具备完全自主知识产权。同年,政府提出促进重大装备和优势产能走出去战略,高铁作为中国高端装备制造业的成功典范,成为参与和引领"一带一路"国际合作的重要领域和优先方向。截至2022年底,中国高铁营业里程已突破4.2万公里,占世界高铁总里程的60%。《铁路"十三五"发展规划》指出,全面开放新格局要求铁路提升国际竞争能力。中国作为国际高铁标准制定的主要力量,主持或参与了国际标准化组织(ISO)、国际电工委员会(IEC)、国际铁路联盟(UIC)的国际标准制定工作,彰显了中国高铁领域的研究在国际层面具备了一定话语权。从引进来到走出去,高铁作为中国特色社会主义政治经济学理论指导下的典型代表,其背后的实践逻辑正是科技进步和改革创新创造了新的劳动资料。

首先,高铁发展能够促进中国装备制造业的良性互动。高铁明显不同于传统的交通运输工具,它不仅仅是装备制造的终端产品,还承载了完整的工业产业链,并且涵盖了设备出口、施工建设以及标准认定等全方位领域。对于类似高铁这种技术集成性极强的装备制造能力,往往代表着一个国家装备制造业的发展水平。中国高铁在国家发展战略和国家各部委、地方政府以及铁路总公司的大力支持下,通过自身的不断努力取得了飞速的发展,实现了从小到射灯,大到网络控制系统、系统集成、车体、转向架等产品核心技术的自主掌控。不仅如此,中国高铁还在技术和设备质量世界领先的同时,实现了对于制造成本的有效控制,不仅在发展中国家能够站稳脚跟还能在发达国家占领市场。正因为类似中国高铁这样的高新技术企业在国际上取得的成功,使得"中国制造"的国际形象大为提升,有力回应了国际上以往对于"中国制造"是低端型粗制滥造的片面看法。中国高铁的品牌效应使得更多的消费者或客户愿意去尝试和接受"中国制造",中国制造的品牌认知度提高了。"中国制造"拥有了国际市场,就会带动更多的中国企业投入装备制造,进而形成"比学赶帮超"的良性互动。所以在很大程度上,高铁发展促进了中国装备制造业的良性互动。

其次,高铁的时空压缩效应能够加速生产要素集聚。高铁的运行改变了城市之间地理层面的时空约束条件,既有效地减少了旅行时间,又大幅提升了区域可达性。目前,中国高铁线路已基本建成"四纵四横"网络格局,作为全路主心骨和全国大动脉的高铁交通网为各地人们提供大众化、全天候、便捷式的出行服务,产生了广泛而持久的时空压缩效应,史无前例地将各个区域紧密联系起来。高铁所带来的时空压缩效应,能够加速人力资本的跨区域流动，从而带动技术和资本等要素的交流融合，促进市场经济下的高效分工与规模生产，创新经济组织方式，深化经济合作制度，降低生产和交易壁垒，实现经济新的增长。点轴开发理论认为在增长极与周围点的交往中，就必然产生越来越多的商品、人员、资金、技术和信息等的运输需求。高铁的开通首先使处于经济增长极的两个城市产生联动，两点连轴形成线段，多线交叉形成网络。高铁通过大幅度降低旅客运输的成本，加强了各地区人员的交往和经济联系，资金、信息、技术、人力资源等生产力要素必然在更大的地理范围内得到优化配置。作为经济社会发展的基础性工程，高铁带来的时空压缩效应加速和优化了生产要素的流动和集聚，极大地影响了社会经济的发展趋势和未来走向，加快了中国特色社会主义现代化建设的步伐。

最后，高铁的区域纵横网络能够优化生产力布局。高铁通过大幅度缩短地面空间距离促进要素快速流动，通过集聚经济效应驱动着区域空间结构、经济结构和政治结构的变化[1]。区域经济的健康发展将决定国民经济未来增长的潜力，作为国民经济的一个缩影，区域经济是高铁经济研究的核心与出发点。《"十三五"现代综合交通运输体系发展规划》要求以高速铁路通道为依托，以高铁站区综合开发为载体，培育壮大高铁经济，引领支撑沿线城镇、产业、人口等合理布局，密切区域合作，优化资源配置，加速产业梯度转移和经济转型升级。产业梯度转移理论认为，资源供给或产品需求、技术进步、生产成本与附加值等条件发生变化后，高梯度地区的产业与技术会向低梯度地区扩散与转移，实现区域经济空间结构优化以及平衡发展。2016年出台的《中长期铁路网规划》提出高铁布局从"四纵四横"迈向"八纵八横"。《"十四五"现代综合交通运输体系发展规划》提出以"八纵八横"高速铁路主通道为主骨架，以高速铁路区域连接线衔接，以部分兼顾干线功能的城际铁路为补充，使得250公里及以上时速标准的高速铁路网对50万人口以上城市覆盖率达到95％以上，普速铁路瓶颈路段基本消除。随着高铁网络的建成，高铁带来的时空压缩效应的影响范围将由铁路沿线延伸至跨

---

[1] 林晓言.高铁经济研究成果述评及基础理论走向[J].北京交通大学学报(社会科学版)，2018，17(04):20—37.

区域网络，以人力资本为核心的要素将在更大范围内更加频繁地自由流动，持续冲刷城市与城市之间、区域与区域之间的制度壁垒，形成效率更高、更符合市场化要求的生产力布局，在配套政策和制度日趋完善的基础上，形成区域产业结构的差异化调整和合理化集聚。

（三）新的劳动资料形成新的生产力

习近平在继承和发展"科学技术是第一生产力"这一论断的同时，又进行了理论创新，提出"创新是引领发展的第一动力"。在各类创新领域中，作为第一生产力的科技创新处于最重要的地位，对生产关系起着决定性作用。高铁作为中国自主研发的高端装备制造业的优秀代表，在其不断纵深发展的过程中所创造出的新劳动资料，在劳动者和劳动对象之间充当着"催化剂"，共同形成新的社会生产力。交通运输是社会经济发展的重要基础支撑，是传播先进生产力的重要载体。高铁的发展和网络化将大幅地缩短区域间的时间距离，紧密各区域间以及城市间的各种关系，促进客流、物流、资金、技术等各种要素的加速流动，在增强发达地区和中心城市的辐射带动范围的同时，提升其他城市和地区对各种要素和产业转移的吸引力。高铁不仅仅可以解决东部地区高密度的客流，也是中国西部大开发战略、区域协调发展政策取得更好更大效果的重要基础设施支撑，其影响深度和效果远高于公路、航空。高铁在实现客货分线、改善客运交通的同时，释放出的既有铁路货运能力对于提高铁路货物运输分担率、降低物流成本、减少地缘区位劣势具有非常重要的意义。对于中西部地区城市来说，高铁在有效改善对外交通，消除交通以及物流成本的"发展瓶颈"后，将会使资源优势、人力成本和土地成本优势得以发挥，从而促进区域经济总体规模和发展水平的提升。随着这一趋势的逐步形成和不断深入扩展，地区间的发展水平和差距将会逐步缩小，全国经济发展空间将被极大拓宽，生产力布局和经济地理版图将形成重大变化。

经济全球化和国际竞争要求我们提高效率以增强竞争能力；区域协调发展和建设和谐社会，要求大力改善欠发达地区基础设施和增强发展能力；转变经济发展方式、实现经济社会可持续发展，要求推动产业转移和布局调整优化以及加快实施西部大开发战略,以突破资源和环境承载能力制约。发展高铁是实现这些的条件基础,是国家战略实施的需要。高铁的作用不仅在于交通本身,更在于促进经济社会发展的基础性。对于全国来说,高铁网络化后将会全面提升全国的交通速率,从而加快经济社会各种形态的形成和变化,推动全国生产力总体水平的加快提升和社会文明进步。

(四)高铁符合社会主义生产力基础的本质要求

正如前文所述,石器是原始社会生产力基础的典型代表,青铜器是奴隶社会生产力基础的典型代表,铁器是封建社会生产力基础的典型代表,机械化大工业是资本主义社会生产力基础的典型代表。但是,马克思并没有详细论述社会主义这一新兴的社会形式,其社会生产力基础是什么。那么,应该如何判断一种生产力,尤其是新的生产力是否可以纳入社会主义生产力基础呢?或者说,要成为社会主义生产力必须要满足哪些要求呢?

现代科学可以在自然规律发展的前提下完成物质和能量的转变,为调节人类经济活动的关系以及自然界能量的改变提供条件,并满足生产生活的需要,提高劳动者的生产效率。社会主义国家的基本经济制度是公有制为主体,而社会生产则是尽可能地满足人们日益增长的美好生活需要,这和科学技术的本质是一致的①。高铁是中国科学技术发展的优秀代表,其巨大的运输能力改变了人们的经济活动;其显著的时空压缩能力也改变了地理空间对人的限制,从而提高了经济效率,极大地满足了人们对生产生活的需要。加之,中国高铁"以人民为中心"的核心立场,都使高铁与社会主义生产力基础保持一致。

具体地说,以下的三个特性充分证明了高铁符合社会主义生产力基础的本质要求。一是高铁的人民性。由于高铁完整、准确、全面地贯彻了新发展理念,特别是共享发展理念,体现了社会主义的本质要求;而高铁的发展有助于缩小居民收入差距,避免贫富两极分化,实现共同富裕,让人民群众

---

① 蒋丽.从"第一生产力"到"第一动力"——论社会主义生产力基础与创新发展战略的逻辑起点契合[J].广西社会科学,2018(09):28—33.

共享改革发展成果,因此,增强了人民群众的获得感。二是高铁的前瞻性。凭借着极高的科技含量,高铁要比一般的生产活动具有前瞻性,对生产的发展起着巨大的推动作用。当前,高铁的生产、教育、研发以及经济全球化已经形成一个全新的技术经济系统。高铁作为技术或知识创新的产物,优先于一般生产活动,与社会主义先进生产力基础是一致的。三是高铁的符号性。高铁已经成为中国一张亮丽的名片,是社会主义制度优越性的集中体现;随着"一带一路"倡议的提出,中国高铁走出去战略除了支持沿线国家经济社会发展之外,还积极传播中国优秀文化。因此,高铁这种强烈的符号性也符合社会主义生产力基础的本质要求。

三、高铁与新的社会化生产

(一) 社会化生产

社会化大生产又称生产的社会化,是指同小生产相对立的组织化、规模化生产。它表现在生产资料和劳动力集中在企业中进行有组织的规模化生产;专业化分工的不断发展,各种产品生产之间协作更加密切;通过产品的市场化和市场自动调节,生产过程各环节形成一个不可分割的整体。

社会化大生产是以分工协作为基本特征的,这种分工协作既包括各种劳动力要素的分工和协作关系,还包括其他生产要素的分工。社会化大生产的基本规律,是社会各生产部门之间必须保持一定比例的规律。影响社会总劳动在各生产部门之间分配的主要因素有两个。一是社会的需求结构。在商品经济条件下,现实的社会需求主要表现为有支付能力的需求。它是由社会在一定阶段的生产力水平决定的,并且这种社会需求的结构提出对各种产品及其数量的要求,即提出生产什么、各生产多少,这就从一个方面决定着社会总劳动如何分配于各生产部门。二是物质财富的生产条件。物质财富的生产条件如何,决定着生产各种一定量的产品需要多少劳动量,也就是,当社会对某种产品提出需求时,在该生产部门应投入多少社会劳动,就取决于该部门的生产条件,即劳动生产率、劳动时间长度、劳动强度。这些生产条件就从另一个方面决定着社会总劳动量在各部门的分配。

早在19世纪60年代,马克思在《资本论》的一开始就从生产力发展的动态角度论述了社会化大生产需要增加新的生产力要素,既从总体上概述又分别论述了决定资本主义生产力发展的新要素,如科学、管理、分工协作、自然力等。在《资本论》中,他还把协作(包括简单协作和分工协作)作为生产力的要素,在《资本论》第一卷分析"协作"与"分工和工场手工业"的两章中先后指出:"结合工作日的特殊生产力都是社会的劳动生产力或社会劳动的生产力。这种生产力是由协作本身产生的。"分工协作"与独立的手工业比较,在较短时间内能生产出较多的东西,或者说,劳动生产力提高了"[①]。

在科学技术融入经济领域之后,组织化、规模化生产就会出现日新月异的变化,提高了全社会劳动生产率,从而催生出新的社会化生产。不难理解,当高铁开始为经济社会发展服务时,快速、高效、便捷、环保等特点使得生产活动的组织化和规模化生产发生了根本性的变化,同时,生产活动的空间分布也得到了不断优化。在高铁催生的新社会化生产中,生产性服务业集聚和公共服务聚集最具代表性。

(二)高铁推动生产性服务业加速集聚

随着人均国民收入不断提高,劳动力依次由第一产业、第二产业向第三产业转移,经济发展的核心产业依次由农业、工业升级为服务业,供给结构的不断演进是支撑产业升级的源泉。传统需求侧的投资、消费和出口在过去拉动了中国经济实现高速增长,新一轮科技革命和产业变革与中国的结构调整和产业转型形成了历史性交汇。以习近平同志为核心的党中央着眼中国经济发展全局,为适应和引领经济发展新常态,作出推进供给侧结构性改革的战略部署,对推动中国经济转型升级具有重大指导意义。供给侧结构性改革简言之就是要优化供给和有效利用生产要素,提升全要素生产率。服务业是供给体系的组成部分,服务业发展能够提升供给体系的质量,并带动相关领域改革。从"以人民为中心"以及"人民铁路为人民"的角度看,高

---

① 卫兴华.大家手笔:马克思的生产力理论超越了西方经济学[N].人民日报,2017-04-10(07).

铁也是一种生产性服务；让铁路运输服务从原来的普快、特快服务一跃成为现在高速、便捷、舒适的服务，这就是生产性服务在供给侧的变革。经济发展的过程必然伴随产业结构的演进，服务经济加快发展是国家现代化的一般规律，发展现代服务业就是要解决产业结构、需求结构及内部子结构不平衡、不协调以及资源错配问题。而高铁在协调区域发展、优化资源配置上的独特优势，将通过空间集聚效应在很大程度上解决生产性服务业所面临的问题，帮助中国的生产性服务在新型国际分工和国内区域分工体系中逐步迈向价值链的高端。在高铁的推动之下，生产性服务业将为国家和地区经济增长提供以下动能。

第一，生产性服务业驱动制造业高质量发展。随着全球资源和要素跨国流动的不断增强，生产性服务业已成为当今全球产业竞争的战略制高点，与制造业发展相互促进，成为新时代下中国经济高质量发展的"双驱动"。中国适时提出一系列战略计划，旨在加快推进智能制造，深度推进信息化和工业化的高层次"两化融合"。"两化融合"的核心就是信息化支撑，追求可持续发展模式，努力实现从制造大国向制造强国的跨越式转变。生产性服务业正成为"两化融合"的有力保障，是引领产业向价值链高端提升、实现产业高质量发展的关键环节和根本途径[1]。诸如纽约、伦敦、东京等国际大城市，它们都具备极为发达的先进生产性服务业网络体系，占据着"微笑曲线"的两端位置，比如研发设计、金融服务、商务服务、法律和信息服务等便处于附加值较高的战略性环节。现代工业企业对研发、设计、信息咨询、交通运输等生产性服务业的依赖程度越来越高；金融、保险等现代服务业发展大大降低了工业企业的融资成本；越来越多的工业企业与零售企业、网络公司等服务企业合作开拓市场，并依靠由其提供的大数据资源获取最新的市场信息；管理咨询、技术中介、教育培训等服务机构直接参与工业企业的组织重构、技术更新和人力资源配置等运营环节，这些都有力地推动了中国制造向中高端迈进[2]。

---

[1] 魏际刚.生产性服务业发展呈现新趋势[N].经济日报,2018-08-09(15).
[2] 宁吉喆.如何看待我国服务业快速发展[J].求是,2016(20):38—40.

第二,生产性服务业成为中国经济增长的新引擎。西方发达国家的服务业普遍可以占到GDP的70%,与此同时,它的生产性服务业又占服务业的70%。一些机构估计中国的生产性服务业占GDP比重约为15%,这与制造大国的地位不相匹配,中国生产性服务业发展空间巨大,将成为中国下一轮经济增长的新引擎。近年来,中国生产性服务业增长较快,主要得益于工业化深化产业分工,信息化增强企业应用数字技术加速连接统筹能力,城镇化推动服务业城乡一体化发展,市场化使资源与要素的组合与配置更富效率,全球化促使跨国服务企业对本土服务业发展产生较强的外溢效应。从发展阶段上看,中国生产性服务业中有些行业发展得已经相对成熟,规模也很大,如交通运输、物流、批发、零售、金融、商务等;但也有一些行业还处于起步阶段,如信息服务、数据服务、科技服务、工业设计、节能环保服务等新兴服务业。从发展分布上看,合理的生产性服务业空间结构能够引导区域资源合理配置,促进区域经济增长和可持续发展,实现疏密有序、均衡协调、分工合理的空间发展格局。由于中国经济将继续保持中高速增长,受到产业结构、消费结构持续优化与升级,以及国际贸易继续扩大等一系列因素影响,中国生产性服务业迎来广阔的发展空间。

第三,生产性服务业主要集中在区域中心城市。中国生产性服务业的空间集聚程度呈上升趋势,尤其是信息服务、科技服务、商务服务等高端生产性服务业的集聚特征更明显。目前,生产性服务业主要集中在区域中心城市,对非中心城市的带动作用尚不明显。从行业分布来看,信息服务、科技服务、商务服务三个知识密集型行业中企业的服务半径不断扩大,行业集聚程度较高,地域分工模式符合中心地理论特点,呈现等级规模结构,比较优势主要集中在少数城市。交通运输业和金融服务业提供的服务是接触紧密型服务,服务提供点须尽可能地靠近服务对象,服务半径较小,集聚水平较低,地域分工相对分散。从地域分工来看,生产性服务业在都市圈空间上呈中心集聚态势:京津冀呈以北京为中心的强单中心分工格局,北京处于最高等级的服务中心地位,信息服务、科技服务和商务服务三个知识密集型行业的从业人员规模均处于全国城市首位;长三角呈现以上海为中心的单中心分工格局,正着力打造国际经济中心、金融中心、贸易中心、航运中心、科技创新中心;珠三角呈现以广州、深圳为双中心的分工格局,比如深圳就尤为重视信息服务产业、创意产业、物流产业、金融业等。2016 年,31 个区域中心城市生产性服务业就业人数占全国的比重高达 52.1%,且中心城市与非中心城市生产性服务业发展差距日益加大。随着产业结构调整的推进,中西部地区第三产业占全国份额明显上升,其中川渝地区服务业发展最为迅速①。目前,许多城市和地区已经形成了一些生产性服务业集聚区。

高铁开通在提高人们出行便捷度的同时,通过对要素资源的吸引促进城市产业格局分布的合理化,推动城市生产性服务业加速集聚。当高铁未开通时,城市由于较低的可达性水平,城市对要素资源的吸引力较低,服务业发展的加速度较慢并趋于饱和,集聚对生产率的提升作用有限,甚至引发较高的拥塞效应;而当高铁开通后,城市可达性有了迅速提升,城区扩大,城市蔓延,通过规模效应、流量效应和互动效应可以增加服务业集聚效率。高铁极大地加速了站点附近服务业的规模与集聚速度,对服务业的发展产生了不可估量的影响。据测算,高铁引致的空间效应每提高 1%,高铁沿线城市服务业就业密度约提高 0.3%~0.4%。高铁开通会显著促进服务业集聚对城市生产率的提升作用,甚至发生效应的转向。就生产性服务业而言,其区位选择时先考虑的因素是接近新技术的机会和更大的劳动力市场。

高铁的建设恰好为带有政策倾向性的沿线城市的生产性服务业企业提供了良好的发展契机。一方面,高铁提升了沿线城市的交通可达性,另一方面,高铁提升了沿线城市的知识可达性。就交通可达性而言,相对于没有开通高铁的城市,高铁沿线城市获得了相对的区位优势,扩大了资源优化配置的范围,也扩大了从事生产性服务业企业的市场范围。生产性服务业具有不可运输储存、生产消费同时的特点,高铁的开通不仅使生产性服务业企业与市场的距离更近,还降低了生产性服务业企业间的交易成本。由此,生产性服务业企业倾向于选择在成本低、交通便利的地区集聚,强化了其区位优势。就知识可达性而言,相对于没有开通高铁的城市,高铁沿线城市也获得了相对的区位优势,促进了城市在经常性的商务来往与高密度的技

---

① 席强敏.优化生产性服务业的空间结构[N].中国社会科学报,2019-05-22(04).

术知识交流过程中的"信息场"的扩展和知识环境的创造,为生产性服务业企业的集体"学习—匹配—共享"过程提供了重要的场所和环境。如一些生产性服务业企业以获取新信息技术为目标,则会选择具有信息技术优势的城市①。

(三) 高铁促进城市群公共服务协同发展

城市群是指在地域上集中分布的若干特大城市和大城市集聚而成的多核心、多层次、庞大的城市集团,是大都市区的联合体。长江三角洲城市群是中国经济发展最活跃的地区之一,以仅占中国 2.1% 的国土面积集中了中国 1/4 的经济总量和 1/4 以上的工业增加值,是中国经济最发达、城镇集聚程度最高的城市化地区。2018 年 11 月,长三角区域一体化发展上升为国家战略。在此背景下,中国已形成长三角区域一体化、京津冀协同发展、长江经济带发展、粤港澳大湾区建设的四大跨区域协调发展的区域发展新格局。中国区域发展已从过去的单个区域发展,转向推进多区域跨区域协调发展,通过深化区域合作、促进要素有序流通,激发区域发展活力。一般来说,城市是一个区域的中心,汇聚大量产业和人口,获得快速发展。在中心城市规模扩大、实力增强的过程中,辐射带动周边区域,形成城市圈。伴随着城市规模继续扩大和城际之间交通条件的改善,尤其是高速公路、高速铁路的出现,相邻城市辐射的区域不断接近并有部分重合,城市之间的经济联系越来越密切,相互影响越来越大,就可以认为形成了城市群②。

生产要素流通和产品市场准入将在更大范围内要求宏观调控,以规避城市之间同质化竞争和城市内要素过多流出至中心城市的尴尬局面,从而迈向更高程度的区域一体化协同发展。这不仅要求城市群在经济上加强联系与合作,更要在制度上弱化城市边界,其中最基础也是最重要的,则是政府应不断扩大公共服务的供给范围。公共服务是指通过国家权力介入或公

---

① 刘昆.高速铁路对沿线城市生产性服务业集聚影响研究——以京广高铁为例[D].北京交通大学,2018.

② 肖金成,袁朱.中国将形成十大城市群[J].党政干部文摘,2007(05):21—22.

共资源投入,为社会公众参与社会经济、政治、文化活动等提供保障的服务,一般可分为基础性公共服务、经济性公共服务、安全性公共服务和社会性公共服务。基础性公共服务人人均可享有,包括供水、供电、供气、基本交通、基础通信、邮电与气象服务等;经济性公共服务主要支持企业经济发展活动,如设立政务服务网站、举办招商引资洽谈会、搭建高新技术交易平台和提供政策性信贷服务等;安全性公共服务保障人民安全,如军队、消防、警察和国安等;社会性公共服务满足公民社会发展活动,包括教育、医疗、科普、普法、卫生、社会保险、环境保护、技能培训、社会福利等。

当前,中国在城市群公共服务的协同发展方面可谓任重道远。大城市功能过度聚集,尚未形成与周边中小城市合理分工、功能互补、协同发展的区域一体化产业体系;城际交通网络严重滞后于城市群发展需求,区域发展协同机制落后,"一亩三分地"思维定势乃至"以邻为壑"体制困境亟待突破。以京津冀为例,国家提出城市群协同发展重点是交通一体化先行、产业一体化作为突破口、城市群一体化作为空间载体等"五位一体",但在实际推进中还停留在就交通论交通、就产业论产业、就城镇空间论城镇空间的传统发展模式,在城市群一体化的推动中处处都是壁垒[1]。习近平指出,"供给侧结构性改革的根本,是使中国供给能力更好满足广大人民日益增长、不断升级和个性化的物质文化和生态环境需要,从而实现社会主义生产目的"[2]。公共服务是供给体系中的重要一环,也是短板。为满足人民群众日益增长的公共服务需求,必须强化政府提供公共服务的职能,增加公共产品和公共服务供给,改善人民生活品质,让人民拥有更多获得感。所以说,实现城市和城市群的公共服务为代表的一体化,是满足现阶段更高质量、更深层次的城市化与城市群一体化发展需求的关键所在。

高铁本身作为交通运输工具,参与到基础性公共服务一环,其产生的时空压缩效应将区域的地理概念缩小,增强了城市之间的同城效应,使城市之

---

[1] 张国华.中国城市化下半程,公共服务业决定成败[EB/OL].https://www.yicai.com/news/100113203.html.

[2] 中共中央文献研究室.习近平关于全面建成小康社会论述摘编[M].北京:中央文献出版社,2016:63.

间协同发展有了现实基础。同时，高铁的开通必将伴随生产要素的快速流动，尽管普遍认为这种更大范围的要素流动加快了产业市场的生产效率，但不可否认的是，一些中小城镇因高铁开通伴随的虹吸效应导致了大量要素流出，中心城市的人口规模也不可能无限增加，道路拥挤、高房价和高成本的公共服务将减缓人口向中心城市集聚的速度。高铁的开通对城市的影响无法停留在开通之前，势必对本地要素流动产生明显影响。城市群的公共服务能否协同发展，将决定高铁能否均衡影响区域内不同城市的要素流向。基于不同经济和交通条件下，人口的空间流动和产业的空间变迁是重塑城市和城市群空间的关键力量，当过多生产要素流入中心城市，周围城市想要实现自身发展，必然首要抓住人力这一关键要素。此时，如果周边城市有机会首先吸纳这部分外溢的人口，其前提是相比中心城市拥有更具比较优势的生活生产条件，一方面可承接中心城市的外溢产业以消化本地就业，另一方面可通过良好的公共服务吸引人口迁入。人们在选择居住地时，诸如教育、医疗、交通条件等良好的公共服务是重要的考虑部分，中心城市无法满足超额人口的公共服务需求，公共服务资源在未来将持续向周围城市和城郊区域倾斜。如果周边城市配套的公共服务无法满足集聚人口的需求，则难以抵抗高铁开通后所带来的虹吸效应，这将恶化本地要素条件，从而错失高铁开通带来的发展机遇。

　　从区域一体化角度而言，促进人口合理分配不仅能够缓解"大城市病"，也能使区域中其他城市保留核心要素，使城市群整体散发经济活力。人通过乘坐高铁在区域流动，正如血液通过血管流动到人身体的各个部分，血管越是四通八达，血液输送越通畅，人体越健康。城市之间公共服务水平越接近，人口流动越自由。因此，加强区域一体化在更高程度上的发展，必然要考虑周边城市向中心城市的公共服务水平靠齐，减弱人跟着产业、资本走的城市化发展模式，开创人跟着公共服务、宜居环境走的新型居住理念。正如乔尔·科特金所说："哪里更宜居，知识分子就选择在哪里居住，知识分子选择在哪里居住，人类的智慧就在哪里聚集，人类的智慧在哪里聚集，最终人类的财富也会在哪里汇聚。"

第二节　高铁与微观生产效率

一、微观生产效率

(一) 生产效率

生产效率通常指在固定投入量下，企业实际产出与最大产能间的比率，以此体现达成最大产出、预定目标或是最佳营运服务的程度，亦可衡量经济个体在产出量、成本、收入或是利润等目标下的绩效。根据生产效率的字面释义，一般理解为"生产活动在一定时间内的效率"，是衡量单位总投入的总产量的生产率指标，即总产量与全部要素投入量之比，因此这里生产效率的概念可等同于生产率的概念，即资源（包括人力、物力、财力）的开发利用的效率。从经济增长的角度来说，生产率、劳动等要素投入都贡献于经济的增长。从效率角度考察，生产率等同于一定时间内国民经济总产出与各种资源要素总投入的比值。从本质上讲，它反映的则是各国家（地区）为了摆脱贫困、落后和发展经济在一定时期里表现出来的能力和努力程度，是技术进步对经济发展作用的综合反映。

改革开放40多年来，中国生产部门对于提升生产力和生产效率的追求孜孜不倦，当前中国微观生产效率已处于较高水平，单纯增加生产要素的资源配置提高生产效率难以实现，继续依靠资本和劳动要素投入驱动经济增长的方式难以持续，要素的资本报酬率已呈现递减状态。中国经济发展进入新常态之后，习近平就曾强调，"减少无效和低端供给，扩大有效和中高端供给，增强供给结构对需求变化的适应性和灵活性，提高全要素生产率"①。

---

① 习近平.变中求新、新中求进、进中突破——在省部级主要领导干部专题研讨班上的讲话[R].新华社，2016-01-22.

(二) 全要素生产率

全要素生产率是用来衡量生产效率的指标,是指在各种生产要素的投入水平既定的条件下所达到的额外生产效率。一个企业也好,一个国家也好,如果资本、劳动力和其他生产要素投入的增长率分别都是5%,如果没有生产率的进步,正常情况下产出或GDP增长也应该是5%。如果显示出的产出或GDP增长大于5%,譬如说是8%,这多出来的3个百分点,在统计学意义上表现为一个"残差",在经济学意义上就是全要素生产率对产出或经济增长的贡献[1]。全要素生产率的增长率常常被视为科技进步的指标,它的来源包括技术进步、组织创新、专业化和生产创新等。因此,产出增长率超出要素投入增长率的部分为全要素生产率增长率。中国已进入经济高质量发展阶段,必然要求实现经济增长从资本、土地、劳动力等要素投入驱动向更多依靠技术进步等效率驱动的全要素生产率提高的转换。

技术进步、规模效益和改善效率,是提升全要素生产率的三大要点。一方面要以科技创新支撑和引领产业结构优化升级,以完善产权制度和要素市场化配置为重点,在加强知识产权保护和运用的基础上,以提高技术含量、延长产业价值链、增加附加值、增强竞争力为导向,推动三次产业结构、行业结构、技术结构等不断调整优化。另一方面要以体制创新消除体制机制障碍,优化劳动力、资本、土地、技术、管理等要素的配置,激发创新创业活力。进一步创造优胜劣汰的充分竞争市场环境,使资源重新配置和技术进步在经济增长中起支配作用,实现生产要素向效率更高的产业、行业和企业集中[2]。

习近平在党的十九大报告中提出推动经济发展质量变革、效率变革、动力变革,为中国微观经济的生产效率提升指明方向。效率变革,就是要找出并填平在以往高速增长阶段被掩盖或忽视的各种低效率洼地,为高质量发展打下一个有效率和竞争力的稳固基础。市场竞争,归根结底是投入产出

---

[1] 蔡昉. 全要素生产率是新常态经济增长动力[J]. 经济研究信息,2015(12):10—13.
[2] 陈云贤. 以科技创新促进产业结构转型升级[J]. 行政管理改革,2016,1(01):24—28.

比的竞争、效率高低的竞争。必须全面降低实体经济运营的能源、物流、通信、融资等成本,提高发展实体经济特别是制造业的吸引力、竞争力;进一步实质性放宽市场准入,完善退出机制,使高效要素进得去、低效要素退得出,通过生产要素的合理流动和优化组合、企业兼并重组、产业转型升级,全面提高经济的投入产出效率;提高开放型经济水平,引进来与走出去相结合,更大范围、更高水平地参与国际竞争和合作,稳步提升中国产业在全球价值链中的地位[①]。

不难发现,无论是提高生产效率还是全要素生产率,无论是要推动质量变革,还是效率变革、动力变革,所要具备的条件,如技术进步、组织创新、专业化和生产创新,高铁的发展都可以在很大程度上予以提供和协助创造;所要达到提高物流速度、降低物流成本、优化要素配置等的目的,都可以充分发挥高铁在整个实现过程中的作用。接下来,本书将从虹吸效应入手,分析高铁是如何提高微观经济效率的。

二、高铁的虹吸效应

(一) 虹吸效应

"虹吸"一词源于物理学,是一种流体力学现象。一根充满水的倒 U 形虹吸管的一端插入高液面,液体将源源不断地从插入低液面的另一端流出,直至倒 U 形管外两端液面齐平。如果插在高液面内的虹吸管端口处依旧高于盛装流出液体的容器的最高处,那么在虹吸作用下,处于高处容器内的液体将全部流入低处容器内。

虹吸作用其实利用了连通器原理。为便于分析,把同一平面上的液体视作固体,称之为液片。在一个连通器模型中,两端液面只有在相平时,才能使连通器底部由液态分子形成的液片达到受力平衡,从而实现系统平衡。当液态分子之间存在引力与位能差能时,液体会由压力大的一边流向压力小的一边,当液体一旦发生初始流动,地心引力产生的重力作用使虹吸管中

---

① 刘世锦.推动经济发展质量变革、效率变革、动力变革[J].中国发展贯彻,2017(21):5—6.

下端液体流出。较高的液面端压强大，小液片受力指向较低液面，液片两端受力无法平衡，液片不断流向压强较小一端。由于液体具有连贯性，因此持续有新的液片代替流出的液片，受压强作用产生位移，如此循环实现虹吸。通过虹吸作用而产生的效应，叫作虹吸效应。

通过以上对物理学中虹吸现象的解释，不难发现，虹吸效应的产生有三个前提。第一，两个对象相互作用。高处液片通过虹吸作用吸出，低处液片通过重力作用吸入，两个对象彼此影响，成为整体。第二，连通器连接两个对象。高低液面是通过倒 U 形虹吸管连接成为一个系统，倒 U 形虹吸管相当于连通器，也是液体位移发生的场所。第三，两个对象处于初始非均衡态，两端液片一开始就存在重力势能的差异，所以在被连通后能够持续产生一定时间的压力差。这也明显指向了虹吸效应所具备的三个特点：首先，虹吸效应发生需要有触发点，即倒 U 形管中要先施加外力作用于初始液片，才能引发后续虹吸；其次，虹吸效应持续发生，直至两个对象的重点差异消除，即只有当重力势能的非均衡态趋于平衡后，虹吸作用才会逐渐停止；最后，发生移动的对象是具有流动性的，在实验中是液体，在物理学中是流体，流动性带来连贯性，连贯性强化了虹吸效应的方向惯性。

（二）高铁的虹吸效应

高铁建设可以将大小城市连接在一起，城市多处于不同发展水平，高铁线路的开通使城市之间联系更加密切，具有时空压缩效应的高铁使人们有了更为便捷的交通方式穿梭于各个城市。追求更高的工资、更安全的环境、更优质的教育和更先进的医疗，是人口在不同城市流动的主要原因，而这些在发展水平更高的大城市更容易获得。同时，小城市因为工资低、资源少、公共服务不足等原因迫使当地人离开家乡，在更广阔的平台上追求个人目标。因此，人口总是趋向于从小城市流往大城市，大城市总有吸引人前往的魅力。

城市之间的高铁线路形如倒 U 形管的连通器，人口形如连贯流动的液体，发展不平衡的两座城市对人的需求差异大。由此普遍认为，高铁能够带来虹吸效应，这与物理学的虹吸作用产生极大契合。高铁虹吸作用的影响因素可以进一步分为有利虹吸因素和阻力虹吸因素。在高铁虹吸效应中,作用主体为城市发展不均的大城市和中等城市,作用媒介是高铁线路的连通,作用过程为人力、物资等资本要素的流动①。

需要强调的是,高铁的虹吸效应并非指高铁本身能产生虹吸作用,而是高铁的开通使沿线城市产生虹吸作用。一个城市发展至一定规模时,除了吸引更优秀的人才就业以外,也会吸引更多的资金投资、更好的政策支持等。不同城市形成虹吸效应的维度有所不同,高铁在其中也扮演着不尽相同的角色。从现实中来看,虹吸效应的确是城市化进程中不可忽视的地域现象,特别是在近年来城市规划领域,也出现了一些以铁路经济为视角的城市系统虹吸效应研究②。而在区域一体化进程中,由于特定区位优势条件产生的强大吸引力,虹吸效应会将其他地区的投资、消费或资源吸引过来,从而减缓被吸引地区的发展,加速要素引入地区的发展,这种效应主要表现在产业、人才、耐用消费品消费等方面③。另外,城市之间虹吸效应还存在着连贯性,通过虹吸效应在条件好的地区所形成的人才聚集效应出现后,往往还会产生马太效应,即人才越聚集,区域人才吸引力就越强,人才聚集度也会继续提升④。

(三) 高铁虹吸效应对城市的影响

由于虹吸效应的系统性和方向性,高铁的开通给沿线城市所带来的虹吸效应,对虹吸城市而言是正效应,对被虹吸城市而言则是负效应。虹吸城市一般是大城市或某一区域的中心城市,拥有良好的经济发展、产业结构、行业发展和人才政策等;被虹吸城市一般是小城市或者围绕某区域中心城市的周边城市。实际上,并非围绕中心城市的小城市都必然沦为被虹吸城

---

① 王洁,薛华琳,张小远.高铁经济下的大中城市虹吸作用机制研究[C].北京:中国城市规划年会,2015.
② 姚文捷,朱磊.基于分向引力模型的点轴城市系统双重虹吸效应研究——以沪杭一线(上海—嘉兴—杭州)为例[J].地域研究与开发,2018,37(02):20—24.
③ 杜明军.区域一体化进程中的"虹吸效应"分析[J].河南工业大学学报(社会科学版),2012,8(03):38—41,46.
④ 刘和东.国内市场规模与创新要素集聚的虹吸效应研究[J].科学学与科学技术管理,2013,34(07):104—112.

市,如何强化正效应、削弱负效应,是追求高质量经济发展、建现代化经济体系过程中必须要克服的难题。

中心虹吸城市,伴随来自小城市的生产要素集聚。高铁的开通缩短了城市间的时空距离,人员和物资的流动更加频繁和便捷,促进城市的房地产和服务业发展,继而经济发展持续向好,虹吸生产要素的作用进一步发生,并且地理影响范围越来越广,能够从更深更远的层面虹吸到自身发展所需的优质要素,诸如在人口集聚发生后更易吸纳技术、企业家才能等要素以服务本地发展。教育、咨询等服务业态更易在中心城市得到发展,供给侧结构性改革更快在中心城市推进深化,产业结构升级也能在中心城市较为轻松地实现,这均来源于中心城市拥有虹吸要素的实力,有了生产要素的集聚,才有底气说发展。

外围被虹吸城市,伴随人才和资金等生产要素流失。一些学者指出,当人才和资金等要素加速向中心城市集聚,外围次发达城市的优势资源和发展机会被"抢"走,严重时可导致本地经济"空心化"。这种虹吸效应自然不利于外围小城市的发展,也不利于推区域协调发展。面对这样的现实困境,我们要认识到高铁本身并非经济增长引擎,特别是对区域外围小城市而言,甚至成为"过道",只见高铁不见人。

长三角地区逐渐进入深度同城化时代,更多的城市进入 2 小时交通圈,跨地区通勤成为常态,地区合作从产业转移升级到共建共享,上海当之无愧是长三角区域的超级中心城市。上海周边的无锡和苏州,凭借上海经济发展的外溢,做好产业承接和差异定位,人均 GDP 已超过上海,位列全国前茅。"中心—外围"理论指出,区域发展是向心力和离心力共同作用的结果,过多生产要素在大城市的聚集也会导致"拥挤成本"上升,从而产生使生产要素及产业向邻近区域扩散的力量,使中小城市获益。高铁可以改善城市创新环境,除了能够进一步强化大城市的虹吸效应外,也会给小城市的创新发展带来机遇。因此中小城市应发挥自身城市的比较优势,努力挖掘历史文化背景,打造本地特色产业结构,形成与周围城市发展互补的局面以代替相互竞争,提升公共服务业以保护要素、吸引要素。

三、高铁对生产要素的优化配置

高铁的运行不仅极大改变了人们的生活方式和出行需求,而且通过其时空压缩效应,缩短商旅时间,促进了企业间的合作与交流,加快了资本、技术、知识等生产要素的流动速度。土地作为典型意义上的生产要素,不具备流动性,所以高铁的开通对土地要素的优化配置效用有限。投资是企业生产活动的第一步,决定了获得资本这一生产要素的关键性。开通高铁的城市在招商引资方面具有更大的优势,中心城市通过虹吸作用能够吸纳周边城市的优质资源要素,中小城市通过虹吸作用同样也能吸纳周边县城、集镇的优质资源要素。因此高铁不仅起到了直接转移劳动力的交通运输作用,也通过虹吸效应建立起对生产要素的吸引作用,以致带动当地相关企业和产业发展,从而形成更具规模的就业市场,吸引更多劳动力前往寻找工作机会。劳动力已不只是在大工厂里单纯重复简单劳动的工人们,其内涵延伸至接受了更长年限的教育和拥有更高专业素质的人员。提供就业岗位的单位则能选拔能力和态度较为优秀的劳动者,以发挥对本岗位最大的生产效率贡献。外来劳动人口在工作的过程中,自然而然会建立起对本地消费品的购买依赖,从而扩大本地市场的消费需求。由此,就从供给和需求两端迅速推动本地经济规模的扩大和经济质量的优化。

人气是一个地区经济健康发展的重要基础。劳动力数量随着虹吸作用和马太效应的发挥而持续扩大,当其达到一定规模时,劳动力市场的竞争日趋激烈。在机器生产快速取代成本高昂的人工生产的今天,以互联网信息技术为核心的第四代革命如火如荼,生产方式产生极大转变,对劳动力的要求已全然不同于往日,不再强调劳动者纯体力的较量和劳动时长的延展,而是强调专业知识和技术素养的比拼。高铁连线各个城市,给了人们不同层次、各行各业的就业机会,同时也吸引了来自五湖四海的就业竞争者。劳动者想要获得一份理想的工作,必须主动获取教育,增加自身的专业素养,以提高自身岗位适配度。高素质劳动者和专业化分工是创新技术要素的前提,政府对创新技术的政策倾斜激发技术要素的集聚和生产力转化。更高的知识水平和技能素养将有利于提升个人绩效、推动技术创新、激发企业家才能等；也有利于围绕人的发展潜能寻求突破，以驱动效率变革，提升全要素生产率，促进城市生产的质量、效率和动力变革。

简单来说，高铁对生产要素的优化配置，源于其催发了发展水平不同的城市之间的虹吸效应，生产要素能够在更大的市场中通过市场机制寻求选择范围内最优的资源配置方案，以此获得的总体要素配置效益至少等于高铁未开通前在小规模市场内的配置效益，并且普遍远远高于小规模市场的效益。这是因为：第一，大规模市场能够产生更高效益的规模经济，从而降低企业生产成本，在消费市场同样扩大的基础上，利润将明显增加；第二，具备主观能动性的劳动者在面临更激烈的市场竞争时，能够促使自己通过增加知识和技能的方式使自己在竞争中更有优势；第三，"四纵四横"迈向"八纵八横"的高铁网络使得企业人士能便捷而频繁地出差，实时在区域内或全国范围内传递知识、信息和技术，实现更大规模市场的技术型要素共享，深化供给侧结构性改革，对提升全要素生产率产生广泛而深远的影响。

四、高铁对微观生产效率的提升

高铁带来的虹吸效应使城市内企业活动所必需的生产要素发生集聚，通过对资本、劳动力和技术等关键生产要素在更大规模市场上的优化配置，来保障市场所需产能的要素投入数量和质量；企业管理者和劳动者对生产制度和工作绩效的完善，激发人的创新性和创造力，以科技驱动生产方式的高效变革；通过促进地区消费规模的扩大和对外经贸市场的交往，企业活力不断激发，以此，从质量层面、效率层面和动力层面综合提高企业的微观生产效率。

微观生产效率的提升虽然并不完全来自全要素生产率的提升，但全要素生产率的提升对于建设经济体系现代化的作用更为深远，要点便是创新驱动的技术升级。高铁有利于拓宽开通地区企业的市场空间和影响范围，使得开通地区企业的市场竞争更加激烈，从而促使开通地区的企业不断学习先进的技术和管理理念，加强企业自身创新，以提高企业的技术水平和管理效率，进而提高企业的全要素生产率水平。高铁建设对创新产出的影响力度和质量受城市规模大小的限制。创新活动离不开良好的外部环境。创新环境包括文化、法律、心理、制度等软性因素,也包括基础设施、经济基础、技术、人才等硬性因素。高素质人才本身具有较强的流动性,而良好的交通基础设施和社会环境有助于各种创新资源的聚集和创新活动的开展。由于中国城市之间发展不平衡,导致城市创新的软硬性条件存在较大差异。城市规模越大、经济实力越强,一般城市功能也相应更加齐备,各种基础设施更加完善,产业链条更加完整,制度和文化的包容性越强,新技术和新产品更容易得到市场认可,市场反馈会更加全面及时[①]。

因此,提高微观生产效率不是目的,目的是找到创新驱动的经济现代化建设模式。高铁从微观供给侧和市场需求侧两个方向共同发力,使区域经济得以均衡发展:一方面,从生产要素的优化配置角度推动供给侧的高质化和专业化;另一方面,时空压缩效应推动人口频繁流动,伴随知识信息、交际网络的延展,打破区域市场边界,从而丰富市场需求、扩大市场规模。可以看出,高铁提升微观生产效率的机制,为经济体系现代化建设提供了经济增长可持续的宝贵理论和精彩实践。

第三节　高铁与宏观发展质量

一、高质量发展

(一) 高质量发展的提出

习近平在党的二十大报告中指出:"高质量发展是全面建设社会主义现代化国家的首要任务。发展是党执政兴国的第一要务。没有坚实的物质技术基础,就不可能全面建成社会主义现代化强国。"[②]制约国民经济发展的

---

① 刘芳.高速铁路、知识溢出与城市创新发展——来自278个城市的证据[J].财贸研究,2019(04):14—29.
② 习近平.高举中国特色社会主义伟大旗帜 为全面建设社会主义现代化国家而团结奋斗——在中国共产党第二十次全国代表大会上的报告[M].北京:人民出版社,2022:28.

条件发生了巨大变化,我们应深入贯彻新发展理念,从根本上转变发展方式,从以要素投入规模扩张为主要推动力的高速增长模式转变为主要依靠创新带来的要素效率提升拉动经济高质量发展的方式。

高质量发展符合经济发展规律,是其必然要求,从发展的长远目标来看,高质量发展是致力于满足人民日益增长的美好生活需要的发展,也是致力于建设现代化经济体系的发展;从发展特点来看,是创新作为第一动力、协调作为内生特点、绿色作为普遍形态、开放作为必由之路、共享作为根本目的的发展。

中国特色社会主义进入新时代,当今中国宏观经济形势具有经济增长减速、经济结构变迁、经济增长动力转化三方面问题,总需求疲软与供给侧要素成本上升相互交织。城市化进程除了提升城市规模,更重要的是提升城市经济发展质量。对城市经济发展质量影响较大的因素是结构失衡,经济结构很大程度上制约了中国经济发展方式的优化,大力推进各地经济结构战略性调整,是各地转变经济发展方式、提高经济发展质量的重要手段。

(二)高质量发展的思路

1. 贯彻新发展理念

完整、准确、全面贯彻新发展理念是完成高质量发展的内在要求。为解决不平衡不充分的发展问题,满足人民对美好生活需要的追求,生产出高品质产品和服务,就必须以供给侧结构性改革为主线,深入贯彻并落实好五大发展理念。坚持创新发展,创新是发展的第一动力,打破经济社会发展的瓶颈,跨过中等收入陷阱;坚持协调发展,牢牢把握住中国特色社会主义事业总体布局,统筹协调并正确处理发展中的重大关系,如区域协调、城乡协调、中央地方协调等关系,进而增强发展关联性、互动性和整体性,从而实现协调共同发展;坚持绿色发展,绿水青山就是金山银山,实现人与自然和谐共生;坚持开放发展,统筹好国内国际两个大局,推进"一带一路"建设,加快实施"走出去"战略,积极融入全球经济;坚持共享发展,要把蛋糕做大,让社会各个阶层都能够共享改革发展成果,坚定不移走共同富裕道路。五大发展理念,不仅成为推动高质量发展的基本遵循,而且成为调整结构、转变方式的基本思想指南。

2. 转变发展方式

改善和创新宏观调控方式是经济发展方式转变的本质要求,将传统的以要素投入、规模扩张为主要推动力的高速增长模式转变为以要素效率和全要素生产率提高为主要推动力的高质量发展模式是转变发展方式的根本所在。为从根本上转变发展方式,要求形成新的发展理念。因此,党的十八届五中全会提出创新、协调、绿色、开放、共享的发展理念。习近平也多次强调,现代化的经济体系是由社会经济活动各个环节、各个层面、各个领域的相互关系和内在联系构成的一个有机整体,要建设创新引领、协同发展的产业体系,建设统一、开放、竞争、有序的市场体系,建立健全既能体现效率又能促进公平的收入分配体系,建设彰显优势、协调联动的城乡区域发展体系,建设资源节约、环境友好的绿色发展体系,建设多元平衡、安全高效的全面开放体系,建设充分发挥市场作用、更好发挥政府作用的经济体制①。七大体系之间的内在联系紧密而深刻,改善和创新宏观调控方式不仅是构建七大体系的客观要求,而且是构建现代化经济体系的必经之路。构建现代化经济体系,必须坚持质量第一、效益优先,紧紧抓住供给侧结构性改革这条主线,促进经济发展质量革新、效率革新、动力革新。

3. 推动供给侧结构性改革

中国经济运行的主要矛盾仍然是来源于供给侧的结构性矛盾。近年来的实践充分证明,供给侧结构性改革是完善供给结构、提高经济发展质量的根本方法。接下来,需要大力使用市场化、法治化方法,在巩固、增强、提升、畅通方面有所作为。加固"三去一降一补"成果;增加微观主体的活力,营造公平开放透明的市场规则和法治化营商环境;提升产业链水平,使技术创新和规模效应成为新的竞争优势;畅通国民经济循环,形成国内市场和生产主体、经济增长和就业扩大、金融和实体经济良性循环。尤其要大力发展实体

---

① 习近平.深刻认识建设现代化经济体系重要性 推动我国经济发展焕发新活力迈上新台阶——在中共中央政治局第三次集体学习上的讲话[R].新华社,2018-01-30.

经济,支持民营经济发展,降低实体经济企业生产成本,有力缓解企业困难,有效提高微观市场主体获得感,不断增强发展信心。

二、时空效应与高质量发展

交通运输是国民经济的重要组成部分,是连接生产和消费的流动载体。交通运输的区域经济影响效应主要包括两个方面。一方面是在交通运输项目的建设阶段,项目投资活动在增加国内生产总值、扩大需求、拉动经济增长方面产生的影响效应;另一方面是在交通运输项目的正式运营阶段,由于交通运输设施正式投入运行,改善了交通运输条件,提高了通行能力,带来了运输费用降低、客货在途时间缩短、交通运输事故减少等影响。同时,交通运输项目的建成增强了区域的区位优势,带动了要素的流动,通过其他途径对区域经济发展起到了推动作用。通常来说,交通运输项目的运营比建设期长,而且交通运输项目社会经济效应的显现存在一定的滞后期,因此,交通运输项目运营期的经济效应比建设期的经济效应要大,对经济发展的影响更深远[1]。

高铁建设需要投入巨大的人力、物力和财力,直接对经济发展产生投资拉动效应,促进了经济发展。高铁因其自身快捷、高效的特点,能够有效促进区域之间客流、物流、信息流和商务流更快速和更大规模地流动,提高了区域的通达性,进而带动沿线整个城市群的经济发展,为区域经济增长注入强大的动力。高铁对经济的正面影响主要表现为集聚效应和扩散效应。

(一)集聚效应

高铁建成可以促使沿线地区的各大城市紧密相连,促进劳动力从非中心城市向中心城市转移,造成地区人口集聚,很大程度地改变产业结构和空间布局,从而显著提高区域中心城市的产业集聚水平,形成一个高铁经济带。以京沪高铁为例,作为中国"四纵四横"客运专线网中的核心"一纵",连

---

[1] 林晶晶,骆玲.高速铁路对区域经济影响评价[M].成都:西南交通大学出版社,2015.

接环渤海、京津冀和长江三角洲三大经济区,搭建起了"高铁经济走廊",环渤海经济区向北与京津冀经济区的联系更加密切,向南与长三角经济区的联系亦取得了前所未有的突破,大大加深了三个经济区之间的联系与贸易往来,促进各地区间的交流。它们根据各自的资源优势,优化生产力布局,改善华北地区的投资环境,增大对外资的吸引力,增强对东部地区乃至全国的辐射与带动效应。

产业集聚与其他企业组织一样是伴随着分工与专业化的发展而诞生的。产业集聚是指因各种产业和经济活动在一定地域范围内的地理集中而形成强劲持续竞争优势的现象。其目的是获取基于规模集聚、范围经济以及竞争所带来的集聚效应[①]。交通运输条件对于产业集聚有重要的影响,交通运输费用是促进产业集聚的最早因素,韦伯认为,成本最小化是导致集聚的根本原因和关键性因素。企业在进行选址和布局的时候会从成本最小化的角度进行考虑,如果有的区域具备了这样的条件,许多企业就会在该区域内聚集。交通运输设施往往需要大量的投资,产生了很大的固定成本,因此交通运输线路量具有规模经济的特点。高速铁路相比于普速铁路投资更大,将为区域内带来巨大的市场需求。因而在交通设施沿线和站点布局可以节约交易成本和信息成本,获得较高的集聚效应。因此,集聚的动力来源于集聚的收益大于因地理分散而需要承担的运输费用等成本。产业的集聚使得产业的整体竞争实力得以增强,促进该区域经济快速增长。

区位优势是形成产业集聚的一个重要因素,通过对地区交通运输条件的改善,可以提升区域的优势度,从而提高产业集聚速度。高铁作为特殊的经济增长轴,凭借其强大的经济特性,促使投资、劳动力和其他生产要素流动,使城市群内高铁沿线地区产业集聚效应显著,对于各地的产业布局产生深远的影响。产业集聚效应随高铁规划开始而开始,在高铁通车运营之后达到最大值。高铁的产业集聚效应具有一定的可持续性,从高铁通车运营之后,直到区域经济发展处于稳定水平,其产业集聚效应都将处于一个较高的水平。另外,由于高铁具有的经济特性,在区域经济发展处于稳定状态

---

① 陈佳丽.产业集聚区的经济与社会效益分析[J].商场现代化,2013(12):136—137.

时,高铁沿线区域的产业集聚水平要高于非沿线地区,因此城市群经济发展处于稳定状态时的高铁的产业集聚效应也要高于高铁规划前该区域的产业集聚水平[1]。

但是,与高铁的城市群产业空间开发效应类似,高铁的城市群产业集聚效应同样受到要素、资源、成本和区域发展空间及其发展环境的制约,产业集聚效应不可能长时间地维持在较高水平,而会在区域经济发展稳定时逐渐降低到一个中低水平的稳定状态[2]。

高铁可以降低企业成本。首先,高铁便捷的运输,使各个不同生产要素之间以更快的速度和更高的效率流动,能够降低企业的原料、生产、工资等成本。区域间的空间相互作用成本影响着集聚效应的发挥。高铁快速、便捷、高效、低廉的特点,使很多原来需要通过航空运输的原料和产品可以通过高铁运输,从而降低了企业的运营成本。高铁开通后,企业可以从一个更宽广的范围内获取资源,方便企业寻求区域内价格最低的资源。例如,工人为降低生活成本,可以生活在距离大都市较远的地方;企业也能够按照自己的需求雇佣期望薪资较低的工人。其次,高铁能够降低企业的信息成本。信息不对称是影响交易成本的主要因素。随着生产技术变革的周期缩短和企业之间竞争的加剧,企业越来越认识到及时地获得技术资料和市场信息的重要性,从而使信息支出增加,这方面的成本也因此引起了注意。研究表明,信息成本的大小与距离有关,这一点与运输成本很相似。有的研究者因此而把信息成本与运输成本合称为距离成本。距离越远,距离成本越大,即运输成本越大,所获得的信息也越不完全,所需承担的运输和信息成本也就越大;反之,距离越近,距离成本越小,因为在这种情况下运输消耗少,信息也显然更加充分,所需要的成本费用也越小。高铁的开通促进了沿线区域间的交流,市场信息更加透明,促使各企业(特别是高新技术产业)在高铁沿线区域集聚,以避免因信息缺失而在竞争中处于劣势地位。

高铁能够提升区域可达性。区域可达性,简单地说,是指一个地方到达

---

[1] 史敦友.高速铁路的城市群产业发展效应[D].成都:西南交通大学,2015.
[2] 同上.

另一个地方的容易程度。区域的可达性由整体交通运输网络的构成决定。高铁的运行首先直接增强了沿线站点所在地区的交通运输选择,其次大大缩短了时空距离,改善了交通运输条件,要素流动获得了新的载体,高铁沿线的区位优势得以增强,企业通过集聚创造一定的市场氛围和空间,形成高铁产业带,增强自身发展潜力,满足较大范围内顾客的需求,资源配置效率也得以提高,有助于企业实现规模经济。

产业沿高铁分布能够充分利用高铁带来的巨大需求。一个区域充沛的内需市场能够吸引更多的投资,促进区域内部资源配置效率的不断提高,从而增强区域竞争力。因此,一个区域内的市场需求可看作一个地区经济发展的内在动力。区域内市场需求包含需求数量和需求质量两个方面:一方面,如果区域内市场规模庞大,区域内的产业和企业容易形成规模效应,从而在竞争中表现出优势;另一方面,如果需求质量较高,就可以促使企业进行技术创新,以满足这种需求[①]。高铁对区域内市场需求的影响是明显的。首先,从需求数量看,高铁投资巨大,引来大量的人流、资金流、信息流向高铁沿线区域聚集,可大幅度拉动市场内需。其次,从需求质量看,高铁本身就是高科技发展的产物,它涉及电子信息、材料、航空、环保等一系列高新技术领域,会对区域内相关产业产生相应的需求,进而带动相关产业的发展。

(二) 扩散效应

高铁在促进产业集聚的同时,因经济活动在城市的过多集聚,生产成本随之提高,进而使得一些经济活动迫于成本压力向外扩散。同时,高铁建成后资金、技术、劳动力的流动和各要素间的重新组合,造成一些传统产业沿高铁扩散。

扩散效应是指随着经济的发展,经济中心地区会逐步向周边地区辐射、扩散,从而带动周边地区的发展,缩小两者之间的差异。扩散效应以资源要素的流动为基础,要素流动的深度、广度决定了扩散效应的影响程度[②]。交通运输

[①] 骆玲,曹洪.高速铁路的区域经济效应研究[M].成都:西南交通大学出版社,2010.
[②] 孙健韬.高速铁路对区域经济的影响分析[D].北京交通大学,2012.

工具成为辅助产业扩散的途径,运输条件越便捷,各区域间的经济联系就越紧密而广泛,加深合作程度为产业扩散营造了良好的外部环境。

高铁对产业扩散的影响主要有两个方面。一是主动扩散。高铁促使要素流动和资源重新配置,进而导致扩散效应。交通基础设施的网络化完善了要素流动条件,促进了要素的流动和扩散,进而推动区域经济一体化进程。与生产相关的资源要素可分为不可移动和可移动两大类,其对扩散效应的影响不同。其中,不可移动的资源要素,如土地资源,因其有限性,在增长极发展到一定程度后,使用成本上升,将有助于推动企业或产业向外扩散。可移动资源要素如资本、劳动力等,其流动具有一定的复杂性,并不必然能满足扩散效应的需要[①]。由此,高铁的开通会使资源要素先向中心城市快速集聚,当经济发展到一定程度时,土地成本会随之提高,企业迫于成本压力,会选择向高铁沿线的中小城镇扩散。当中心城市和相邻地区之间的交通壁垒降低时,高铁带来的交通便利性可能会进一步强化中心城市的技术和知识的"涓滴效应"。由此,人才、资金、技术、信息资源等要素可能会从中心城市扩散到高铁周边的中小城镇,为中小城镇的发展提供动力,促使其经济增长,进而不同城市间的经济发展水平差距得以缩小。例如,武广高铁开通后,很多劳动密集型企业将产业从珠江三角洲转移到了沿线湖南、湖北省的一些城市,既节约了昂贵的土地、人力及其他资源成本,又借助高铁配置资源的优势方便了对企业的高效管理。二是被动扩散。中心城市的洼地效应随着要素在区域间的自由流动变得更加显著,更加促使要素向中心城市集聚,而大量人口在大城市集聚会造成"大城市病",不但阻碍城市的进一步发展,还加重了城市中企业和个人的成本负担,企业因追求成本最小化会向中心城镇进行扩散。

三、高铁对区域经济和产业布局的优化

国内生产总值和就业岗位数量是影响区域经济的最重要因素。高铁作

---

① 张兆同.论我国增长极的扩散效应实现[J].江苏社会科学,2009(06):73—77.

为一种快速、高效的运输方式,对区域经济发展具有明显的促进作用,从宏观、中观、微观三个维度看,高铁对区域经济的优化主要表现为:宏观上,高铁能够促进沿线地区生产要素的流动,使不同地区的经济活动与经济资源更好地流动和互补,优化资源配置,提升地区经济总量;中观上,高铁能够优化地区产业结构,促进区域间分工和专业化,推动实现外部规模经济和范围经济;微观上,高铁大大加强了区域间的联系与合作,形成高铁经济带,高铁的开通使地区土地使用模式和效率得以优化,地区经济迅速增长。因此,高铁不仅极大促进了区域经济总量增长,也很大程度上提高了区域经济发展质量。

(一)高铁对区域经济发展的优化

高铁对区域经济发展的优化影响主要体现在两方面:一是直接作用,即高铁经济投资价值的直接体现;二是间接作用,即高铁网络的经济附加价值,间接推动区域经济社会总产出的增长。

1. 直接作用

(1)促使经济总量增加。首先,拉动直接投资。高铁建设的各项产品与设备的采购直接带动沿线区域的有效内需,刺激消费,通过乘数效应拉动GDP明显增长;地方政府的配套投资,以及配套设施的建设也会提高沿线地区的GDP。其次,带动直接就业。建设高铁本身需要大量的劳动力,能增加就业岗位;同时建设高铁需要许多材料和机械设备,刺激社会生产,使相关产业就业人数得以增加;此外高铁运营需要新增部门与岗位。最后,高铁建成后,将拉动一大批相关的高新产业如电子、信息等的发展,为更多的技术人才提供就业岗位。

(2)降低生产和交易成本。一方面,高铁的运营有利于企业在更大的范围内整合优化资源,因而降低生产成本。例如,高铁修建后,劳动力的流动更加频繁,企业可以在土地价格更低的地区建厂,生产成本降低。另一方面,高铁的开通可以减少企业交易成本,提升交易效率。高铁修建后,其沿线地区的人才、技术、信息等流动更加频繁,从而能够减少信息不对称带来的负面影响。

(3)加快生产要素流动。一方面,高铁开通加快了人力资本的流动。

高铁因其快速高效便捷的特点成为区内和区间要素快速流动的新载体，很大程度上提升了该区域人力资本的流动性、便捷性和可获得性，进而促进技术、资金、信息等要素的快速流动和扩散，使地区资源配置得以优化。另一方面，高铁开通加速了信息流动。高铁极大压缩了两地间的时空距离，为企业间更好地交流提供了机会，方便在企业管理、产品创新和技术革新方面交流经验，共享信息，减小差距。同时，高铁开通推动了区域合作的层级延伸，加强信息化基础设施建设，以达成区域间的跨区信息共享目的。

(4) 形成时空压缩效应。高铁的发展提高了区域间的通达效率，带来了时空收缩机制，使区域之间时间和空间的现实及隐性距离双双缩小、空间相互作用指数增大、空间相互引力增强，产生了明显的时空收缩效应[①]。高铁的时空收缩效应一方面加深了沿线中心城市对周边中小城镇的辐射影响，加快扩散，同时改变了城市空间布局、升级区域功能，使城市与周边城镇更好地实现统筹发展。高铁还大大减少了人们的出行时间，改善区域内人们的出行习惯，提高了运输服务质量。如武广高铁开通后，缩短了鄂湘粤三省之间的通达时间，不仅加快了武汉、长沙、广州三个省会城市经济、社会和文化的相互融合，而且加强了岳阳、郴州、韶关等二级站设站城市与咸宁、耒阳等三级站设站城市间的梯度交流联系。

2. 间接作用

(1) 改善区域经济结构。高铁作为区域基础产业，可以增强区域内市场以及相关企业的竞争能力，进一步完善区域内现代产业体系。如果一个企业或地区因为缺乏良好的交通基础设施服务而被迫远离市场，就会因为承担的运输成本昂贵而在竞争中失去优势。与之相反，那些获得良好交通基础设施服务的企业或地区，就容易获得更多的发展机会，进而可能引来新的生产企业的建设，使区域经济结构得以改善。

(2) 带动土地利用效率提高。要提高土地利用效率，通常有改变土地

---

① 来逢波.综合运输体系对区域经济空间格局的塑造与优化研究[M].北京：经济科学出版社，2014.

使用性质、增加土地利用强度和提高土地利用价值三种方式。首先,高铁建设运营将改变土地使用功能,随之,高铁沿线区域土地的使用性质也将遵循市场规律发生变化,不仅有利于市中心的金融、贸易、服务业等功能的强化,也将为区域的形成带来强有力的交通便利,极大改变土地使用性质。由于高铁使得地价增值,在步行合理区内一般布置一些高利润的产业如商业、服务业、办公写字楼等,其他产业将逐渐向这些产业转变。其次,高铁建设运营会增强土地利用强度。高铁凭借其快速、准时、大容量的特点,和小汽车相比,带来的更多是人流而非车流,不用担心因开发密度过高造成交通拥挤,也不会产生区域污染,所以高铁可以极大地提高其交通合理区的可达性,从而加大区域土地的使用密度。最后,高铁建设运营会提高土地价值。一般来说,高铁建设对沿线土地价格主要有以下三方面影响:一是高铁可以改善沿线土地的交通情况,缩短空间距离,大大节省出行者的交通时间和费用,提高沿线区域的通达性;二是交通能够引导规划,改变用地属性,大大提高土地集约利用度,土地收益因此提高;三是高铁改善了沿线区域土地的相对区位条件,增强彼此联系,发挥土地的互补效应,使沿线土地相互支撑成为有机整体,发挥土地价值联动效应。

(3) 提高区域对外开放水平。高铁的开通极大地缩短了全国各大经济区之间的时空距离,加强了各区域间的交流与合作,高铁沿线地区可以在更广的范围内参与区域分工,扩大对外招商引资和对外开放布局。

(二) 高铁对产业布局的优化

产业布局是指一个国家或地区产业各部门、各环节在地域上的动态组合分布,是国民经济各部门发展规律的具体体现[①]。广义而言,优化是使一个系统尽可能地有效和完善;狭义而言,优化是从众多方案中找到实现目标的最佳途径和方法。产业布局的优化指生产实体的空间位置最为合理,与所处环境系统协调运行,从而使产业的总体功能得到最大发挥[②]。

---

① 韩爽. 我国产业集聚形成机制:理论与实证分析[D]. 吉林:吉林大学,2009.
② 刘方棫. 论产业布局优化[J]. 求索,1990(06):3—9.

1. 联动相关产业发展

交通基础设施条件是影响城市发展及产业布局的重要因素之一。高铁的建设及运营能够间接提升城市的级别。本质上看,高铁建设时期需要大量的资金投入,随着资金投入不断增加,该城市的其他相关产业的资金投入也会发生相应增加,即开发效应。例如,某高铁的沿线区域聚集着许多餐饮产业,高铁投资建设带来的巨大内需拉动当地的餐饮产业 GDP 快速增长;为了获利更多,沿线餐饮产业进一步增加投资,优化自身的餐饮环境和服务水平,从而达到吸引更多消费者的目的。整体上看,高铁沿线产业布局的变化遵循产业发展原则,企业间的联动性极大地影响了整个产业链,进而促进区域经济发展。

2. 促进轴线带新产业地理格局的形成

环渤海、长三角以及珠三角三大经济圈通过外向转移产业,可形成产业集聚带,沿高铁轴线逐步形成等圈状经济地理格局,进而形成沿线的交通轴线布局带状产业地理格局。高铁作为一种非常重要的交通方式,其不断完善的高铁网络有利于形成新的运输格局,不断提升高铁的客运和货运能力,使居民收入显著增加,并逐步形成新的产业以及经济地理格局。

3. 提升产业布局灵活度

带动制造业的发展是促进工业化发展的重要内容。高铁大幅加快了运行速度,压缩了时空距离,打通了运输时间和效率限制的瓶颈,为制造业所需要的大量劳动力需求和运输能力提供保证,增大了产业布局的灵活性。同时,高铁的开通使沿线地区的区位优势得以增强,产业布局主要以优化空间资源配置为主,划定各种用途管制区域(如优化开发区、重点开发区、限制开发区、禁止开发区等多种不同的空间类型,规范相应的空间使用,发挥高铁经济带产业布局对经济发展的调控与引导作用。

点轴开发理论认为,点轴系统是在极核式空间结构的基础上发展起来的。在增长极与周围点的交往中,必然会产生更多的人力、资金、技术、贸易和信息等的运输需求。交通线路的建成,既促进了增长极和增长点的发展,又改善了沿线区域经济发展的区位条件。沿线区域由此不断转变为经济活动的集聚区,交通网则作为区域发展和延伸所依托的轴线。

四、高铁对宏观发展质量的提高

(一) 促进了沿线区域第二产业转型升级

高铁开通使资金、信息、技术、人力资源等生产要素迅速整合与优化,提高沿线地区产业自主创新和协同创新能力,促进区域产业从粗放型向集约型转变。首先,中国高铁装备制造业的优势有技术含量高、位于价值链高端、处于产业链核心部位等。高铁建设对基础设施的投资拉动效应,能够拉动整个铁路制造业快速进步,推动其由低端走向高端、由劳动密集型走向技术密集型、由引进走向输出。其次,高铁还通过促进区域产业间协同创新拉动传统产业转型升级,并推动与之相关的上下游产业技术链研发创新,为装备制造业与基础建设行业等重要产业转型升级灌输动力。最后,中心城市随着高铁网络的完善,区位优势进一步显现,旅游、会展、金融、房地产、商贸、娱乐、教育等诸多行业有更多的发展机遇,从而提升经济发展质量。

(二) 促进了沿线区域第三产业快速发展

高铁加速了沿线不发达地区与发达地区之间的人才、资源、信息、技术的流动,推动了不发达地区服务业快速发展,提高了城镇化水平,使得第三产业固定资产投资比重上升、就业人数比重增加,很大程度上促进了不发达地区第三产业的快速发展,从而使城市经济发展质量得以提升。连接工业发达地区的高铁如京沪高铁对沿线地区第三产业就业人数的影响最大,促进了沿线就业结构的升级。对于工业不发达地区,高铁的产业结构调整效应更加突出。高铁的开通将大幅度改善不发达地区的投资环境和生产力分布,从而促进产业结构调整。区域政府通过出台相关人才政策、产业政策等来支持高铁经济的发展,有利于不同地区自由共享资源,推动区域产业结构调整,并推动产业由发达地区向欠发达地区梯度转移,推动旧动能向新动能转变,以高铁促进区域经济发展质量的提升。

(三) 促进了沿线区域供给侧结构性改革

实施供给侧结构性改革,重点是解放和发展社会生产力,以改革的办法推动结构调整,减少无效和低端供给,扩大有效和中高端供给,增强供给结构对需求变化的适应性和灵活性,提高生产率。深化落实供给侧结构性改革,以适应新常态下速度调整、结构优化和动力转换的要求,从而提升经济增长的质量和效益。高铁作为交通运输供给的重要组成部分,凭借高效便捷舒适的特点,已成为很多旅客出行首选。经过多年快速发展,中国高铁规模跃居世界第一,运营里程数占世界总里程的60%以上;更重要的是,我国还形成了世界一流的高铁产业体系。中国高铁凭借技术世界领先、建设成本低、执行能力强、施工周期短等优点成为中国"走出去"的标杆产业。高铁的建设与运营为现阶段化解过剩产能、调整经济结构、拉动内需增长、提振国民信心提供了重要途径。

(四) 促进了沿线区域经济发展方式的转变

高铁凭借其快速、舒适、运行时间确定、受天气影响小、通信不受限制等优势,改变了人们的出行观念、工作理念与生活方式,使生产更加节约。与此同时,高铁沿线的生产、消费与产业结构倾向于低消耗、低污染、高附加值。而沿线旅游产业发展会进一步刺激文化休闲产业,并在较大空间范围内合理配置文化资源,从而改变经济发展方式,提升发展质量。高铁发展有益于形成"高铁经济圈"。区域内高铁网络的建成将有助于打通连接周边地域的铁路网,高铁形成的经济圈就像黏合剂,将该地域与周边的省区及境外国家相融合,推动经济高质量发展。

第七章　高铁与对外开放新格局

在高铁支撑现代化经济体系建设的机制中,我们从对内和对外两个关键视角进行分解,从而提炼出两条建设路径。其中,第二条建设路径就是利用高铁"走出去"战略为世界提供非霸权主义公共品,通过全球化与国际分工领域的创新和发展,从实现工程技术出口到引领世界经济发展,从而开创对外开放新格局。因此,本章将从经济全球化发展新阶段中国角色的转换入手,围绕现代化经济体系建设机制中的第二条建设路径展开,详细论证高铁"走出去"是如何开创对外开放新格局的。

第一节　经济全球化发展的新阶段

一、经济全球化与中国

(一)经济全球化的发展进程

"经济全球化"一词最早是由美国人莱维于1985年提出。国际货币基金组织认为:"经济全球化是指跨国商品与服务贸易及资本流动规模和形式的增加,以及技术的广泛迅速传播使世界各国经济的相互依赖性增强。"经济合作与发展组织认为:"经济全球化可以被看作一种过程,在这个过程中,经济、市场、技术与通信形式都越来越具有全球特征,民族性和地方性在减少。"总的来说,经济全球化具有以下特点:以市场经济为基础,以先进科技和生产力为手段,以发达国家为主导,以最大利润和经济效益为目标,通过分工、贸易、投资、跨国公司和要素流动等,实现各国市场分工与协作、相互融合的动态过程。经济全球化是当今时代的基本特征,也是人类社会发展不可逆转的历史趋势。15~17世纪的"地理大发现"可以视为全球化的开端,在此后的几百年间,全球范围的人员流动、商贸流通、思想文化交流呈现出了加速发展的态势。18~19世纪蒸汽机的发明与应用、铁路的修建以及发电机和电话的发明,大大缩短了全球交往的时空距离。20世纪初,汽车、飞机等交通工具的出现极大地提高了世界范围的交往速度。20世纪80年代以来,电子信息技术特别是移动电话和互联网的迅速发展和普及,极大地缩短了人们之间的时空距离,世界俨然成为一个"地球村"。

得益于地理大发现和三次科技革命的巨大成果,从20世纪60年代起,跨国公司开始陆续出现并在全球范围内进行资源配置、商品生产和销售,从而掀起了新一轮全球化的高潮。与此同时,各种区域性、全球性经济组织也如雨后春笋般出现。世界贸易组织、国际货币基金组织、世界银行这三大国际性组织的成立极大地推进了全球化进程。1967年成立的东南亚联盟、1989年成立的亚太经合组织、1993年成立的欧盟、1994年成立的北美自由贸易区等区域性经济合作组织也很大程度上推动了经济全球化的发展。马克思、恩格斯在《共产党宣言》中这样描述:"资产阶级,由于开拓了世界市场,使一切国家的生产和消费都成为世界性的了","由于一切生产工具的迅速改进,由于交通的极其便利,把一切民族甚至最野蛮的民族都卷到文明中来了"[1]。

(二)中国积极参与经济全球化

理论上,在三次工业革命基础上形成的全球化浪潮,可以成为各国及世界经济增长的动力,而实际上全球化的进程一直由发达国家主导,在前两次工业革命带来的全球化浪潮中,包括中国在内的广大发展中国家都被排除在受益者之外。

---

[1] 马克思,恩格斯.马克思恩格斯选集(第1卷)[M].北京:人民出版社,2012:404.

1840年的鸦片战争之后,中国开始被迫卷入西方世界主导的全球化浪潮,成为西方国家倾销商品、掠夺财富的重要场所。与此同时,中国也开始主动审视与西方的关系,学习西方先进的科学技术和思想文化,展开救亡图存运动。1949年中华人民共和国成立,实现了民族独立,但一方面以意识形态划分阵营是第二次世界大战后一个明显的特征,资本主义的西方阵营对新生的社会主义中国采取政治上孤立、经济上封锁的敌视态度。另一方面,经过十几年的内外战争,新中国经济发展极为落后,且刚刚结束被掠夺的中国人民对西方列强深恶痛绝,对他们持高度戒备的态度。因此,新中国成立后的很长一段时间,中国并未能抓住经济全球化这一发展机会。

直到20世纪70年代末,中国领导层开始作出以经济建设为中心的国家战略定位与转型。中国的经济发展需要外资的注入,需要引进国外先进的科学技术、生产工艺、管理理念,同时,中国作为一个拥有世界最多人口的大国,也为世界各国商品、服务的销售提供了巨大的市场。因此,中国开始积极主动地参与国际分工、拥抱世界,成为推动全球化进程的重要力量。1978年召开的党的十一届三中全会在中华民族历史上具有划时代意义,这次会议作出了对外开放的战略部署,并在此后的40多年间积极践行。1991年中国加入亚太经合组织,2001年加入世界贸易组织,2008年中国成为二十国集团成员国,2009年作为发起国之一成立金砖国家并发起成立金砖国家新开发银行。2013年习近平提出共同建设"丝绸之路经济带","一带一路"倡议随之提出。丝路基金也随即成立,助力沿线国家经济建设。同年,中国倡议筹建亚洲基础设施投资银行,这是第一个由中国倡议设立的多边开发金融机构,并与世界银行和亚洲开发银行紧密合作,为推进亚洲各国互联互通、加快经济一体化进程提供融资支持,截至2022年10月,成员已达104个。另外,中国还通过多种合作平台和机制,积极推动贸易投资自由化、便利化;通过发起成立多边金融机构,以实际行动助力全球包容性增长。同时,高铁作为中国高端装备制造业,近年来逐步开启了"走出去"的进程。整条高铁产业链"走出去",向世界证明了国家间的多边合作供给模式将是国际公共品供给的一个最佳选择,从而推动了国际分工合作的深化、细化,全球价值链的重塑,中国正在深刻影响着全球化的发展。

(三) 经济全球化对中国的影响

经济全球化对中国的影响在经济领域的表现十分明显。虽然实行改革开放时，新中国成立已有30年，也具备了相应的经济基础和工业生产实力，但中国的发展水平依然是十分落后的。实现经济的快速发展必须具备资金、技术、人才等生产要素条件。经济全球化给中国带来了大量的外来投资，使中国成为世界第一大吸引外资国，2022年实际利用外资1.2万亿美元。全球化加速了人才在国际范围内的流动，世界各国优秀人才随跨国公司一起流入中国，他们的先进的管理经验为中国企业提供了有益借鉴。随着中国深入参与经济全球化进程和国际分工，成为全球价值链的重要一环，中国凭借着劳动力价格和自然资源等比较优势迅速成为"世界工厂"，迅速拓展了海外市场，成为全球化进程中的重要一极。全球化使中国融入世界经济体系，充分利用发达国家的先进科学技术，吸收发达国家的产业布局理念，根据中国实际情况进行产业结构布局、促进产业升级，加速中国的工业化进程，增强经济竞争力。中国在参与经济全球化的进程中，及时抓住新科技革命的这一大好机遇，在吸收国外先进科技的基础上加以改造创新，大力发展高新技术产业，发挥后发优势，实现弯道超越和跨越式发展。以中国高铁为例，我国从1986年专门派出人员到日本和欧洲学习高铁技术，到2004年国家明确了铁路装备技术引进的总原则，"引进先进技术，联合设计生产，打造中国品牌"，再到2015年具有完全自主知识产权的中国首列标准动车组正式下线。目前，中国在众多高新技术领域如高铁、航天、通信等已经领先世界。中国融入全球化的40多年是中国经济实现跨越式发展的40多年，40多年间，中国已经成为世界第一大贸易国、世界第二大对外投资国，是仅次于美国的全球第二大经济体。

经济全球化是全球化发展的主要逻辑，中国经济取得大发展的同时，政治、社会、文化等领域也发生了巨大变化。2017年年末，来自120多个国家近300个政党和政党组织近600名代表齐聚北京，召开以"构建人类命运共同体、共同建设美好世界：政党的责任"为主题的中国共产党与世界政党高层对话会。全球化的深入发展也为世界各国加强社会层面的交流、思想文化的碰撞提供了便利,开放包容的中华文化广泛吸收借鉴世界各国优秀文明成果,并加以创造性转化,与中华民族优秀传统文化一道构成中国特色社会主义先进文化。正如习近平所指出的:"各国相互联系、相互依存的程度空前加深,人类生活在同一个地球村里,生活在历史和现实交汇的同一个时空里,越来越成为你中有我、我中有你的命运共同体。"

二、经济全球化发展的新阶段

回顾经济全球化的发展历程,可以看到,经济全球化的进程虽有反复的时候,但总趋势还是在不断地发展深化。当前,全球化的发展出现许多新的特征,全球化进入了一个新的历史阶段。这里的"新"该如何理解?我们认为深入、准确地理解全球化发展的新阶段应该注意把握以下几点。

(一)"逆全球化"浪潮涌现

近年来,"逆全球化"逐渐成为国际热点现象,各国政要、专家学者甚至普通人民群众都对这一现象高度关注。2016年6月,英国就脱欧问题举行全民公投,并最终决定脱离欧盟;同年11月,特朗普在美国总统大选中胜出。这两个事件成为"逆全球化"最具代表性的事件。从2017年起,美国开始频繁单方面宣布退出国际组织,如退出了《巴黎协定》、联合国人权理事会、万国邮政联盟、联合国教科文组织等多个国际组织。2018年美国开始大规模推行贸易保护主义政策,对中国出口商品加征关税,中美之间的贸易战成为全世界关注的焦点。这一系列的现象和行为使全球化进程遭遇巨大挑战,"逆全球化"思潮开始抬头。

2008年美国次贷危机迅速席卷全球,在其影响下,国际贸易总额、国际投资总额、全球经济总量等世界经济主要指标持续多年下滑,这场金融危机带来的负面影响至今尚未完全消散,世界经济复苏依旧乏力。从这一点看,金融危机及其消极影响阻碍了经济全球化的进一步扩大,是"逆全球化"的重要原因。但实质上,以美国为首的西方发达国家主导了前几次全球化的浪潮,成为最大的利益获得者。而本次全球化中,广大发展中国家和经济转型国家都实现了自身的发展,并逐步成为助推、引领全球化的重要力量。例如,中国经济社会发展水平不断提升,高铁、5G通信等高端装备制造业已处于世界领先水平。以美国为首的西方国家把他们视为其全球化主导权的重要挑战者和威胁者,为了遏制广大发展中国家的进一步发展、捍卫其在全球化中的霸权地位,采取了"逆全球化"的相关政策和举措。"逆全球化"是全球化进程中的一个阶段性产物,必将随着全球化的进一步深入发展而消解,"逆全球化"是暂时的、阶段性的。

(二) 经济全球化是不可逆转的时代潮流

纵观人类文明史,分工协作是推动人类社会发展进步的重要法宝,更是自然界的生存法则。个人的力量是有限的,团队合作是获得成功的重要方式。全球化进程中的国际分工协作使得世界各国都能成为全球价值链的重要一环,发挥各自优势共同参与商品的制造,提高生产效率。经过多年的全球化大生产,世界各国早已相互依存、密切联系,今天的世界俨然成为"地球村",在经济层面,国与国之间的界限已不是那么明显。尽管在一些国家和地区出现了"逆全球化"的声音,但这并不足以阻碍全球化的整体进程。世界贸易组织公布的数据表明,不论是以离岸价计算还是以到岸价计算,2017年和2018年的全世界进出口额的增长率都要比"逆全球化"思潮兴起的2016年高得多。

从全球化1.0到现如今的全球化4.0,经济全球化一直在朝着更深层次、更高水平发展,这是世界经济发展的历史大势,是科技进步和生产力提升的必然结果,反映了人类社会发展进步的客观规律。生产力与生产关系的辩证关系指出,科学技术的进步带来生产力的大发展,社会化的大生产则需要打破国别的限制,实现资源的全球配置、生产的全球化、贸易的全球化。也就是说,只要人类社会还在发展进步,全球化就必将继续得到进一步深化、增强。过去的全球化进程是西方资本主义国家主导的全球化,西方国家在全球化的进程中获得了大量的利益、积累了大量的财富。中国在参与全球化的40多年间实现了经济的快速发展,成为世界第二大经济体,同时,也为全球经济增长作出了巨大贡献。广大发展中国迫切希望借鉴中国经验,实现自身发展。因此,发展中国家必将与中国一道坚决地维护国际贸易环境、推动经济全球化向纵深发展。

(三) 中国成为经济全球化的重要推动者、引领者

在每一轮经济全球化浪潮中,总有一国或以一国为首的集团成为经济全球化的主导者。从全球化1.0到全球化3.0,以美国为首的西方资本主义国家一直是全球化的主导者,历次工业革命也是从这些国家兴起并影响全球。资本主义的扩张性、剥削性和掠夺性使得世界上许多落后的发展中国家被迫纳入它们主导的世界体系,大量掠夺这些国家的自然资源并向其倾销商品,甚至在一定程度上破坏这些国家的主权,使这些国家沦为西方资本主义列强的殖民地或附属国。第二次世界大战结束后,广大发展中国家和新兴市场国家为谋求经济发展积极参与到经济全球化进程,成为当前经济全球化的主要推动力量。当前,国际力量对比发生了颠覆性的变化,发展中国家和新兴市场国家发展迅速,占据全球GDP增长的2/3,其中,中国对世界经济增长的贡献率超过30%。经济全球化参与者力量对比为我们理解经济全球化发展新阶段提供了视角。

中国是世界第一人口大国、全球第二大经济体,更是一个负责任的社会主义国家。资本主义制度的缺陷性使得以美国为首的西方资本主义国家无法继续成为经济全球化进一步发展的引领者、主导者。当前,世界各国不仅仅要谋求发展,它们更加追求公正平等地享有全球化带来的发展成果。中国经过改革开放40多年的发展具备了引领经济全球化的能力,具体表现为以下几个方面:中国是世界第二大经济体,世界第 大贸易国、世界第二大对外投资国,具备了推动经济全球化的经济实力;在推动前几次全球化浪潮的技术革新中,以美国为首的西方国家都处于领先地位,当前,中国具有强大的自主创新能力,在一些关键性技术领域已经领先世界,可以为全球化深入发展所需要的产业结构升级和全球价值链重塑提供科学技术支撑,如中国高铁从无到有,从落后到领跑的过程,从"引进来"到"走出去"的过程;中国作为社会主义国家,强调平等、互利、合作、共赢等发展理念,愿意与世界各国平等地共享全球化带来的经济发展成果,得到世界各国尤其是广大发展中国家和新兴市场国家的信任。2013年,习近平提出"一带一路"倡议,就得到沿线国家的迅速响应。如中国"一带一路"倡议和印度尼西亚海洋支点战略对接的重大项目、中国高铁全方位整体走出去的第一单——雅万高铁的修建,将不仅为印尼人民的出行带来极大的便利,也将为印度尼西亚经济发展注入强大的活力。中国正在以实际行动兑现与世界各国共享发展成果的承诺,努力引领全球化发展的新阶段。

三、习近平关于经济全球化的重要论述

党的十八大以来,习近平总书记以深邃的历史眼光把脉中国经济前景,洞察世界经济发展大势,高瞻远瞩地指出经济全球化是世界经济发展不可逆转的大势,是时代的潮流,强调当前的全球化发展进入了调整期、新阶段,并阐述了经济全球化的中国主张。

(一) 经济全球化是不可逆转的时代潮流

经济全球化是历史的、动态的发展过程,在发展的过程中出现短暂的停滞甚至倒退并不会影响经济全球化的总体进程。经济全球化符合广大想要发展、渴望发展的国家和人民的现实要求,符合经济发展和人类社会文明进步的客观规律,全球化的扩大和朝着更高水平、更加包容方向发展是历史大势,是不可逆转的时代潮流。习近平总书记以历史的、全球的眼光敏锐地察觉到经济全球化趋势正在发生的变化,作出了一系列重要论述,有力地驳斥了"逆经济全球化"思潮和论调,为正确把握经济全球化未来发展趋势提供了理论指导。

早在2014年,习近平就指出,"要充分估计世界经济调整的曲折性,更要看到经济全球化进程不会改变","要准确把握经济全球化新趋势和我国对外开放新要求"[①]。在2016年的亚太经合组织第二十四次领导人非正式

---

① 习近平.习近平谈治国理政(第二卷)[M].北京:外文出版社,2017:99.

会议上习近平进一步阐释:"经济全球化进入阶段性调整期,质疑者有之,徘徊者有之。应该看到,经济全球化符合生产力发展要求,符合各方利益,是大势所趋。"①习近平在 2017 年又多次指出,经济全球化是历史大势,促成了贸易大繁荣、投资大便利、人员大流动、技术大发展②;在 2018 年强调:"经济全球化是社会生产力发展的客观要求和科技进步的必然结果。经济全球化为世界经济增长提供了强劲动力,促进了商品和资本流动、科技和文明进步、各国人民交往,符合各国共同利益。"③2018 年,习近平在首届中国国际进口博览会开幕式上表示:"世界上的有识之士都认识到,经济全球化是不可逆转的历史大势,为世界经济发展提供了强劲动力。说其是历史大势,就是其发展是不依人的意志为转移的。"④并在随后召开的亚太经合组织第二十六次领导人非正式会议上重申:"经济全球化是人类社会发展必经之路,多边贸易体制为各国带来了共同机遇。在各国相互依存日益紧密的今天,全球供应链、产业链、价值链紧密联系,各国都是全球合作链条中的一环,日益形成利益共同体、命运共同体。"⑤党的二十大报告中也强调:"中国坚持经济全球化正确方向,推动贸易和投资自由化便利化,推进双边、区域和多边合作,促进国际宏观经济政策协调,共同营造有利于发展的国际环境,共同培育全球发展新动能。"⑥

(二) 经济全球化处于新的发展阶段

目前,经济全球化确实进入了调整期,可能会持续很长一段时间,但是这并不意味着"逆经济全球化",而是意味着进入了经济全球化新阶段。

---

① 习近平. 面向未来开拓进取 促进亚太发展繁荣——在亚太经合组织第二十四次领导人非正式会议第一阶段会议上的发言[N]. 人民日报,2016-11-22(01).
② 习近平. 习近平主席在出席世界经济论坛 2017 年年会和访问联合国日内瓦总部时的演讲[M]. 北京:人民出版社,2017:27.
③ 习近平. 在庆祝海南建省办经济特区 30 周年大会上的讲话[M]. 北京:人民出版社,2018:10.
④ 习近平. 共建创新包容的开放型世界经济:在首届中国国际进口博览会开幕式上的主旨演讲[M]. 北京:人民出版社,2018:3.
⑤ 习近平. 习近平主席在出席亚太经合组织第二十六次领导人非正式会议时的讲话[M]. 北京:人民出版社,2018:3.
⑥ 习近平. 高举中国特色社会主义伟大旗帜 为全面建设社会主义现代化国家而团结奋斗——在中国共产党第二十次全国代表大会上的报告[M]. 北京:人民出版社,2022:61.

2016年,习近平就指出:"新一轮科技和产业革命正孕育兴起,国际分工体系加速演变,全球价值链深度重塑,这些都给经济全球化赋予新的内涵。"①可见,习近平对经济全球化面临的形势有着清醒的认识。他提出,当前,经济全球化快速发展,综合国力竞争更加激烈,国际形势复杂多变②。经济全球化遭遇更多不确定性,新兴市场国家和发展中国家发展的外部环境更趋复杂③。如果把困扰世界的问题简单归咎于经济全球化,既不符合事实,也无助于问题解决④。

习近平以高超的政治智慧准确地把握了经济全球化所处的新的历史阶段,在全面考虑国内国际两个大局、对当前的经济形势进行分析研判后,应该对处于经济全球化新阶段的中国以及经济全球化的未来走向均保持着乐观态度。习近平在庆祝改革开放 40 周年大会上明确指出,40 年来,"我们实现由封闭半封闭到全方位开放的历史转变,积极参与经济全球化进程,为推动人类共同发展作出了应有贡献"⑤。在主持中共十八届中央政治局第十九次集体学习时,他指出:"我国是经济全球化的积极参与者和坚定支持者,也是重要建设者和主要受益者。我国经济发展进入新常态,妥善应对中国经济社会发展中面临的困难和挑战,更加需要扩大对外开放。'机者如神,难遇易失。'我们必须审时度势,努力在经济全球化中抢占先机、赢得主动。"⑥他在接受俄罗斯电视台专访时表示:"中国要抓住机遇、迎接挑战,实现新的更大发展,从根本上还要靠改革开放。在激烈的国际竞争中前行,就如同逆水行舟,不进则退。"⑦实践告诉我们,要发展壮大,必须主动顺应经济全球化潮流,坚持对外开放,充分运用人类社会创造的先进科学技术成果

---

① 习近平.深化伙伴关系增强发展动力——在亚太经合组织工商领导人峰会上的主旨演讲[N].人民日报,2016-11-21(01).
② 习近平.习近平谈治国理政(第一卷)[M].北京:外文出版社,2018:100.
③ 习近平.习近平在出席金砖国家领导人厦门会晤时的讲话[M].北京:人民出版社,2017:6.
④ 习近平.习近平主席在出席世界经济论坛 2017 年年会和访问联合国日内瓦总部时的演讲[M].北京:人民出版社,2017:3.
⑤ 习近平.在庆祝改革开放 40 周年大会上的讲话[M].北京:人民出版社,2018:17.
⑥ 习近平.习近平谈治国理政(第二卷)[M].北京:外文出版社,2017:100.
⑦ 习近平.习近平谈治国理政(第一卷)[M].北京:外文出版社,2018:100.

和有益管理经验①。

(三) 引领经济全球化的中国方案

在有力地驳斥"逆全球化"思潮,准确定位经济全球化所处的新阶段之后,习近平开始思考经济全球化的未来走向,定位中国在新一轮经济全球化浪潮中所处的位置,为世界经济发展贡献智慧、提供方案。习近平指出:"只要主动顺应世界发展潮流,不但能发展壮大自己,而且可以引领世界发展潮流。"②当前,经济全球化进程中出现了许多不可回避的现实问题,进入了调整期、换挡期。"对经济全球化进程中出现的问题,我们不能视而不见,也不能怨天尤人,而是要齐心协力拿出解决方案"③。在出席世界经济论坛2017年年会时,习近平强调:"经济全球化确实带来了新问题,但我们不能就此把经济全球化一棍子打死,而是要适应和引导好经济全球化,消解经济全球化的负面影响,让它更好惠及每个国家、每个民族。面对经济全球化带来的机遇和挑战,正确的选择是,充分利用一切机遇,合作应对一切挑战,引导好经济全球化走向。"④

2017年习近平在出席金砖国家领导人厦门会晤时强调:"我们要合力引导好经济全球化走向,提供更多先进理念和公共产品,推动建立更加均衡普惠的治理模式和规则,促进国际分工体系和全球价值链优化重塑。"⑤习近平多次主张,推动经济全球化朝着更加开放、包容、普惠、平衡、共赢的方向发展,让各国人民共享经济全球化和世界经济增长成果。2017年,在"一带一路"国际合作高峰论坛开幕式上,他提出:"我们也要着力解决发展失衡、治理困境、数字鸿沟、分配差距等问题,建设开放、包容、普惠、平衡、共赢

---

① 习近平. 习近平谈治国理政(第二卷)[M]. 北京:外文出版社,2018:211.
② 习近平. 习近平谈治国理政(第二卷)[M]. 北京:外文出版社,2018:212.
③ 习近平. 习近平在出席金砖国家领导人厦门会晤时的讲话[M]. 北京:人民出版社,2017:10.
④ 习近平. 习近平主席在出席世界经济论坛 2017 年年会和访问联合国日内瓦总部时的演讲[M]. 北京:人民出版社,2017:4—5.
⑤ 习近平. 习近平在出席金砖国家领导人厦门会晤时的讲话[M]. 北京:人民出版社,2017:10.

的经济全球化。"①2018年,在博鳌亚洲论坛2018年年会开幕式上的主旨演讲中,他指出,在推动贸易和投资自由化便利化,维护多边贸易体制,共同打造新技术、新产业、新业态、新模式,推动经济全球化朝着更加开放、包容、普惠、平衡、共赢的方向发展②。2019年,在亚洲文明对话大会开幕式上的主旨演讲中,习近平再次重申中国态度,指出:"亚洲各国人民希望远离贫困、富足安康,希望各国合力推进开放、包容、普惠、平衡、共赢的经济全球化。"③

第二节　国际公共品供给及其模式

随着经济全球化进程的不断深入,一些具有全球影响的问题日益严重,而且这些问题很多都是单个国家难以解决的,其中,具有代表性的就是国际公共品供给的问题。国际公共品供给问题是很多单个主权国家无法解决的问题,需要多个国家的分工协作。国际公共品供给在组织形式、供给模式等诸多方面都不同于国内的公共品供给。接下来将对高铁与国际公共品供给模式变革进行探讨。

一、国际公共品供给

(一) 国际公共品的特征

国际公共品是20世纪90年代以来国际政治经济领域中备受关注的问

---

① 习近平. 携手推进"一带一路"建设——在"一带一路"国际合作高峰论坛开幕式上的演讲[M]. 北京:人民出版社,2017:10.
② 习近平. 开放共创繁荣 创新引领未来:在博鳌亚洲论坛2018年年会开幕式上的主旨演讲[M]. 北京:人民出版社,2018:8.
③ 习近平. 深化文明交流互鉴　共建亚洲命运共同体——在亚洲文明对话大会开幕式上的主旨演讲[M]. 北京:人民出版社,2019:5.

题之一。国际公共品是其收益扩展到所有国家、人民和世代的产品[1]。就这一点来说,国际公共品是提供给国际公众而不是提供给个人的公共产品。国际公共品具有一般公共品的两个基本特征,即非竞争性和非排他性。第一,国际公共品超越了空间的限制,它的受众更为广泛,受益者包括所有人,也就是说任何国家、地区、集团的任何国民都可以享有这种非竞争性、非排他性的产品和服务。第二,国际公共品突破了时间的限制,不仅能使当代人受益,而且还可以完成代际传递,让其未来一代或几代人受益。此外,诺德豪斯还提出了另外一个不同于一般公共品的特征——存量外部特征[2]。所谓存量外部特征,是指当前的影响或损害依赖于长期积累起来的资本和污染存量,一个积极的例子是,高铁"走出去"与其他国家实现互联互通;一个消极的例子是,温室气体排放。

全球公共产品经常被视为一种被共同关注的事物:被看作需要在国际范围内进行讨论和协商的议题。它们很少被看成同样需要"生产"过程的"产品"。因此,关于国际公共产品的生产方面没有系统地分析。[3] 国际公共品是人类劳动的产物,人的主观因素必然贯穿其中,它必然是基于某一预期目标,进行设计、生产,并最终满足国际受众的需求,具有很强的主观性。随着全球化的发展,资源要素在全球范围内进行配置、流动,在比较优势理论的影响下,各国会充分权衡其成本和产出,生产对本国而言性价比最高的国际公共品,由此带来在国际交换中的价值竞争性。同时,在国际分工日益深化的今天,一个产品的生产过程通常由世界多国参与,即国际公共品的生产表现出明显的多主体性。国际公共品应具有以下两个方面的特征:一是从生产者看,国际公共品具有主观性、价值竞争性、多主体性;二是从受众方看,国际公共品具有非竞争性、非排他性、代际传递性、外部存量性。

---

[1] Kaul I., Conceicao, P., Le Goulven, K., Mendoza, R. U. Providing Global Public Goods: Managing Globalization[M]. New York:Oxford University Press, 2003:23.

[2] Nordhaus, W. D. Global Public Goods and the Problem of Global Warming [R]. The Institut d'Economie Industrielle, 1999(06).

[3] Kaul I., Conceicao, P., Le Goulven, K., Mendoza, R. U. Providing Global Public Goods: Managing Globalization[M]. New York:Oxford University Press, 2003:23.

(二) 国际公共品的供给模式

国际公共品供给问题最早可以追溯到 17 世纪早期关于远海自由的谈判以及关于公海的格劳秀斯原则[①]。随着全球化进程的深入推进,各国对国际公共品的要求也越来越高。国际公共品的受众超越了国家、地区等空间限制以及国际公共品生产具有多主体性,因此,国际公共品的供给问题就不是某一个国家能够独自解决的,必须依赖于国际范围内的分工、协调与合作。只有正确处理不同国家、地区、集团以及不同世代之间的利益诉求,才能保证国际公共品的有效供给。

1. 国际公共品供给模式的类型

国际公共品的受益者是世界各国的人民群众,其供给机制与一般公共品供给具有一定的类似之处,也存在着根本性的差异。一般公共品的供给通常发生在某个独立的主权国家,政府供给是其基本的供给方式之一,国际公共品的供给范围是某个特定区域甚至全球,公共品的供给完全依赖于广泛的国际合作与协调。尽管在国际公共品的供给范围内,国际组织可以对国家行动进行监督和实施一定程度的制约,但并不存在超国家的"世界政府",国际社会处于实际上的无政府状态,每个独立的主权国家仍然以本国利益的最大化作为其活动的中心。国际公共品供给划分为三种类型[②]。一是加总供给,即国际公共品由具有相同重要性的贡献者加总而来,如减少温室气体排放等。二是弱者供给,即有些国际公共品的供给取决于实力较弱的参与者,这些国家需要通过获取国际社会的经济、技术等方面的援助,来保证其国际公共品的提供。三是强者供给,即由优势参与者独自提供国际公共品,这种供给机制通常用于应对突发性国际问题,如迅速应对疫情等。这种供给机制只适用于部分国际公共的供给,如果全部国际公共品都按照这种供给机制提供,必将产生垄断主义、霸权主义。

---

① 樊丽明,石绍宾. 关于国际公共品供给与消费的研究综述[J]. 经济学动态,2003(11):80—83.
② Jayaraman, R., Kanbur, R. International Public Goods and the Case for Foreign Aid[M]. Cornell University Press,1998.

2. 国际公共品的供给危机

全球化的发展、国际分工合作的深化带来国际交往范围的扩大、交往频率的增加,国际公共品的供给范围日益扩大、供给能力日益增强,然而国际公共品在实际供给的过程中仍然存在许多问题。在供给和消费环节存在的主要问题,一方面是供给不足,另一方面是消费过度与消费不足并存[1]。第二次世界大战结束后,尤其是20世纪90年代以来,世界经济的巨大发展使得国际公共品的供给能力极大增强,世界各国人民的生活水平大幅改善,如国际医疗水平的发展使人类的平均寿命有了较大的提高,但同时,人类仍然面临着疾病肆虐的现实挑战,这一情况在落后国家尤为严重。国际公共品的供给依然难以满足世界各国人民日益增长的需求。

经济发展水平是制约国际公共品供给的重要原因。一是缺乏对国际公共品供给和消费有效的监督和制约机制。国际公共品供给超越了国界的限制,国际社会虽然具有共同的规则和协议,但这种规则和协议对各个主权国家不存在法律效力,各国的执行情况就难以保证。二是国际公共品的提供主体较少。国际公共品的提供依赖于国际社会的共同参与,但事实上,当前的国际公共品供给多来自一些主要国家,大部分国家或出于能力限制,或出于搭便车的心理,并没有成为国际公共品供给的主体,而是单纯地充当受益者。三是国际公共品供给主体的动力不足。一般公共品的供给主体多为一国政府,向国民提供公共品是它们的义务。而国际公共品供给并不存在这一个必须承担义务的"世界政府"。当缺乏有效的激励机制时,以本国利益最大化为中心的国际公共品供给主体将难以具有强烈的供给动力。

二、高铁"走出去"

改革开放40多年来,中国经济取得了巨大发展,交通基础设施建设也取得了长足的进步,铁路一直是国民经济的大动脉、关键基础设施和重大民

---

[1] Kaul, I., Grungerg, I., Stern, M. A. Global Public Goods International Cooperation in the 21st Century [M]. New York: Oxford University Press, 1999.

生工程,是综合交通运输体系的骨架和主要的路上交通方式,在促进经济社会发展、支撑国家重大战略实施、保障和改善民生、提升国家综合实力和国际影响力等方面发挥了重要作用。经过十几年的不懈努力,中国在高速铁路的工务工程、高速列车、通信信号、牵引供电、运营管理、安全监控、系统集成等技术领域,取得了一系列重大成果,形成了具有中国特色的高铁技术体系,总体技术水平进入世界先进行列。高铁的快速发展重新塑造了中国的经济地理,助力中国经济的腾飞,改善中国人民生活水平的同时也给世界各国发展带来诸多启示、借鉴,极大地便利了世界人民的生活。随着"一带一路"倡议的提出,中国高铁"走出去"战略也应运而生。

(一)高铁"走出去"的内部动因

改革开放 40 多年来,中国经济取得巨大发展,国内基础设施建设也取得了长足进步,铁路、公路网络四通八达,高速铁路在原有的"四纵四横"主骨架基础上,规划形成以"八纵八横"主通道为骨架,区域连接线衔接、城际铁路补充的高速铁路网。党的十八大以来,中国经济发展进入新常态,经过多年的粗放式经济增长,中国出现了严重的产能过剩问题。在国内基础设施建设日趋完善的情况下,中国迫切地需要开拓国际市场、消化产能的同时,也承担一个大国应有的责任,给世界各国人民带去福利。中国是全球化的积极支持者和坚定拥护者,也在参与经济全球化的过程中获得巨大利益,实现了自身的发展。站在新的历史关口,面对复杂的经济形势,唯有坚持改革、扩大开放才有出路,必须坚定不移地践行"走出去"战略。世界银行公布的一份关于中国高铁建设成本的报告显示,中国时速 350 公里的高铁项目建设的加权平均单位成本仅相当于国际常规建设成本的 43%;时速 250 公里的项目建设的加权平均单位成本相当于国际常规成本的 30% 左右。中国高铁经过多年发展,具有完整的知识产权,中国高铁技术起点高、集成性好、适应性强等优点得到国际同行的一致认可和世界各国的高度赞誉。最新数据显示,中国高铁运营里程突破 4.2 万公里,占全世界总里程的超过 60%,成为世界上高铁里程最长、运输密度最高、成网运营场景最复杂的国家,积累了丰富的运营管理经验。高技术标准、低建设成本以及丰富的运营管理经验使中国高铁在国际上具有较大的竞争优势。高铁"走出去"成为中国"走出去"战略的重要组成部分。

（二）高铁"走出去"的外部动因

随着全球化的发展，资源、人才等在国际上加速流动，对世界各国的交通运输能力都提出了更高要求。广大的发展中国家基础设施建设落后，交通运输能力低下，不少国家面临着货运能力无法满足经济发展需求、客运能力无法满足人民群众日益增长的出行需求的困境。据统计，目前世界上只有包括中国在内的十几个国家和地区建设并运营高速铁路，这就意味很多发达国家的人民同样无法享有高速铁路带来的安全、高效、舒适的出行服务。世界各国对高速铁路具有巨大的需求。广大渴望引进高铁技术的国家或多或少都会受到财政预算的制约，中国多年的发展积累了大量的外汇储备，可以为这些财政困难的国家提供贷款援助，帮助他们进行建设融资等。特别是"一带一路"倡议的提出，以及丝路基金、亚洲基础设施投资银行的成立，使得各个国家有机会获得更多的基础设施建设贷款，加上中国高铁自身拥有的众多优势以及中国政府的开放包容态度，使世界各国对中国高铁的需求日益增长。这些都构成了中国高铁"走出去"的外部动因。

（三）高铁"走出去"面临的挑战

早在2009年，中国就开始对高铁"走出去"进行规划和实施，虽然取得了不少成绩，但并非一帆风顺。比如中缅高铁项目、中泰高铁项目受挫，中国在马来西亚、墨西哥的高铁项目遭到单方面毁约。究其原因，不难发现，这既有内在因素也有外在因素。就自身而言，一是中国高铁技术有待进一步提高，尤其要着力解决那些国际市场比较关注的、可能存在的安全性风险，进一步地提高国际市场对中国高铁的信心。二是中国高铁虽然运营里程世界最长，积累了丰富的经营管理经验，但中国高铁起步较晚，不过十几年时间，而传统的高铁技术大国如日本具有50多年的运营管理经验，法国具有30多年的运营管理经验，它们的管理经验更为丰富、配套的软件设施更为成熟。三是资金需求大、传统的融资模式面临挑战。高速铁路的建造成本高、所需的资金投入大，然而，出口对象国通常难以筹集建造高铁所需的全部资金，承建方事先垫资是一种常见现象，给中国高铁制造企业带来巨大压力。从外部来看，一是国际市场竞争激烈。激烈的国际市场竞争是中国高铁"走出去"面临的严峻挑战，目前，中国高铁在国际上的竞争对手主要为日本、法国、德国等传统高铁制造强国，在国际上享有较高声誉。二是中国标准尚未得到世界认可。中国高铁虽然发展较快，并在吸收、消化日本、法国、德国技术基础上加以创新，形成了自己的技术标准，但国际市场大多采用欧洲标准，构成了中国企业参与国际竞争的主要障碍。三是面临地缘政治风险和当地的社会风俗制约。高铁的修建是一项庞大的工程，周期一般较长，所在国家稳定的政治环境、良好的社会风尚是项目顺利进行的重要保证。

三、国际公共品供给模式变革

与一般公共品一样，国际公共品具有非竞争性和非排他性这两大基本特征。但实际上，具有完全非竞争性和非排他性的纯国际公共品却并不多见。绝大多数的国际公共品为只具备非竞争性或非排他性二者之一的准国际公共品。其中，具备非竞争性但排他的国际公共品被称为国际俱乐部成品，非排他或排他困难但具有竞争性的国际公共品被称为国际公共池塘资源。国际公共品的供给依赖于广泛的国际合作与协调，但过去几十年的国际公共品却是由实力较强的国家或国家集团供给。随着经济全球化发展进入新阶段，国际分工日益深化、细化，大批新兴市场国家崛起，权力的结构性变化必然导致国际公共品供给模式的变革。

（一）霸权单边供给模式

霸权单边供给模式是指由具有供给意愿和实力的强国或国家集团单方面提供国际公共品的供给模式。金德尔伯格指出，国际经济体系的稳定运行需要某个国家来承担"公共成本"①。这一观点后来被美国著名国际关系学家吉尔平发展形成"霸权稳定论"。在该理论中,国际贸易体制、金融体制等被认为类似于经济学中的公共品。公共品具有非竞争性和非排他性,因此受益对象希望不支付成本而享受公共利益,即所谓的"搭便车"。就一般公共品而言,一国政府可以承担公共品供给的全部成本,免费为国民提供所需的公共品。但国际公共品的供给范围是地区或全球,在国际公共品的供给空间内不存在现实的具有绝对权威的"世界政府"。由政府进行提供、受益者免费搭车的逻辑无法直接迁移到国际公共品的供给中。国际关系中的现实主义理论认为,需要一个在世界范围内具有绝对权威的霸权国家,由它来提供国际公共品,从而实现国际秩序的稳定。这个霸权国家必须在政治、经济、军事等各领域具有压倒性的实力,同时愿意为国际社会提供公共品。按照"霸权稳定论"的分析逻辑,当缺少霸权国家或霸权国家没落时,世界将陷入混乱。"霸权稳定论"不仅仅停留在理论机制构想,按照这一理论形成的国际公共品的霸权供给模式在国际公共品供给中长期存在。英国、美国分别成为 19 世纪和 20 世纪国际公共品霸权供给模式的主导国家。此外,冷战期间,以美国和苏联为首的北大西洋公约组织和华沙条约组织所构成的国际制度体系是国际公共品霸权供给模式的典型案例。

霸权国家为何愿意独自承担成本为国际社会提供公共品?金德尔伯格认为,霸权国家之所以愿意承担国际公共品的短期成本,原因在于其可能在长期中获得直接收益以及获取国际威望、信誉、名声等其他形式的收益②。巴雷特也指出,单边主义为我们提供"世界政府"之外的另一种选择,但霸权单边供给国际公共品是有前提条件的,即只有当这种国际公共品带来的收益足够大,以至于无论其他国家是否支付成本,该国都能获益,霸权国家才会供给③。1981 年,金德尔伯格就曾警告说,霸权供给将导致国际公共品"私物化",必然存在着剥削,这种"私物化"的直接后果就是国际公共品供给

---

① Kindlerberger, C. P. The World in Depression 1929-1939[M]. London: The Penguin Press, 1973.
② Kindlerberger, C. P. International Public Goods without International Government[J]. The American Economic Review, 1986, 76(01):1-13.
③ 巴雷特. 合作的动力:为何提供全球公共产品?[M].上海:上海人民出版社,2012.

不足①。以美国为例,冷战结束后,美国成为世界唯一的超级大国,其有能力也有动力为世界提供公共品,成为国际公共品霸权供给模式的主导者。美国凭借其强大的政治、经济、军事实力构建起了政治、经济、安全领域的国际制度体系,这些制度体系对于维护第二次世界大战后国际秩序稳定起到了重要作用,但同时,美国也通过这些制度体系将全球纳入其治理模式之下,美国提供的国际公共品成为其在全球范围内掠夺资源、实施剥削的工具。随着国际力量对比发生巨大、深刻变化,美国的霸权地位正在日益削弱,同时,2008年金融危机的负面影响仍尚未消散,美国经济复苏乏力,其供给能力与日益增长的国际公共品需要之间的缺口越来越大,传统的国际公共品霸权单边供给模式难以维系。

(二) 非霸权的多边合作供给模式

全球化的不断发展重塑了世界政治经济格局,单边的霸权主义不再具有出路,非霸权的多边合作符合世界各国的共同利益。同时,国际公共品复杂多样、成本高昂,单靠一国供给压力巨大,即使美国这样的世界第一大经济体也力不从心。在这种情况下,国际多边合作供给模式将是国际公共品供给的一个最佳选择。全球化为国家行为增添了全球向度,为更好地实现国家的发展与繁荣,各国将改变原有的行动思维。特别是全球化发展进入新阶段,国际分工合作的深化、细化,全球价值链的重塑,新兴经济体的涌现都说明单边霸权主义与时代发展相违背,多边合作成为世界主流。因此,多边合作的国际公共品供给模式得到了理论界的普遍认可,研究者们认为,国际公共品供给的关键在于各行为主体通过合作性谈判和选择、设计并执行合理的制度安排。

党的十八大以来,中国在国际上影响力增强,为国际多边主义注入了强大力量,推动着国际公共品供给模式发生重大变革。以高铁为例,近年来,中国高铁"走出去"的进程不断推进,中国在高铁领域已经拥有自主知识产

---

① Kindlerberger, C. P. Dominance and Leadership in the International Economy: Exploitation, Public Goods, and Free Riders[J]. International Studies Quarterly, 1981, 25(02):242-254.

权的技术体系,整条高铁产业链"走出去"毫无疑问将推动国际多边合作的深化。当前,中国成为世界第二大经济体、第一大外汇储备国、第二大对外投资国。随着综合国力的提升,中国与世界的关系也在发生着根本性的变化。中国已经成为牵动地区乃至世界局势发展变化的重要力量,成为各方关注的焦点。鉴于国际形势和自身发展需要,中国开始调整以往"韬光养晦"的外交政策,开始积极主动作为。向国际公共品体系提供更多功能服务与范式并注入中国元素,是中国作为负责任大国的自然逻辑延伸①。中国开始积极探索具有中国特色的国际公共品供给模式,推动国际公共品供给模式从霸权单边供给朝着非霸权多边供给转变。在经济全球化发展的新阶段,中国之所以能够出现这样的角色转变,一个重要的原因便是中国既有能力也有意愿为世界各国提供越来越多的非霸权主义公共品,在基础设施方面,有高铁、5G通信等;在金融服务方面,有丝路基金、亚洲基础设施投资银行等;在安全保障方面,有国际维和、亚丁湾护航等。其中,高铁作为中国高端装备制造业,其"走出去"战略并不是简单的高铁工程技术"走出去",而是整条高铁产业链"走出去",这向世界证明了国际多边合作供给模式将是国际公共品供给的一个最佳选择,从而推动了国际分工合作的深化、细化,全球价值链的重塑。在中国的主导和推动下,"一带一路"倡议迅速得到沿线国家的积极响应,面对欧亚地区基础设施投资不足的困境,中国发起成立亚洲基础设施投资银行以及2014年成立的金砖国家新开发银行都是中国为国际社会提供的公共品。习近平多次表示,欢迎"一带一路"沿线国家以及世界各国搭乘中国发展的快车、便车,这也表明,中国所主张的国际公共品供给模式是非霸权主义的。

第三节 高铁与"一带一路"

全球化的发展正处在历史的十字路口,全球经济、贸易增长低迷,逆全

---

① 章玉贵.中国宜稳步构筑贸易与金融新边疆[N].证券时报,2014-11-11(A03).

球化和民粹主义思潮风起云涌。在一片反全球化和保护主义声浪中,中国提出"一带一路"倡议,并致力于打造"人类命运共同体",为国际秩序转换和全球治理体系重塑贡献了重要的中国智慧。

一、"一带一路"

(一)"一带一路"的提出

"一带一路"是"丝绸之路经济带"与"21世纪海上丝绸之路"战略构想的合称。2013年9月,习近平在访问哈萨克斯坦时首次提出了欧亚共同建设"丝绸之路经济带"的战略构想,并倡议构建一个以"政策沟通、设施联通、贸易畅通、资金融通、民心相通"的创新合作模式为主的包容性开放合作平台。同年10月,习近平在印度尼西亚又提出,中国致力于加强同东盟国家的互联互通建设,共同建设"21世纪海上丝绸之路"。2013年11月,中国共产党十八届三中全会通过的《中共中央关于全面深化改革若干重大问题的决定》明确指出,"建立开发性金融机构,加快同周边国家和区域基础设施互联互通建设,推进丝绸之路经济带、海上丝绸之路建设,形成全方位开放新格局"。2014年11月,习近平指出了"一带一路"第一步的核心内容,其中就包括以交通设施为突破口,优先部署中国同邻国的公路、铁路项目,实现亚洲的互联互通等,并将互联互通内容写进了《亚太经合组织推动实现亚太自贸区北京路线图》和《亚太经合组织互联互通蓝图》。2015年3月,国家发改委、外交部、和商务部共同发布了《推动共建丝绸之路经济带和21世纪海上丝绸之路的愿景与行动》,对"一带一路"倡议作出了相对完整和明确的界定,这标志着"一带一路"倡议正式形成。

(二)"一带一路"的背景

"一带一路"是一个历史的符号,历经两千年历史,贯穿东西方文明。丝绸之路是人类最早的全球化路线,从东方走向西方。陆上丝绸之路起始于中国,连接了亚洲、非洲和欧洲的商业贸易路线,是一条十分重要的贸易运输通道。而"海上丝绸之路"是古代的中国与西方或其他地方进行交通贸易往来、进行文化交流的海上主通道。可以说,古代这两条"丝绸之路"是前全球化时代最具中国烙印的对外交往范式。遗憾的是,明清两朝的封闭自守以及近代以来中国的积贫积弱,使中国的对外开放几乎中断,古代这两条"丝绸之路"也已成为历史的陈迹。从全球化 1.0 时代的闭关锁国,到全球化 2.0 时代的被边缘化,再到全球化 3.0 时代的奋起改革开放,中国开始积极加入国际分工,加入全球产业链、价值链,成为公认的世界工厂,以极大的投入和代价实现了和平的资本积累。改革开放 40 多年以来,中国虽从全球化中获益良多,但中国始终是跟随者。当前,全球化正在经历一次大调整、大转型,正在重新回到自东向西的轨道。在这个重大的历史时期,中国肩负着实现中华民族伟大复兴的历史使命,需要进一步扩大对外开放,在经济全球化发展的新阶段实现从被动跟随到主动引领。

(三)"一带一路"的目标与内容

1. 目标:构建人类命运共同体

20 世纪 90 年代以来,全球化取得了蓬勃发展,原料、资本、劳动力以及信息、组织、管理均实现了国际化,生产要素跨越国界在全球范围内自由流动成为世界经济领域的重要现象。世界各国、各地区经济相互交织、文化相互交流、文明相互交融,世界越来越融为一个整体,成为"地球村"。在国际领域,随着全球一体化的发展,"零和游戏"观念逐渐被"双赢"观念所取代。2014 年,习近平在联合国教科文组织总部演讲时指出,"当今世界,人类生活在不同文化、种族、肤色、宗教和不同社会制度所组成的世界里,各国人民形成了你中有我、我中有你的命运共同体"[①]。在国际形势持续发生深刻复杂变化、国际秩序加速调整演变的今天,各国人民必须携手共同应对,构建命运共同体。"一带一路"不仅要同沿线国家构建起命运共同体,同时还将构建起利益共同体、责任共同体。国家发改委、外交部和商务部联合发布了《推动共建丝绸之路经济带和 21 世纪海上丝绸之路的愿景与行动》指出,

---

① 习近平. 习近平谈治国理政(第一卷)[M]. 北京:外文出版社,2018:261.

"一带一路"是促进共同发展、实现共同繁荣的合作共赢之路,是增进理解信任、加强全方位交流的和平友谊之路。中国政府倡议,秉持和平合作、开放包容、互学互鉴、互利共赢的理念,全方位推进务实合作,打造政治互信、经济融合、文化包容的利益共同体、命运共同体、责任共同体。

2. 内容:实现五大重点领域互联互通

"一带一路"沿线国家资源禀赋差异巨大、经济互补性强、合作空间和潜力大。"一带一路"具有开放性和包容性,就是要实现沿线国家互通有无、优势互补。"一带一路"将"五通"作为主要内容,正是突出务实合作,致力于为沿线国家和人民带来实实在在的利益。

(1) 政策沟通。加强政府间合作,通过构建多层次政府间政策沟通交流机制,各国就经济发展战略和对策及时进行充分沟通交流,有利于增强政治互信,实现各国发展战略对接,共同制定区域发展规划,协商解决合作中存在的问题,切实加强务实合作。

(2) 设施联通。"一带一路"沿线国家应该在尊重彼此主权、安全的基础上,加强基础设施建设规划,实现技术标准对接,统筹推进区域基础设施建设,逐步形成连接亚洲各个区域及亚非欧之间的基础设施网络,解决道路不通、不畅及基础设施落后等问题。

(3) 贸易畅通。加强贸易合作是"一带一路"倡议的初衷,沿线国家应就贸易自由化、投资便利化问题加强磋商,着力消除投资和贸易壁垒,推进自由贸易区建设,营造良好的区域营商环境,尽可能地释放沿线国家的贸易投资潜力,共同做大贸易蛋糕。

(4) 资金流通。统一规范的金融货币体系是贸易投资合作的重要支撑。沿线国家应深化多边金融合作,建设区域金融机构,推进区域货币体系、投融资体系、信用体系建设,推广沿线国家本币互换、结算,降低交易成本,增强区域国家共同抵御金融风险的能力。

(5) 民心相通。"一带一路"沿线国家有着广泛的民间交流基础,民心相通也是"一带一路"建设的社会根基。沿线国家要加强友好合作,广泛开展内容丰富、形式多样的民间交流,加深各国民众之间相互了解,增进情谊,不断夯实多边合作的民意基础。

二、互联互通

互联互通最早是通信领域的用语,是指企业通过通信网络彼此建立联系,连接不同网络用户,共享资源。近年来,随着全球一体化的发展,互联互通被赋予了新的内涵,成为经济、外交领域的一个热点词。"一带一路"倡议之下的互联互通,主要指中国提出的推动与周边国家的基础设施互联互通及国际基础设施互联互通。早在2012年9月,习近平就表示,中国—东盟互联互通中方委员会正在积极筹建中,中国愿意通过建立促进互联互通建设的投资融资平台,加强同东盟国家的陆上通道建设,构筑双方海上互联互通网络,开拓港口、海运、物流和临港产业等领域合作。2014年11月,习近平进一步提出,我们要建设的互联互通,应该是基础设施、制度规章、人员交流三位一体,应该是政策沟通、设施联通、贸易畅通、资金融通、民心相通五大领域齐头并进[①]。

(一) 互联互通落实情况

"一带一路"倡议一经提出,得到了国际社会的积极回应,在中国政府和沿线国家的积极助推下,"一带一路"倡议取得丰硕成果,沿线国家互联互通建设成效显著。

政策沟通得以加强。中国与沿线国家就共同关切问题加强高层对话,建立双边、多边机制,强化务实合作。在双边合作方面,中国已与56个"一带一路"国家签署了双边林业合作协议,并加强与各国的林业政策对话和务实合作;2019年7月4日,中国与孟加拉国建立投资合作新机制。2019年1月5日,中国与75个世贸组织成员在达沃斯发表关于电子商务的联合声明。目前,共建"一带一路"已经成为深受欢迎的国际公共产品和国际合作平台[②]。

---

① 习近平.联通引领发展伙伴聚焦合作[N].人民日报,2014-11-09(02).
② 习近平.高举中国特色社会主义伟大旗帜 为全面建设社会主义现代化国家而团结奋斗——在中国共产党第二十次全国代表大会上的报告[M].北京:人民出版社,2022:9.

基础设施互联互通加快推进。设施联通是"一带一路"建设的核心内容和优先领域。高速铁路作为实现互联互通的载体之一,无疑会对"一带一路"倡议互联互通的实现起到积极的推动作用。在高铁"走出去"战略和"一带一路"倡议支持下,高速铁路作为中国装备制造的"名片"已经在全球市场上赢得一席之地,在俄罗斯、北马其顿、土耳其、马来西亚、泰国、委内瑞拉、印度尼西亚、伊朗等国家均有项目落地。中老铁路、匈塞铁路建设稳步推进,雅万高铁建设取得阶段性重要进展,亚吉铁路开通运营,蒙古国乌拉巴托机场高速公路竣工移交,承建的柬埔寨金港高速开工;此外,泛亚铁路东线、巴基斯坦1号铁路干线升级改造,中吉乌铁路等项目也正积极推进前期研究。中国商务部数据显示,中欧班列开行数量正持续增长,从2013年开行之初的80列快速发展到2022年的1.6万列;十年来,中欧班列已通达欧洲约25个国家208个城市,全国中欧班列累计开行突破6.5万列,为中欧市场双向开放打通了大动脉。

贸易畅通成效显著。中国与沿线国家的贸易和投资合作不断扩大,形成了互利共赢的良好局面。自倡议提出以来,中国与"一带一路"沿线国家进出口贸易从2013年的6.5万亿元增加到2022年的13.83万亿元;2013—2022年,中国企业对"一带一路"沿线国家的非金融类直接投资超过1410.5亿人民币;沿线国家企业也积极来华投资兴业,2022年在华新设企业4519家,对华直接投资金额891亿元,增长17.2%,折合137亿美元,增长18.6%。

资金融通深入发展。截至2021年末,中国已与22个"一带一路"沿线国家签署了双边本币互换协议,在8个"一带一路"沿线国家建立了人民币清算机制安排;已有11家中资银行在29个沿线国家设立了80家一级机构。此外,银行保险服务成效显著,中资银行参与"一带一路"建设项目2600多个,累计发放贷款2000多亿美元。以中国银行为例,2015—2020年,在"一带一路"沿线累计跟进境外重大项目逾600个,累计完成对"一带一路"沿线国家和地区各类授信支持逾1914亿美元。2022年,亚洲基础设施投资银行成员国增加至104个,自2016年1月投入运营以来,累计批准贷款项目108个,累计批准融资额220.2亿美元。

民心相通不断促进。在"一带一路"倡议提出的6年中,中国向共建"一带一路"沿线国家每年提供10 000个政府奖学金名额,与29个国家实现公民免签和落地签,与61个国家建立1 023对友好城市(占中国对外友好城市总数的40%)。早在2019年时,"一带一路"旅游就已成为世界旅游的新增长点,中国和共建"一带一路"沿线国家双向旅游交流超过6 000万人次,与倡议提出之前相比,"一带一路"出境人数和入境人数分别增长了2.6倍和2.3倍。2022年,共有来自196个国家和地区的49.22万名留学生来华留学,其中,"一带一路"沿线64国来华留学生人数共计26.06万人,占比53%。来华留学生在感受中国传统文化魅力之余,也在向世界讲述中国故事。

(二) 互联互通的机遇与挑战

1. 机遇

"一带一路"沿线在国家经济发展水平、人口地理分布等方面差异巨大,其区位规划、发展诉求以及经济活动布局各不相同,因此沿线各国在经济政策协调对接上具有很大的需求缺口。通常情况下,一国的最优选择难以成为区域或国际的最优选择,此时就需要分担和补偿机制。以区域交通基础设施建设为例,中国货物运输量大、运输距离远,铁路符合我们的发展需要,但对运输需求较小的中亚国家而言,公路运输和航空运输则是现阶段最佳选择,这就涉及不同国家的博弈、协调和政策沟通。沿线国家的差异性使它们在宏观政策、产业政策、投资政策、贸易政策、金融政策等领域的政策沟通方面具有广阔的合作前景。区域差异使沿线国家对于基础设施的需求类型存在巨大差异。但基础设施不足或老化是"一带一路"沿线国家乃至世界各国面临的共同问题。基础设施建设是经济发展的重要前提,沿线各国都具有改善基础设施状况的强烈愿望,"一带一路"沿线国家在公路、铁路、港口等基础设施联通方面合作潜力巨大。

2. 挑战

"一带一路"倡议自提出至今,取得了一系列的成绩,但是沿线国家以及国际社会对"一带一路"所持的态度并不一致,各种声音并存。互联互通的实施面临着许多现实的风险和挑战。(1)沿线国家的风险和挑战。部分沿线国家由于历史、文化、宗教等多方面原因,仍然对中国推行的互联互通政策持怀疑态度。暴力恐怖势力、宗教极端势力、民族分裂势力三股势力也使倡议的推行面临着一定的安全挑战。(2)发达国家的风险和挑战。美国视中国为最大的竞争对手,国际关系领域也有学者认为"一带一路"可能存在与美国"战略碰撞"的风险。此外,在各个非政治领域,中国也有传统的竞争对手。以高铁领域的投资为例,中国与德国、日本等拥有几十年高铁经验的发达国家存在激烈的竞争,由此便加大了中国高铁"走出去"战略推进的难度。(3)金融和投资的风险和挑战。部分沿线国家难以担负基础设施建设过程中的较高成本,对于高铁相对高额的成本更是难以独立承担。因此,中国在这些国家的高铁承建项目大多需要中国的资金支持,这就使中国企业承担了资金因为难以预测的意外而无法回流的风险。(4)互联互通项目实施的风险。基础设施互联互通项目投资大、周期长,"一带一路"沿线国家经济落后,通常由中国带资建设,一旦发生风险,中方可能遭受巨大损失。

三、高铁对"一带一路"的作用

"一带一路"的实质就是互联互通,而高铁将成为推动这一倡议重要的牵引力。在加快推动中国与"一带一路"相关国家"互联互通"方面,高铁无疑是一个重要选项。

(一)推动沿线国家经济发展

近十年来,中国高铁取得快速发展,高速铁路在为人们提供更为舒适、便捷的出行方式的同时,极大地促进了地区经济的发展,形成了"高铁经济"。"一带一路"的重要内容是互联互通,基础设施互联互通又是优先发展的重点领域。"一带一路"倡议主要采取陆海联运两种交通运输方式,"丝绸之路经济带"穿越亚欧大陆,运输距离较长,铁路运输则是最佳选择。"要想富,先修路","火车一响,黄金万两"。铁路网络建设对于区域联通、沿线国家协调发展的强势带动作用得到了全世界的广泛认可。"一带一路"沿线有60多个国家,约46亿人口,超过世界总人口一半。沿线国家经济在近十年间取得了极大的发展,沿线国家间双边、多边贸易不断增加,人员流动日益频繁,但这一区域的交通基础设施却十分落后,许多国家的交通基础设施亟待升级改造。中国高铁具有技术、成本、安全性等多重优势,高铁"走出去"战略与"一带一路"倡议不谋而合。实现"一带一路"沿线地区的互联互通和繁荣发展,快速、运载量大的高铁无疑是最经济、最可靠的选择,高铁"走出去"不仅能为沿线国家带来最新的铁路技术,推动沿线国家铁路网络升级换代,极大地压缩域内国家的空间距离,还可以产生巨大的辐射效应,带动相关产业,促进经济发展和产业升级,推动双边、多边贸易的扩大,带动区域经济增长。

中国高铁是中国工业实力的集中体现,是中国对外交往中的一张亮丽名片。早在2009年,中国就已经规划了3条洲际高铁路线,与"一带一路"高度重合。(1)欧亚高铁路线:从伦敦出发,经巴黎、柏林、华沙、基辅,过莫斯科后分成两支,一支进入哈萨克斯坦,另一支途经哈巴罗夫斯克,由满洲里入境中国。(2)中亚高铁路线:起点为我国乌鲁木齐,途经哈萨克斯坦、乌兹别克斯坦、土库曼斯坦、伊朗、土耳其等国,最终到达德国。(3)泛亚高铁路线:从昆明出发,经越南、柬埔寨、泰国、马来西亚,直至新加坡。在"一带一路"沿线国家的积极响应下,一批高铁合作项目正在务实推进。由中国企业参与建设的土耳其安伊高铁项目已建成通车,这是中国高铁在海外的第一个项目,也是"一带一路"倡议的早期成果,对于"一带一路"倡议下实现互联互通具有良好的示范效应。中国承建的印度尼西亚雅万高铁于2016年1月开工建设,并于2023年10月2日正式运营;中俄签署了《莫斯科至喀山高铁项目勘察设计合同》;土耳其希望将东西高铁项目纳入"一带一路"等。"一带一路"沿线高铁的建设,将实现欧亚大陆的互联互通,助力沿线国家的产业结构调整与经济结构转型,促进中国与有关国家和地区间要素的流动,提高中国经济自身与外部经济体的融合,为区域一体化提供助力,有助于"一带一路"域内乃至欧亚大陆的稳定、发展、繁荣。

(二) 促进国内省区市对接"一带一路"

高铁的快速发展,改变了中国传统的运输格局和经济版图,依托高速铁路网,城市之间的人流、物流效率大幅提高。中国构建起的高铁网络,从根本上转变了人的出行观念和方式，引领了新的消费方式，推动了产业结构调整升级、城镇空间合理布局，促进了城乡之间、城市之间、区域之间的交流联系，带动了国内经济的快速发展。2020年8月发布的《新时代交通强国铁路先行规划纲要》提出，到2035年，率先建成现代化铁路网的发展目标，即铁路网内外互联互通、区际多路畅通、省会高效连通、地市快速通达、县域基本覆盖、枢纽衔接顺畅、网络设施智慧升级，有效供给能力充沛；全国铁路网20万公里左右，其中高铁7万公里左右。20万人口以上城市实现铁路覆盖，其中50万人口以上城市高铁通达；高效率的全程服务体系和高品质的产品供给体系更加完善，全国1、2、3小时高铁出行圈和全国1、2、3天快货物流圈全面形成。从而为国内省区市对接"一带一路"创造了优越的交通条件。"一带一路"倡议是国家的顶层设计，在具体建设的过程中离不开国内各省区市、经济区域的协调配合。根据"一带一路"倡议规划，国内16个省区市为重点区域，"丝绸之路经济带"主要覆盖中国西北的新疆、青海、甘肃、陕西、宁夏、内蒙古6个省区和中国西南的重庆、四川、广西、云南4个省级行政区。"21世纪海上丝绸之路"则包括江苏、浙江、福建、广东、海南以及山东6个省份。此外，其他省份也都积极扩大开放、主动融入"一带一路"倡议。高铁所形成了便捷出行圈和快速物流圈，在促进国内省区市、区域与"一带一路"倡议对接的过程中发挥了极大的促进作用。

随着"一带一路"倡议的提出和深入推进，中欧班列逐渐成为中国地方对接国家战略、抢占国际市场以及促进地方经济增长的主要抓手。高速铁路在推动国内各区域产业结构优化升级、拉动经济增长的同时，也成为各省区市发挥地方优势、积极参与"一带一路"的有力支撑。中国国家铁路集团有限公司的数据显示，中欧班列自开行以来，开行数量不断迈上新台阶，从2013年开行之初的80列快速发展到2022年的1.6万列，其中，2014—2016年，连续3年成倍增长。截至2022年底，全国中欧班列累计开行突破6.5万列、运输货物超600万标箱、货值3 000亿美元。中欧班列的开行为中国与"一带一路"沿线国家、地区战略对接提供了机遇和条件。随着国内改革的深入和对外开放的扩大，国内各省区市与"一带一路"沿线国家的往来大幅增多，对铁路网络的运力需求更大，更为高效、快速的高速铁路及高速铁路网将成为进一步助力国内各省区市与"一带一路"沿线国家深入对接合作、推动"一带一路"向纵深发展的必然选择。

(三) 加强国际交流

高速铁路的快速发展改变了人类的生产、生活方式和消费理念。高铁建设对于铁路沿线地区的产业结构转型升级具有巨大的推动作用,尤其是对于第三产业的促进作用尤为明显。"一带一路"沿线地区具有悠久的文明历史,蕴藏着丰富的旅游资源。统计数据显示:2017年全球国际旅游人次为13.23亿,"一带一路"沿线国家2017年国际旅游人次约为5.82亿人次,占世界国际旅游人次的44.02%,较该区域生产总值占比高约10个百分点,为全球重要的国际游客净流入地。国内旅游方面,"一带一路"沿线国家以84.2亿人次遥遥领先,占比高达80%,中国更是以50.01亿人次居世界榜首。"一带一路"沿线国家赴中国旅游游客保持稳定增长,由2013年的903万人次发展为2017年的1064万人次。中国出境到"一带一路"沿线国家的游客人次逐年攀升,由2013年的1549万人次,增长到2017年的2741万人次,5年间增长了77%,年均增速达15.34%。2019年,中国和"一带一路"沿线国家双向旅游交流超过6000万人次,其中,中国公民首站出境"一带一路"沿线国家人数为5328.9万人次,同比增长19.8%。旅游平均为"一带一路"沿线国家带来5.36%直接就业贡献,以及14.11%的旅游综合就业贡献,对降低失业率、减少贫困作用明显。"一带一路"沿线国家旅游发展质量、发展规模、发展结构等方面均优于世界平均水平,旅游发展基础较好,旅游产业具有较好的发展前景。高铁建设将为"一带一路"沿线国家进一步发掘旅游资源、刺激区域经济增长带来巨大的促进作用。

"一带一路"倡议是一个宏大的构想,无论是在倡议的理论研究和宣传还是项目建设实施上,都需要一大批国际化复合型人才。加强"一带一路"沿线国家教育交流合作、人文交流合作理应成为"一带一路"共同体构建的重要组成部分。自"一带一路"倡议提出以来,沿线国家人文交流日益频繁,沿线国家之间往来留学生数量逐年增加。高铁的发展使中国变成了一个960万平方公里的大城市——中国城,使"异地"变成了"同城"。随着"一带一路"战略的推进和高速铁路网的延伸,"异国"也将变成"同城",沿线国家普通民众之间交往更加频繁、联系更加紧密。截至 2018 年 4 月底,61 个"一带一路"沿线国家共建立了 1 023 对友好城市;在沿线国家设立了 17 个国家文化中心、173 所孔子学院、184 个孔子课堂。此外还举办了大量针对"一带一路"的多层次、高水平、不同主题的文化交流活动。中国的高铁在促进中华文明与其他异域文明之间交流对话,促进沿线各国人民相亲相知、民心相通,帮助沿线各国青年人才实现梦想中发挥着重要作用。高铁将把"一带一路"打造成一条绿色之路、梦想之路。

第四节 对外开放新格局

一、从跟随世界经济到引领世界经济

(一)宏观层面:改革开放的应有之义

改革开放 40 多年来,中国始终以坚持经济建设为中心,综合国力大幅提升,用几十年时间走完了发达国家几百年走过的发展历程,创造了世界经济和社会发展的奇迹。1979—2019 年,中国经济年均增长率 9.5%,远远超过同期世界经济年均增长率 2.2%,中国经济总量从世界第十上升至第二,中国经济是世界经济增长的重要动力源。同时,中国还成功实现了从低收入国家向中等收入国家的跨越。中国经济的快速增长不但刷新了日本和"亚洲四小龙"在经济起飞阶段创下的纪录,而且对世界经济发展起到了空前巨大的推动作用。

改革开放 40 多年来,中国由点到线再到面不断扩大对外开放区域范围,开放领域、层次也由浅到深,逐渐形成了全方位、多层次、宽领域的对外开放格局,并将对外开放作为中国的一项基本国策。不可否认,对外开放给中国经济带来了巨大发展。在对外开放政策的利好条件下,中国积极利用外资,引进国外先进科学技术和管理经验,并结合自身优势合理进行产业布

局,大力开拓国外市场,参与国际竞争,取得了举世瞩目的经济成就。40多年来,中国对世界经济的贡献率超过美国、欧元区和日本贡献率的综合,位居世界第一。作为世界第二大经济体,中国经济的稳健增长已成为世界经济的"定盘星"和"压舱石"。在对外开放的过程中,中国凭借着充裕的劳动力和资源环境等要素的比较优势积极参与国际分工、参与全球化大生产,成为世界制造大国和世界贸易大国,不仅给包括发达国家在内的世界市场提供大量商品,为许多国家提高人民生活水平作出了重要贡献,而且还通过全球采购拉动了许多发展中国家的产业发展、就业增长和经济发展。与世界深度互动的中国,在实现自身经济发展的同时,为全球经济带来更多机遇,共同开辟世界经济发展的新航程。当前,中国已经从世界经济体系的参与者和跟随者转变为国际公共产品的提供者和世界经济体系变革的"发动机",持续为世界经济复苏和发展提供强大动力。因此,中国推动世界经济的发展是未来深化改革和扩大开放的应有之义。

(二) 微观层面:企业发展的客观要求

随着中国企业综合实力和国际竞争力的不断增强,在国家"走出去"战略的政策引导下,中国对外直接投资快速增长,进入资本双向流动阶段,成为全球重要的资本输出国。国家统计局的数据显示:早在 2015 年,中国对外投资额就超过了利用外资额;2016 年达到 1 961.5 亿美元;2017 年,中国已位列全球第三,继续保持发展中国家首位,资本净输出 272.5 亿美元。据商务部、外汇局统计,2022 年,中国对外全行业直接投资 9 853.7 亿元人民币,较 2021 年增长 5.2%。其中,中国境内投资者共对全球 160 个国家和地区的 6 430 家境外企业进行了非金融类直接投资,累计投资 7 859.4 亿元人民币,增长 7.2%(折合 1 168.5 亿美元,增长 2.8%)。对外承包工程完成营业额 10 424.9 亿元人民币,同比增长 4.3%;新签合同额 17 021.7 亿元人民币,同比增长 2.1%。联合国贸发会议 2023 年 7 月 5 日发布《2023 世界投资报告》指出,中国仍然是亚洲地区最大的对外投资国。

"一带一路"倡议是中国扩大对外开放、推动世界经济的重大举措。2013—2018 年,中国企业对"一带一路"沿线国家直接投资超过 900 亿美元,年均增长5.2%,投资行业日趋多元化,同时企业并购持续活跃,项目金额大幅增加。在沿线国家新签对外承包工程合同额超过6 000亿美元,年均增长11.9%。2013—2017年,中国与"一带一路"沿线国家进出口总额达69 756.4亿美元。2018年中国与"一带一路"沿线国家货物贸易进出口总额达到1.3万亿美元,同比增长16.3%,高于同期中国外贸增速3.7个百分点,占外贸总值的27.4%。对"一带一路"沿线国家完成营业额980亿美元,增长9.7%,占对外承包工程完成营业额比重为56.7%。对外劳务合作派出各类劳务人员49万人。2022年,中国企业在"一带一路"沿线国家非金融类直接投资209.7亿美元,同比增长3.3%,占同期总额的17.9%。2022年,中国投向批发和零售业211亿美元,同比增长19.5%,投向制造业216亿美元,同比增长17.4%,投向租赁和商务服务业387.6亿美元,同比增长5.8%。在基础设施建设领域,中国高铁企业已经与近30个国家合作商谈约6 000公里的高铁规划项目,中老铁路、匈塞铁路、中泰铁路、雅万高铁等一系列合作项目总体推进良好,向全世界展示了中国装备制造企业的能力和水平,为高铁产业逐步加入世界经济循环,提高中国在中西亚、中东欧、非洲以及东南亚地区的影响力发挥了重要作用。企业是一个国家融入世界经济体系的先锋队、主力军,中国企业发展日益成熟,国际化水平不断提高,在客观上为中国推动世界经济打下了坚实的基础。

(三) 国际层面:经济全球化的必然趋势

随着经济全球化发展进入新阶段,世界经济发展呈现出了更多的不确定性,更加容易引起各国经济的动荡不安,其中一个重要的原因就在于资本主义生产方式及其市场运行机制在全球的扩张。这种市场机制对生产和流通的调节作用具有一定的盲目性和无政府性,经济运行容易发生波动,当总供给和总需求长期处于严重失衡状态时,还会导致周期性经济危机。特别是随着金融自由化、全球化的发展,金融衍生品层出不穷,金融资本规模更大、流动更快、投机性更强,更容易对金融体系不健全、监管机制不完善的国家构成严重的冲击。2008年金融危机以来,世界经济一直萎靡不振,全球经济复苏乏力。在历次国际经济危机中,深受其害的首先就是实体经济。

由于贸易活动的全球化，商品与生产要素大规模流动，更容易受到国际市场风云变幻的影响，国际游资在国际市场对大宗商品和战略物资进行恶意炒作，引发价格大起大落，这一切都大大加剧了世界经济的动荡与不安，更使得各国政府的经济政策陷入两难境地。特别是近年来，美国对现有国际经贸规则的蔑视和破坏，也放大了世界经济发展的不确定性。美国作为世界上最大最发达的经济体，一直把国际贸易规则作为自家的工具，攫取了巨大的政治利益和经济利益，在所谓的"美国优先"政策的驱动下，美国随意歪曲现有国际经贸规则的合理性，严重阻碍了世界经济的复苏。

长期以来，在全球经济治理中，发达国家掌握着主动权，主导着全球经济治理，从而形成了一个符合发达国家利益和愿望的、不公正不合理的全球经济治理体系。与经济全球化快速发展、深刻变化形成鲜明对比的是，现行全球经济治理体系不适应现实需要的地方越来越多，国际社会对变革全球经济治理、建立更加公正合理有效的国际经济治理体系的呼声越来越高。随着发展中国家力量的增强以及合作的加强，发展中国家参与全球经济治理、在世界经济中维护自身利益的愿望不断加强。在西方国家频频上演"逆全球化"的同时，以中国为代表的新兴市场国家经济发展势头却依旧强劲，发展中国家的经济总量已超过发达国家，其中，中国经济增长对世界经济增长的贡献率连续多年超过30%。中国不仅是新兴市场国家的领头羊，更是全球经济的重要一极和世界经济增长的主要动力。因此，经济全球化的发展要求摆脱资本主义的主导，通过推动共同发展、合作共赢引领世界经济走出困境；中国作为一个世界性大国，一直积极推动全球治理体系变革和国际新秩的构建，因此，中国接过引领世界经济的接力棒是经济全球化发展的必然趋势。

二、对外开放新格局的设计

（一）对外开放新格局是新时代的根本要求

1. 国内开放条件的新变化

"改革开放是我国经济社会发展的动力。不断扩大对外开放、提高对外开放水平,以开放促改革、促发展,是我国发展不断取得新成就的重要法宝。"①习近平如是说。党的十八大以来,以习近平同志为核心的党中央坚定不移推行对外开放的基本国策,通过对内深化改革和对外扩大开放,逐渐形成了对外开放的新局面。2019 年,习近平在第二届"一带一路"国际合作高峰论坛开幕式上表示,中国将采取一系列重大改革开放举措,加强制度性、结构性安排,促进更高水平对外开放②。进入新时代后,中国对外开放所处的内部条件和外部环境都发生了新变化,因此,适应国内国际形式变化、构建对外开放新格局势在必行。

40 多年的快速发展带来了巨大经济成就,也积累了大量的结构性问题。当前,中国国内主要社会矛盾发生转化,中国经济发展面临着许多新问题、新挑战、新要求,中国经济进入新常态。改革为开放创造体制基础和内在条件,开放为改革提供经验借鉴和活力源泉,二者相互依存、协同共进③。习近平深刻指出:"我国经济发展进入新常态,妥善应对我国经济社会发展中面临的困难和挑战,更加需要扩大对外开放。"④当前,中国经济进入了由高速增长到高质量发展的新阶段,推动产业结构转型升级、逐步完善中国工业体系、推动中国由制造大国向制造强国转变、增强中国企业的国际竞争力成为亟待解决的时代课题。为此,我们提出了供给侧结构性改革和"创新、协调、绿色、开放、共享"新发展理念等一系列对内深化改革的举措,致力于构建现代化经济体系,推动高质量经济发展。在这一过程中,我们更需要进一步扩大对外开放,充分利用人类社会创造的先进科学技术和管理经验。

中国的对外开放在不同的历史时期呈现出不同的地域分布特征,与中国的区域发展战略紧密相连。具体而言,随着时间推移和对外开放实践的深入,逐渐形成了"经济特区—沿海开放城市—沿江经济带—内陆地区"的对外开放地域分布格局。长期以来,沿海沿江地区包括东部地区、南方地区在中央政策倾斜、吸引外资、承接国外产业转移等方面较其他地区具有更多

---

① 习近平.习近平谈治国理政(第二卷)[M].北京:外文出版社,2017:100.
② 习近平.齐心开创共建"一带一路"美好未来书——在第二届"一带一路"国际合作高峰论坛开幕式上的主旨演讲[M].北京:人民出版社,2019:8.
③ 姜荣春,江涛.新时代全面开放新格局思想的逻辑关系研究[J].国际贸易,2018(07):11—15.
④ 习近平.习近平谈治国理政(第二卷)[M].北京:外文出版社,2017:100.

优势,在对外开放中获得了更为广阔的发展空间,这些地区实现了快速发展,且与其他地区之间尤其是中西部地区的差距越来越大,造成了严重的区域发展失衡问题。当前,东部沿海地区的资源要素成本攀升,越来越多的产业开始向中西部地区转移。此外,为缩小地域差距、实现协调发展,推动"先富带后富",最终实现共同富裕,中国先后实施"西部大开发"战略、"振兴东北老工业基地"战略和"中部崛起"战略。产业的自然转移及国家区域发展战略的调整与原有的对外开放格局不相适应,必须重新优化对外开放布局、加大中西部对外开放力度。值得一提的是,高铁在中国的快速发展深刻影响了中国的对外开放进程,其在中国各区域间的互联互通拉近了城市之间的距离,增进了区域之间的联系,打破了旧有的时间和空间的观念,对中国各区域经济的协调发展产生了积极的影响,在很大程度上推进了中国对外开放新格局的形成。

2. 国际经济形势的新发展

2023年世界经济论坛指出,总体看,全球经济衰退风险增加,一方面经济衰退的预期加大,另一方面经济碎片化将拖累全球经济增长。通胀方面,目前全球通胀虽已有所放缓,但各地区的前景差异较大。政策方面,面对全球增长疲软和通胀高企,经济政策制定面临取舍和历史性的挑战。全球商业活动面临新的挑战。在诸多不利因素中,需求疲软、借贷成本上升和投入成本上升尤为突出。持续低迷的经济可能导致可持续发展进程,包括消除贫困和为所有人创造体面就业的目标严重受挫。与此同时,普遍存在的不平等现象以及气候危机的不断加深,也导致世界许多地区人们的不满情绪日益加剧。由于政策持续的不确定性、疲弱的商业信心和不断减弱的财政刺激措施,2022年美国国内生产总值增长率仅为2.1%;与此同时,在欧盟,制造业的发展将继续因全球不确定性而受阻,2022年法国和德国的国内生产总值增长率分别为2.5%和1.8%,这充分说明,由发达国家主导的经济全球化难以为全球经济的持续发展提供动力。

以英美等国政府系列保护主义动作为代表的"逆全球化"兴起,全球化发展进入了新旧动能转换的调整期。当今世界,世界各国紧密联系、难以割舍,全球化是时代发展之大势、潮流。20世纪90年代以来,广大发展中国家和新兴市场国家迅速崛起,国际经格局发生根本性变化,发展中国家的经济总量超越发达国家,作为发展中国家的典型代表,中国成为全球第二大经济体,贡献全球经济增长的30%,对外投资逐年增长,海外投资存量巨大,国际利益日益扩大。同时,中国始终是经济全球化的坚定支持者和积极推动者,在国际事务处理和国际治理体系变革中都发挥了重要作用。这样的国际环境,必然要求中国承担起维护国际秩序、引领全球经济发展的责任,必然要构建新的对外开放格局。

(二)对外开放新格局的设计思路

1. 以优化开放布局为目标

习近平多次强调,扩大开放是应对经济新常态的重要举措。长期以来,中国采取的是制造业"单兵突进"和"单线发展"的发展模式,在国际市场疲软、国内经济转型的新形势下,传统的开放模式已不可持续,中国应在升级制造产业的基础上,致力于扩大服务业的对外开放,这是中国进行更高层次对外开放必然要求,也是党的十九大报告作出的重要战略部署。同时,长期以来,中国融入的全球化是发达经济体主导的全球化,之前对外开放的重心也一直是发达经济体,随着发达经济体市场逐渐疲软,发展中国家市场地位日益凸显。因此,中国在巩固与发达经济体经贸合作的基础上,应进一步扩大发展中国家市场,要将向发达国家和发展中国家开放结合起来,扩大与各国利益的交汇点。中国未来的对外开放格局在产业范围将更广、结构将更加均衡,在空间上也将得到进一步拓展,更加趋于平衡。

由于中国的对外开放在区域上具有梯次推进的动态发展特征,因此,各区域在对外开放步伐存在着严重失衡。虽然中西部地区近年来在承接外资转移、扩大对外开放上取得一定成效,但并没有改变其开放洼地的处境,这也意味着中西部地区蕴含着巨大的对外开放发展的潜力。"过去我们的开放主要基于沿海地区,今后在进一步加大沿海地区开放力度的同时,要更多地考虑中西部地区和沿边地区的对外开放,进一步向西开放。"[1]习近平总

---

[1] 钟山.实现我国开放事业新发展新提高新突破[N].国际商报,2017-06-20(01).

书记也提出,要"优化区域开放布局,加大西部开放力度"①。为此,要统筹国内发展与对外开放,以提升区域发展质量抓手,完善中西部地区、沿边地区投资环境,增强政府服务意识,加快基础设施体系和其他配套体系建设,给予财税金融、市场准入等一系列政策倾斜,提高这些地区的外向型要素吸引力,推动中西部地区和沿边地区积极有序承接产业转移。按照区域发展部署,构建更加均衡、协调的区域开放格局。

2. 以技术和制度创新为抓手

全面对外开放不仅仅表现在对外开放广度的横向扩展,更表现在对外开放深度的纵向延伸。创新是引领发展的第一动力,谁占领了技术创新的制高点,谁就掌握了引领经济发展的主动权。在对这一趋势作出正确研判的基础上,中国提出"创新驱动发展"战略。在中国传统比较优势逐渐丧失的情况下,以技术创新推动生产方式变革和产业结构调整升级,从而降低高端要素成本价格,改善企业成本结构并通过技术创新造就中国品牌、中国质量,提升中国在全球产业链、价值链中的地位,实现中国从低端劳动密集型的制造领域到资本密集型、技术密集型的高端制造领域的转变是当前中国构建对外开放新格局的必由之路和题中应有之义。中国高铁始终坚持自主创新,形成了具备自主知识产权的技术体系,做到了"引进来"和"走出去"并重,同时也加强了创新能力开放合作,形成陆海内外联动、东西双向互济的开放格局。同时,高铁产业链"走出去",能够培育贸易新业态新模式,推进贸易强国建设。由于高铁快速、便捷的运输能力,使得在更大范围内开展自由贸易试验区、自由贸易港等对外开放高地建设成为可能。此外,高铁"走出去"这种创新的对外投资方式,促进国际产能合作,形成立足高铁产业、面向全球的贸易、投融资、生产、服务网络,加快培育国际经济合作和竞争新优势。高铁"走出去"为中国推动世界经济的发展打下了坚实的基础,反过来又深刻地影响了中国对外开放进程,全面开创了对外开放的新格局。

中国对外开放的制度建设滞后于对外开放的实践发展。随着国际力量对比的深刻变化,中国逐渐走近世界舞台中央,具有更大的国际影响力。中

---

① 习近平. 在庆祝中国共产党成立95周年大会上的讲话[N]. 人民日报,2016-07-02(02).

国的国际制度话语权与中国的综合实力和逐渐扩大的海外利益不相匹配。因此,在国内和国际两个层面都应进行制度创新。在国内,一方面要进一步规范政府职能、明确政府与市场的边界,加强政府对企业的间接引导,减少直接干预,另一方面也要作出更加透明的制度安排,完善外商投资市场准入和退出机制,实施市场准入负面清单制度,为中国企业"走出去"和外国企业"引进来"提供制度保障。在国际上,不论是出于保护中国逐渐扩大的海外利益、进一步提升中国制度性话语权需要还是为了完善全球治理体系和提升全球治理能力,中国都应该积极进行国际层面的制度创新,提出能够反映绝大多数国家意愿和利益的新的国际规则体系设计和制度安排,为全球治理体系朝着高效、有序、平衡方向发展贡献中国理念、方案和智慧。技术创新与制度创新是构建对外开放新格局的基本要求。

3. 以"一带一路"为战略支撑

构建全面对外开放新格局是一个宏大、系统的工程,也是一个循序渐进的过程,在实施的过程中必然要寻找突破口。"一带一路"倡议的实施正是构建全面开放新格局的关键性战略举措,是形成对外开放新格局的重要战略支撑,具有国内、国际两个层面的重大意义。

根据"一带一路"倡议的规划路线,中西部地区是"一带一路"倡议的国内重点区域。在国家关于"一带一路"相关鼓励政策的助推下,中西部地区将加速发展交通、水电以及其他配套基础设施、体系建设。"一带一路"将中西部地区纳入国际经济大循环,对于加快中西部地区承接产业转移和"走出去"步伐,拓展对外开放空间,构建双向循环的开放型经济体系,形成区域协调的对外开放格局具有重要推动作用。"一带一路"倡议的实施,有助于中国发挥本国资金、技术、产能优势,为加快国内去产能、产业结构优化升级、培育创新动能等创造了条件。在国际市场疲软、"逆全球化"思潮兴起的国际形势下,"一带一路"倡议进一步开拓了中国的国际市场,增强了中国能源进口的保障能力。通过"一带一路"倡议,我们将电力、轨道交通、工程机械、汽车制造等国内优势产能对外输出,为沿线国家提供优质公共产品,让它们共享中国经济发展的成果。在"一带一路"倡议框架下,我们积极通过双边、多边合作交流平台探索包容、普惠、平衡、共赢的开放发展理念和模式,完善沟通协商机制，为提升全球治理能力、完善全球治理体系贡献中国智慧和方案。"一带一路"倡议与对外开放新格局的基本内涵高度契合，是构建对外开放新格局的重要战略支撑。

三、高铁对于开创对外开放新格局的作用

（一）高铁推动产业结构升级的对外开放格局

中国是人口大国、经济大国，在区域经济、城乡经济发展不平衡，人均收入水平较低的情况下，大量的中长途货运和客运仍主要依靠铁路运输。铁路在国民经济发展中发挥着重要作用。经过十多年的不懈努力，中国铁路通过技术创新，在高速铁路的工务工程、高速列车、通信信号、牵引供电、运营管理、安全监控、系统集成等技术领域，取得了一系列重大成果，形成具有中国特色的高铁技术体系，总体技术水平进入世界先进行列。高铁投资规模大，产业链长，其发展需要冶金、机械、建筑、橡胶、电力、信息、计算机、精密仪器、信息与通信等多个产业的协同。高速铁路的快速发展以这些产业的创新和发展为基础，也带动了这些产业的转型升级，是国家基础制造能力、科技创新能力等综合实力的体现。面对产能过剩、产业结构不合理的现实困境，在供给侧结构性改革和"创新驱动发展"战略深入推进的当下，中国高铁是实现创新引领发展，产业结构优化升级，多部门协同创新的典型案例，是"中国制造"走向"中国创造"的重要突破，习近平曾指出，"高铁是我国装备制造的一张亮丽名片"。中国高铁始终以创新作为根本，坚持走中国特色的自主创新道路，构建了具备自主知识产权的先进技术体系，提升了中国在全球产业制造链和全球商品价值链中的地位。中国高铁"走出去"涉及高速铁路的工程建造及后期的运营管理，也实现了中国的出口产品由低端制造业到高端制造业、服务业的扩展。高铁及高铁相关产业的发展扩大了中国对外开放的范围。

高速铁路作为客运专线，其快速发展使得与之并行的既有线的货运能力得到极大释放，推动了中国铁路主要通道实现了客货分线运输，有效地缓

解了货运能力长期紧张的局面,物流周转速度明显加快,成本有效降低。随着"四纵四横"高速铁路网络的建成,中国开始向"八纵八横"的目标迈进,城市之间的互联互通,极大地压缩了空间距离。高速铁路具有强大的廊道效应、集聚效应和辐射效应,能够带动现代产业聚集和城市聚集,扩大中上游产业比重,从而改变区域经济结构、促进产业结构的优化升级和产业布局的调整,并将进一步带来人口的流动。高速铁路的发展改变了人们的生活观念、工作模式,实现了就业与居住的分离,带动着人口的流动。在高速铁路的助推下,全社会的资源要素尤其是人才等素加速流动,为企业提高协同创新能力、改善经营效率、提高经济发展质量提高了必要条件。资源要素的流动、人才的交流合作、创新能力的提升,都将助力中国经济结构转型升级,扩大对外开放范围。

(二) 高铁推动区域协调发展的对外开放格局

中国幅员辽阔、人口众多,各地的自然资源状况、社会发展情况差异较大。从区域地理位置和发展梯度的角度,可以划分为东部沿海、中部、西部、东北四大区域。各个地区往往从自身实际出发,结合各自比较优势,制定相对独立的区域政策和发展规划。东部沿海地区由于地理区位优势,在上一轮的对外开放格局中率先发展,京津冀、长三角、珠三角成为中国经济最具活力、开放程度最高、创新能力最强的区域,与中西部地区的差距越拉越大。为统筹国内发展全局、缩小区域差距,中央结合各地发展实际,制定了"西部大开发""振兴东北老工业基地""中部崛起"等区域发展规划。这些区域规划的实施,加大了这些地区的对外开放力度,为其有序承接国际及沿海地区产业转移、加快工业化进程提供了重要的机制保障。地区发展活力竞相迸发,区域发展格局也发生了积极而重大的变化。2007年,西部地区的经济增速首次超过东部,此后,中西部地区经济增长一直势头强劲,成为中国经济的重要增长极。在东部地区经济增速放缓的现实背景下,构建东中西部协调发展对外开放新格局是必然趋势。高速铁路在这一过程中发挥着重要的助推作用。

东部地区经济发达,人口稠密,这一区域也是中国高铁网络布局的重点区域,这一区域人员流动频繁,经济外溢效应强。中部地区地处中国大陆腹地,起着"承东启西"的作用,也是高铁线路密集穿越的重要区域。中部地区具有丰富的矿产资源,基础设施和其他配套设施体系相对完善,具有巨大的发展潜力,正日益成为承接国际产业转移和东部沿海地区产业梯度转移的主要地区。高速铁路将进一步加快中东部地区的要素流动、实现区域资源共享,产生"同城效应",推动沿线地区产业转型和协调互补发展。同时,中部地区文化底蕴深厚,旅游资源丰富,高速铁路将助力中部地区建设文化强省和旅游大省,发展壮大现代服务业。西部地区自然资源丰富、市场潜力巨大,是"一带一路"规划的核心区域,也是高速铁路重点建设区域。但由于自然、历史、社会等原因,这一地区一直以来经济发展相对落后,迫切需要加快对外开放和现代化步伐。上文论述了高铁对于"一带一路"倡议实施的重要作用,西部地区作为"丝绸之路经济带"的起点,高速铁路对实现西部地区与"一带一路"沿线国家战略对接,推动国际分工的深化和国际贸易的扩大具有巨大的作用,同时高速铁路也将加强西部地区与中东部地区的联系,助力其现代化建设和承接产业转移。高速铁路对于推动东中西部产业转型和互补发展、构建区域协调发展的对外开放格局具有巨大助推作用。

(三)高铁外交推动各国合作共赢的队伍开放格局

近些年来,"高铁外交"逐渐成为一个热点词汇,2009年10月,中国与俄罗斯签署了发展高铁的备忘录,可以视为中国高铁外交的最早实践。此后,中国国家领导人在多个外交场合积极推广中国高铁,2013—2014年曾掀起了中国"高铁外交"的热潮。中国企业参与建设的土耳其安伊高铁二期工程已通车并移交土耳其、沙特麦加—麦地那高速铁路于2018年全面建成、印度尼西亚雅万高铁于2023年正式通车、中泰铁路项目获批开工等都是中国"高铁外交"取得的显著成就。"高铁走出去"将在以下几个方面为中国在国际层面打开对外开放新格局提供助力。

中国高铁"走出去",不仅仅是中国高铁产品、高铁技术走出去,更意味着中国高铁标准走出去。近年来,中国铁路总公司主动参与国际标准修制订工作,主持参与国际标准化组织、国际铁路联盟重要国际标准55项,成为国际铁路标准修制订的重要力量。"高铁走出去"在提升中国高铁在国际同行业中的地位、重塑国际产业分工格局、提升中国在全球价值链中位置的同时，更有助于提升中国在国际经济交往中的形象和量级，扩大中国在国际标准制定、国际贸易规则制定等国际经济秩序中的话语权。此外，中国高铁企业积极参与全球铁路建设，与世界各国开展非资源领域合作，有助于中国与其他国家彼此增进互信，为中国在国际舞台上发挥引领作用打下坚实基础。

　　高铁作为人类社会发展的重要成果，理应让世界各国人民共同享有。在传统的霸权单边主义的国际公共品供给模式下，大多数落后的发展中国家民众无法平等地享有高铁带来的便利。中国以"一带一路"倡议为契机，积极推动中国高铁"走出去"，致力于实现"一带一路"沿线国家的互联互通，欢迎沿线国家搭乘中国发展的快车、便车，与世界各国人民共享发展成果。中国以非霸权的供给模式向"一带一路"沿线国家提供高铁这一国际公共品，愿意为世界各国提供高铁，为此，中国规划了中俄美加高铁路线，并积极参与各国高铁建设。高铁"走出去"必然通过非霸权主义的国际公共品供给模式，推动国际分工的扩大和国际交换的扩大，推动、引领经济全球化朝着纵深发展，构建更加"开放、包容、合作、共赢"的对外开放新格局。

第八章 发挥高铁战略作用的政策体系

本章基于高铁战略支撑现代化经济建设的理论机制,特别是其中两条建设路径,构建发挥高铁战略作用的政策体系:以建设现代化经济体系为根本目标;对内发展方面,基于高铁经济,围绕微观生产效率和宏观发展质量提出具体的政策措施,促进国内经济持续健康发展;对外开放方面,在"一带一路"倡议下,围绕高铁"走出去"形成的国际公共品供给新模式,提出具体的政策措施,开创对外开放新格局;最终建立现代化的经济体系。

第一节 微观层面:以高铁提升经济效率

一、高铁提高要素配置效率的对策

(一)劳动力方面

国家统计局的数据显示,早在2018年末,中国16~59岁劳动年龄人口为8.97亿人,比2017年末减少470万人,首次跌破9亿人口大关;2022年末,该数字进一步下降到8.76亿人。劳动年龄人口占总人口的比重从2018年的64.3%降至62.0%。中国长期享受人口红利,受计划生育影响,劳动人口总量增速放缓,在2011年到达峰值9.41亿人后开始下降。到2022年,中国劳动人口数在11年间减少约6000万。劳动人口总量减少的同时,流动人口数量自2014年到达峰值2.53亿后持续下降。

一边是劳动力总量减少,劳动力流动率下降,提供生产和服务的人数下降。然而,消费需求却不断提升,导致劳动力成本上升,许多跨国公司,尤其是制造业,把目光转向劳动力更为廉价的东南亚国家市场,中国的人口红利在国际市场上已逐步丧失优势。加之 2018 年以来,中美贸易摩擦,全球经济下行,整体就业市场景气指数下降,预计未来几年就业人口总数将继续下降。另一边是劳动适龄人口养老压力大,2022 年我国 65 岁以上人口超 2.1 亿,占总人口的 14.9%,老龄化进一步加剧。随着"少子化"的问题日趋突出,老年抚养比快速攀升,从 2002 年的 10.4% 提升到了 2022 年的 21.8%,劳动者和社会养老体系的压力显而易见,这便要求提高劳动力的附加生产值。

第一,高铁增加劳动者的异地交往。一方面促进不同地区的信息相互流通,使劳动者能够在更广阔的就业市场择业;另一方面促进人才的知识交往和经验分享,使劳动者的素质得到有效提升。如果人们选择就业城市时考虑更多的是岗位本身,而不是城市户籍和空间距离的限制时,自然能创造一个更为繁荣和更大规模的劳动力流通市场。在这个市场中,不只有劳动者本身的自由流动,更有高级人才所拥有的技术知识和专业经验的交流和传授,劳动力流通成本降低,劳动者竞争力提高,劳动附加产值增加。

第二,实现高铁沿线城市就业市场信息互通。这一做法能够有效降低异地就业壁垒,建立健全更合理高效的落户制度。比如沿线吸引每年 800 多万名应届毕业生部分来本地就业,或与其他高铁沿线城镇携手共建职业技能培养体系、专家学者研讨会等,促进高技能人才充分就业。加大在经济发展落后区域开设高铁线路,努力提升不同城市之间、城乡之间的公共服务一体化水平,以此推动区域、城乡均衡发展,减弱产业和资本对劳动者的绝对吸引地位,由此在产业和资本弱的地方可以通过公共服务、宜居环境吸引劳动者,而非地方政府的同质化竞争。当各城市之间的就业市场信息基本畅通、公共服务水平基本一致的时候,自由流动的庞大劳动力群体将为市场经济发展带来知识红利,增添非凡的增长活力。

(二)资本方面

首先,发挥外来资本偏好和本地资本优势。高铁相较于其他交通工具对城市经济发展影响更大,对当地甚至整个区域的影响将渗透到各方各面,外来资本偏好和本地资本增值是高铁能够推动资本要素在当地优化配置、带动当地发展的两项重点。交通基础设施建设能拉动外来资本对当地的投资以及高铁新城的土地增值能在一定程度上激发本地区各项经济活动的活力。随着高铁的开通,高铁周边的土地价值直接被拉动,资本市场对本地区因为交通改善而带来潜在的经济发展信心,往往伴随着其他社会资本的聚拢和增值,从而资本要素被吸引过来,这是高铁带动城市发展的一大主要原因。一旦大量优质资本被吸引过来,当地获得的不仅是经济增长,还有经济发展水平的提升。例如,京沪高铁的开通极大带动着沿线的基础设施建设,对沿线电力、车站等一系列改造不断推动中国基础建设水平的提升,从而更好地支撑经济发展水平,为经济增长激发潜能。

其次,高铁将资本引入本地特色产业。资本注入某一地区的同时,自然意味着降低了另一地区吸引资本的机会,高铁拉动当地投资的巨大优势将随着越来越多的城市纷纷开通高铁逐渐被同质化竞争掩盖。一旦城市没有因为高铁开通而带来期望的外部投资,当地政府将可能陷入因投资高铁建设导致的债务危机中。这也就意味着城市无法仅凭开通高铁这一个因素,就能轻松获得资本市场的青睐,而是需要明确如何充分把握和发挥高铁运营所带来的优势来更好地促进和发展本地区特色产业,从而避免在与其他城市竞争资本的时候落败而沦为过道。在中国高铁快速发展的这十余年间,不乏有郑州、合肥、长沙、重庆等高铁新贵城市,为当地经济发展带来新增长点。因此,在未来对高铁站点和线路的顶层设计中,必须依据当地自身的经济发展水平和产业优势,引导资本有效、合理流动,优化资本要素配置。

最后,高铁建设推动投融资体制改革。高铁本身的建设需要巨大的资金,中国铁路建设形成的债务主要由中国铁路总公司和地方各级政府承担。根据中国铁路总公司财务报告显示,公司债务由 2010 年末的 1.89 万亿元增至 2022 年末的 6.11 万亿元。中国铁路总公司和当地政府部门应该考虑完善投资高铁的市场机制,合理控制由于高铁投资造成的债务压力和风险。譬如,引入社会优质资本进入铁路建设领域。2019 年 10 月,山东铁路投资控股集团有限公司转让济(济南)青(青岛)高铁 7.16% 股权,引入战略投资

23.86亿元,其中农银金融资产投资有限公司投资10亿元,中金资本运营有限公司投资13.86亿元,且中金的投资由其代理的科威特投资局投入,这是中国高铁第一次成功引入国外知名机构投资者。下一步济青高铁或将准备上市,继续转让其30%股权,这是推进中国铁路投融资体制改革与混合所有制改革的有益尝试。

(三) 技术方面

习近平指出:"中国是世界上最大的发展中国家,发展是解决中国所有问题的关键。要发展就必须充分发挥科学技术第一生产力的作用。"[①] 经过70多年的发展,中国创新能力不断增强、国际影响力逐步扩大,对人才吸引力逐渐加强,形成新中国成立以来最大规模留学人才"归国潮",在中国境内工作的外国人已达数十万人。科技人才引领创新发展的作用显著增强,有力推动了中国创新驱动发展和创新型国家建设。尽管中国研发人员投入强度不断增大,但与国际一些发达国家相比人均强度较为落后,2017年,中国万名就业人员中研发人员的数量仅为德国、韩国的1/3左右,日本、俄罗斯、英国的1/2以下。该数字虽然在2021年末提高到77人,但是和发达国家相比,仍然有很大的差距。

一方面,高铁建设加快地区间的技术溢出。生产力水平发展到今天,不难发现大国之间的竞争本质上就是生产力之争,生产力竞争的核心就是科技创新能力之争。尽管创新驱动发展战略是国家重大战略,但在许多领域由于与国际先进水平差距较大、关键技术遭受封锁、基础研究薄弱等使得创新要素规模驱动能力减弱。随着劳动力、资本等要素质量不断提高,经济由高速增长转向高质量增长,这将要求依靠更优质的人力资本质量和更广泛全面的技术进步,创新必须成为驱动发展的新引擎。在高铁建设过程中,技术研发的资金投入巨大,技术资源密集的地方基本也是资本和高素质人才密集之处。技术的研究、发展和应用离不开人才,离不开培育科研人才的土

---

① 习近平.让工程科技造福人类、创造未来——在2014年国际工程科技大会上的主旨演讲[R].新华社,2014-06-03(02).

壤。因此,一般来说,大城市更容易吸引技术要素的聚集,科技人才主要分布在企业、研究与开发机构、高校三大类部门,其中企业所占比重最大。因此,需要通过高铁建设加快沿线地区或城市之间的技术溢出。

另一方面,以高铁推动沿线区域高技术产业转型升级。随着高铁线路的密布,时空压缩效应使要素流动更为频繁,如何利用高铁运营的便捷打造区域型科技创新产业,尤其是高端装备制造业、生产性服务业等,当对技术的需求不再只停留于城市中而是区域产业中,技术要素将随"看不见的手"流通到被需要的地方。对于中小城市,重点是通过共享技术成果加快培育技术在不同场景的应用,因此要建立健全科研人员流通合作政策和站点,全面整合区域层面技术研发和应用资源。在政府对创新的正确干预和引导下,顺应新一轮科技革命和产业变革的兴起,以大数据、互联网、物联网、人工智能等为代表的新一轮信息技术为核心抓手,构建以企业为主体、市场为导向、产学研相结合的技术创新体系,建立有效承接产业转移的引导政策、流转平台和应用场景,加快沿线区域高技术产业的转型升级。

二、高铁提高企业生产率的对策

(一) 第一产业企业

第一产业企业以利用自然力为主,生产不必经过深度加工就可消费的产品或工业原料,主要包括农业、林业、牧业、渔业。农业不仅是第一产业的核心业态,是人类衣食之源、生存之本,也是一国经济发展的基础,为国民经济其他部门提供粮食、副食品、工业原料、资金和出口物资等。 国只有农业兴旺,人民的生活才能安定,生产活动才能运转,国家才能谋求发展,农产品也经常作为轻工业的原料参与到第二产业部门生产中。

总体来看,中国农业部门消解了工业化和城镇化所带来的冲击,避免了经济快速发展造成的农业衰退,但这不能掩盖农业发展所面临的问题。农业发展长期人多地少,地块分割,受自然灾害影响大,农产品"大而不强、多而不优",化肥和农药等化学试剂的大量使用导致我们付出沉重的环境代价。在新的历史方位下,中国经济进入新常态,经济增长放缓,资源环境压力凸显,要求解决农业发展的矛盾必须要从供给侧入手。敢于突破农产品售价的"天花板",尽力控制农作物流通成本,使农业企业加快回笼资金,投入其他农业生产中。

第一,以高铁推动传统农业走向现代农业。高铁的开通能够提升第一产业部门生产率,推进乡村振兴事业繁荣。中国从传统农业走向现代农业、从简单农业走向信息农业、从农业大国走向农业强国,离不开农业技术人才的创新驱动、农业规模经营的效率提升、农业销售渠道的精准畅通。第二,以高铁推动农业技术创新。借助中国高速铁路网"八纵八横"建设,促进高铁沿线区域农业人才的交融合作、农业模式的创新探索和农产品的低成本流通。政府带动搭建生鲜农产品信息共享平台,带头制定政策,直接对接电商信息系统,建设辐射全国的农产品网络交易平台,实现农产品的高效流通。第三,高铁建设向农业部门较多的区域倾斜。在大型农产品贸易中心附近设立连接高铁的交通枢纽,在农业集中区域设站以吸引更多人才、技术和资金,打造和维护农业品牌。第四,以高铁扩大农业合作范围。进一步扩大规模,拓展合作领域,增强农产品深加工能力,提高产品附加值,建立农业技术转移转化平台,提升区域农产品科技含量。专列运输高品质农产品以保证蔬果的新鲜程度,通过沿铁路线延伸农业开放合作范围,不断提升农产品生产和流通效率。

(二)第二产业企业

一是利用高铁的空间压缩效应降低企业成本。第二产业的企业生产率受生产要素的影响十分显著。高铁通过缩短企业间商谈时间,降低信息沟通成本,促进信息快速流通,加速人员、技术和资本等生产要素的流动,最终影响企业资源配置效率和全要素生产率水平。在前面的论述中,我们已经认识到城市的边界不断被冲刷瓦解,区域一体化逐步冲破行政区划的制度堡垒变得更加紧密,高铁正充当着区域大动脉,直接或间接地输送着源源不断的经济增长所需要的最鲜活的血液,高铁所产生的时空压缩效应能够极大优化生产要素的资源配置,从而提升第二产业企业生产率。

二是利用高铁做好城市间的产业转移和承接准备。大城市由于其对生产要素的轻松吸引和拥有庞大市场的规模优势,企业生产率已达到较高水平,接下来亟须研究如何通过政策促使高铁提升中小城市的工业企业生产率。生产要素的流动是相对的,当人才和资金流入某一个地方,自然从另一个地方流出。中心大城市是集聚生产要素的强力"吸铁石",将周边中小城市赖以发展的人才和资金虹吸过去,可能造成外围这些次发达城市的优势资源和发展机会被"抢"走,严重时可导致当地经济"空心化"。但也不能忽视当中心大城市的生产要素过度集聚时,高铁所带来的就不再是对中小城市的虹吸效应了,而是生产要素和产业的溢出效应。因此,加强本地区政策对生产要素的吸引力,以及时刻准备好积极承接大城市溢出的人口和资金,是提升中小城市工业企业生产率的重点。

三是利用高铁打造本地先进制造产业。首先,必须处理好政府和市场的关系,不能全部管起来,也不能全部交由市场决定,高铁拉近两地距离,本地政府要借此主动学习和参与中心城市政府的区域一体化宏观规划,打破市场隔阂,相互交流经验。其次,必须打造本地特色优势工业产业,错开与其他城市发展相同业态经济的竞争,否则伴随高铁开通,本地人才和资金总会跃跃欲试,流向其他城市的工作岗位,只有本地产业具备优势,才有信心留住本地生产要素,同时吸引县镇、其他临近城市或中心城市溢出的人才和资本。最后,必须以科技创新支撑和引领产业结构优化升级,以完善产权制度和要素市场化配置为重点,在加强知识产权保护和运用的基础上,以提高技术含量、延长产业价值链、增加附加值、增强竞争力为导向,推动三次产业结构、行业结构、技术结构等不断调整优化。

(三)第三产业企业

随着人均国民收入不断提高,劳动力依次由第一产业、第二产业向第三产业转移,经济发展的核心产业依次由农业、工业升级为服务业,供给结构的不断演进是支撑产业升级的源泉。服务业的发展有利于建立和完善社会主义市场经济体制;有利于加快经济发展,提高国民经济素质和综合国力;有利于扩大就业,缓解中国就业压力;有利于提高人民生活水平,实现小康。

自 2015 年中国第三产业总产值首次超过第二产业以来，占比也持续增高，2022 年达到 52.8%，超过中国经济总产值的一半。2022 年，中国第三产业就业人员为 3.59 亿人，占比达 48.0%，其中 16~24 岁年龄段青年从事服务业的人数占比均达 70%以上。

第一，通过高铁提升沿线第三产业的空间效率。高铁本身作为交通运输业的一部分，参与第三产业的经济贡献中。高铁开通首先会在高铁站点附近周边形成区域内零售、餐饮等服务业的高密度聚集，由站点向外延伸分布租赁和商务服务业等。高铁新城继而助推城市空间的扩展，为服务业的发展提供需求市场和空间场所。第二，以高铁加快打造现代服务业。这些传统服务业的生产效率比工业要低，造成劳动生产率下降。要提高第三产业企业生产率，就必须调整第三产业结构，从传统服务业转向高端服务业、新兴服务业等生产率较高的部门，如金融、科研、文化、教育、医疗等产业。第三，以高铁推动服务业与当地城市规划相结合。提升城市可达性、带来便捷客流为契机，以高铁发展与当地城市规划、服务业升级协同发展，将高铁带来的长期影响纳入城市空间产业布局的规划考虑中。在制定相关服务业的政策上，促进市场化机制的转型和落实。第四，利用高铁优先发展高附加值服务业。从行业分布来看，信息服务、科技服务、商务服务三个知识密集型行业中企业的服务半径不断扩大，都属于高附加值服务业，这就需要高铁加快推进公共服务一体化建设，为高附加值服务业发展提供便利。

三、高铁提高空间经济效率的对策

（一）优化现代农业布局

实施乡村振兴战略是建设现代化经济体系的重要基础和有力支撑。顺应中国亿万农民对美好生活的向往，立足国情农情，统筹推进农业高质量发展，坚持城乡融合发展，从而推动农业全面升级、农村全面进步、农民全面发展。早在 2016 年 1 月，国务院印发《关于推进农村一二三产业融合发展的指导意见》中就明确提出，以新型城镇化为依托，推进农业供给侧结构性改革,着力构建农业与二、三产业交叉融合的现代产业体系,并就发展产业融合方式、培养产业融合主体、完善产业融合服务等方面作出了全面部署。到2020年,农业发展最大的特色是融合农村产业发展的总体水平明显提升,基本形成产业链条完整、功能多样、业态丰富、利益联结紧密、产城融合更加协调的农业新格局。

一方面,高铁建设能够发挥农业区位优势。高铁网带形成及其基本特征和功能,是沿线现代农业的新机遇和新动力。高铁为沿途农业农村带来食品、旅游、生态、休闲、养生等消费需求,辐射沿线地区,助推农业农村振兴发展,扩大农产品需求,加快农产品流通,提升农村农业产值。目前,中国农业的区域布局既受地方产业规划影响,又受产业的全国区域规划影响。中国农业的主要矛盾已由总量不足转变为结构性矛盾,突出表现为阶段性供过于求和供给不足并存。《全国农业可持续发展规划(2015—2030)》中指出,要确保耕地保有量在18亿亩以上,确保基本农田不低于15.6亿亩[1],且将中国农业发展的区域布局分为优化发展区、适度发展区和保护发展区,划定具体区域范围。这对农业发展的区域布局规模产生了影响。

另一方面,打造高铁沿线农业产业带。基于此,政府应积极响应完善现代农业布局,努力构建高铁沿线现代农业产业带,向农业农村地区开放经济增长快车道;充分发挥特色农产品比较优势,加大开放、建设合作共享共赢的产业高铁经济板块;进行政策引导和激励,促进资金技术、信息、流通等要素向现代农业集中;科学研判市场需求,优化产业布局,加快调整农业结构,实施品牌兴农战略,大力发展休闲农业,培育康养产业,打造都市周末旅游目的地;持续加强在种植养殖精深加工、农业信息技术、冷链物流、电子商务、市场营销、农业循环经济等多领域的深度合作,全力做大做强做优农产品精深加工和流通,真正把高铁速度转化为发展动能,把高铁效率转化为农业产业战略实施的助推器。

(二) 优化现代制造业布局

一个国家如果没有制造业则难以拥有坚实的立国基础、持续的经济繁

---

[1] 农业部. 全国农业可持续发展规划(2015—2030年)[R]. 农业部,2015:154.

荣和人民的安居乐业。对于在21世纪中叶即将全面建成社会主义现代化强国的中国而言,由制造大国走向制造强国是实现第二个百年奋斗目标的强劲"发动机"。从传统简单制造业走上现代先进制造业的发展道路,不仅是实现中国发展方式转变的重要抓手,也是破解国内发展不平衡不充分问题的重要途径,更是建设现代化经济体系的重要支撑。

1. 利用高铁发展推动制造业创新体系建设

当前,中国制造业发展面临着制造业创新体系不健全的问题,工业基础还有大量短板,企业普遍存在研发投入低、创新能力不强的问题;产品档次不高,缺乏世界知名品牌,企业全球化经营能力不足;先进制造业发展环境亟待优化,企业综合成本负担较重,高端人才和高技能人才短缺;资金"脱实向虚"的倾向比较突出。高铁的发展有助于在较短的时间内建立健全制造业创新体系,集中力量突破国际技术封锁,又能发挥规模经济优势,推进全国范围内制造业功能的整体部署。为制造业布局打造区域化产业链,应加快抢占新一轮信息技术、新材料技术、新能源技术的突破和应用,探索新的丰富的产业组织形态和产业模式。

2. 利用高铁发展推动制造业布局的转型升级

高铁极大压缩了区域的时空距离,降低了区域交流成本,扩大了生产消费市场,使区域联系日益紧密。到2030年,中国铁路网规模达到20万公里左右,其中高铁4.5万公里左右,基本实现内外互联互通、区际多路畅通、省会高铁连通、地市快速通达、县域基本覆盖,实现相邻大中城市间1~4小时交通圈,城市群内0.5~2小时交通圈。在以高铁为核心的交通保障层面,充分发挥高铁高效联动和促进要素流动的优势,促进高铁与其他基础设施的协同作用,打造高铁、城际铁路、市域市郊铁路、城市轨道等多层次的轨道交通,支撑和引领空间集约开发、优化发展,进一步发展和优化高铁提升企业资源配置效率,提高企业全要素生产率水平。

3. 利用高铁发展打破制造业的"低端"困境

国际金融危机后,世界主要发达国家纷纷实施"再工业化"战略,持续加力推动本国制造业发展。无论是美国突出创新优势的"先进制造",德国突出智能制造的"工业4.0",还是英国强调"制造业+服务业"的"高价值制造"，以及日本以大数据为主的"下一代制造"，着力点虽不尽相同，但核心都是通过发展先进制造业，抢占产业发展制高点。国外跨国公司也在积极利用全球化的生产网络和组织模式，以核心技术和专业服务牢牢掌控价值链高端环节，中国先进制造业发展面临被"低端锁定"的风险[1]。由此，必须通过高铁产业链的发展带动制造业质量变革、效率变革、动力变革，做大做强中国的高端装备制造业。

4. 利用高铁建设推动政府在制造业布局上的顶层设计

在宏观布局层面，政府要加强引领，健全跨区域政府联系重点企业、联席会议等制度，推出鼓励发展制造业的政策举措和专项扶持计划。在微观营商层面，政府要优化服务，放开市政平台有效资源，提高企业的行政事务处理效率，减少企业行政运行成本；放宽市场准入条件，鼓励民营资本参与区域产业投资，激发市场活力；统一对创新人才引进、培养机制的协同管理，支持科技研发和创新驱动，为优化制造业布局营造良好的政策环境。

（三）优化现代服务业布局

服务业变迁经历了漫长的历史，社会性质也随着随之转变，从为生活服务发展到为生产服务，从物质满足服务扩展到精神文明服务，从营利性质服务延伸到公共领域服务，具有消费来源广泛、消费需求纵深、企业业务技术性强、经营分散化和地域化等特点。对于现代服务业而言，服务产品具有不可运输性、不可储藏性等特征，传统的空间距离已被时间距离所逐渐取代，而成为影响服务业空间布局的关键因素。高铁开通缩短了旅行时间，降低了服务业贸易成本，提升了区域产业联系，重塑了城市服务业的空间布局。

1. 利用高铁发展解决现代服务业产业结构不平衡问题

生产性服务业是当今多数国家经济增长的主要动能，处于新型国际分工和国内区域分工体系中的价值链高端。但是，它依附于制造业企业而存在，贯穿企业生产的上、中、下游等环节，以人力资本和知识资本作为主要投入品，把日益专业化的人力资本和知识资本引进制造业，是二、三产业加速

---

[1] 罗文. 紧扣高质量发展要求 加快发展先进制造业[J]. 机械工业标准化与质量，2018(06)：9-11,56.

融合的关键环节。高铁发展引导现代服务业"人才流"和"信息流",从生产和消费两个环节引起服务业在高铁城市的集聚,由此为出发点,推动现代服务业合理、均匀、充分布局,构建科学、均衡的生产性服务业空间格局。

2. 通过高铁建设现代服务业集聚枢纽

要加快各地服务业发展,提升服务业层次,拓展服务业功能,不断提升服务业在经济总产值中的比重,加大培育培养高水平人才力度,促进地方经济的全面、协调、可持续发展。继续支持北京、上海、深圳以及以省会城市为主的中心城市优化本地生产性服务业发展质量,加快围绕高速铁路路网建设规划的区域交通一体化科学推进,建设现代服务业集聚枢纽区,努力打造从枢纽极化结构到线性分化结构,再到圈层结构演变,加大辐射高铁沿线城市和区域其他城市的能力。

3. 通过高铁网络引导服务业人才流动

中国服务业的从业人口主要集中在东部、南部和中部部分地区,比如上海生产性服务业从业人口密度达239人/平方公里,西部地区除西安、成都外,从业人口密度在18人/平方公里以下[①]。高铁沿线城市的生产性服务业平均从业人口密度增速较明显,而非高铁沿线则表现出相反趋势。受高铁虹吸效应的影响,中西部一些优质生产要素难免流向东部大城市,政府必须加大对中西部地区发展生产性服务业的政策支持和引导,建立健康可持续的人才引进方案,如变"刚性"引进为"柔性"聚集,促进与东部城市优质人力资源的友好频繁交往,以激发潜在的正向集聚效应释放而尽力削弱负面的虹吸效应。

四、高铁提高市场效率的对策

(一)形成统一的市场

市场的规模越大,效率就越高,要建立统一的市场,就要消除分割。产

---

① 覃成林,杨晴晴.高速铁路对生产性服务业空间格局变迁的影响[J].经济地理,2017,37(02):90—97.

品消费市场的分割伴随互联网电商的兴起和全国高效物流体系的建立而被打破,现今跨区域购物甚至跨境购物都十分便捷。然而,服务消费市场难以通过互联网体验,必须线下到店或者到点消费,比如旅游、医疗、培训等消费市场地区分割的程度主要取决于跨区域交通成本的高低。消费另一端的生产市场,更需要降低跨区域成本,以达到要素的自由流通。劳动力的跨区域成本体现在交通成本、户籍制度所捆绑的异地公共服务的流失成本以及异地生活成本;技术外溢的成本主要来自高素质劳动力的跨越成本;资本流动的成本体现在地方保护的政策壁垒中。人口自由流动将带来地区之间的劳动生产率和人均收入的趋同。

一是高铁实现时空上的统一。当某地区工资水平较高时,另一地区的劳动者是否进入该地区工作,取决于他(她)由于跨越地区而带来的成本。如果该地区工资能够覆盖并超过其户籍地工资与跨地区成本之和,那么人口流动便会发生。高铁网络越发达,使跨越地区的成本越低,人口的自由流动越充分,不同地区的收入差距越小,市场愈发统一。高铁实现了人口持续流动,形成区域统一市场,随着人口频繁自由地冲刷行政区划的边界,逐步形成全国统一市场。

二是高铁实现信息上的统一。高铁能够在较短时间内运输大量客流,极大提高了人口流动的效率和意愿,同时在异地来往的过程中,人们掌握的不同地区信息越来越多,推行市场保护的成本越来越高,进而打破某地市场的准入壁垒,消除信息不平等带来的价格失衡,加快形成全国统一的生产和消费市场。高铁线路的日益延伸,为庞大人口在全国范围自由频繁流动提供了现实基础,为推动市场信息实现统一消除了信息不对称,进一步地,能够优化资源配置、统一生产标准、提高生产效率。

三是高铁实现服务上的统一。不断扩大高铁网络范围可以增强对中西部不发达地区的覆盖能力,加强各地区公共服务供给水平,加速落后地区脱贫致富进程,降低欠发达地区旅客的出行成本,推动沿线经济走廊和经济带形成,促进产业结构的转型升级,消除地区分割,实现市场服务的全国统一,有效满足多类型、多层面和多选择性的不同地区经济要素对市场服务的需求,推动区域经济社会乃至全国统一市场的发展。

（二）形成竞争的市场

中国现有市场尚没有达到充分竞争的要求，地方政府的行政权力过大，社会主义市场经济体系尚未建立完善，一些国有企业仍盘踞着应交由市场充分竞争的行业，从而使得市场主体力量和权利关系错位，导致要素市场无法平等流动，消费市场必须承担垄断价格等。

1. 高铁网络打破地区间的市场藩篱

目前，"八纵八横"的中国高铁网络建设，正在区域层面消除地方保护主义的藩篱，废除妨碍统一市场和公平竞争的各种规定和做法。因此，需要利用高铁发展的契机，在产业层面打破行政性垄断，加快要素价格市场化改革，放宽服务业准入限制，激发各类市场主体尤其是民营企业的活力，实现产权有效激励、要素自由流动、价格反应灵活、竞争公平有序、企业优胜劣汰。

2. 高铁的时空效应推动生产要素之间的竞争

高铁产生巨大的时空压缩效应，降低了生产要素的流动成本，促进了知识信息的流通和交换，冲击了市场行政壁垒。当社会上信息流通愈发通畅、货物运输成本降低、经济要素流动自由的时候，地区性的商业垄断将难以为继，这是因为消费者能够接触更为优质同时更低价格的产品，垄断性的生产要素在经历长期垄断后很难适应市场快节奏的竞争，从而不得不提高自身的竞争力迎接更加激烈的市场挑战。当高铁的发展推动生产要素跨区域流动时，束缚市场主体活力的枷锁就被打破，阻碍市场和价值规律充分发挥作用的弊端就被解除，充分竞争的市场将会快速形成。

3. 高铁促进政府对市场竞争的监管作用

党的十八届三中全会强调了市场在资源配置中起决定性作用。其中，价格竞争又是最为关键的一环。市场在资源配置中起决定性作用和更好发挥政府作用，就是向完善社会主义市场经济体制迈出新的步伐。这并非要求全权放弃政府对市场竞争的监管，全然拥抱市场经济体制，而是要求"看不见的手"和"看得见的手"都要用好。高铁开通之后，不同地区市场之间的联系更加紧密，竞争也更加激烈，从而推动市场和政府之间的共同作用、有机统一、相互补充、相互协调、相互促进,加大建立健全公正合理的反不当竞争相关法律,维护市场中的企业竞争水平合理,促进区域经济的健康持续发展。

(三) 形成开放的市场

中国高铁通过融入"一带一路"倡议和自身"走出去"战略这两种方式参与开放市场的建设。"一带一路"倡议推动建设丝绸之路经济带和21世纪海上丝绸之路,构建中国与东盟以及亚欧大陆的经贸通道,推进中国与沿线国家乃至亚欧的共同发展。无论是西域丝路还是海上丝路,高铁都作为不可或缺的一部分,一边连着境内自贸区,一边在沿线国家铺轨修建,高铁既参与到国际贸易的物流运输,也是国际贸易的订单对象。

第一,以高铁"走出去"带动国内装备产业的开放。高铁作为一种具有产业、商品承载功能的工业产品,涵盖设备出口、施工建设以及标准认定等全方位领域,高铁"走出去"成为中国参与和引领"一带一路"国际合作的重要领域和优先方向。高铁自身的开放可视为高铁产业对于相关联产业和衍生产业的开放带动战略,包括铺设铁轨、制造机车和车身、架设电网等一系列产业装备,因此,可以带动国内产业扩大开放,开拓沿线国家市场,加快区域战略布局,推进全球化经营和本土化运作。未来随着中国高铁产业走向世界其他国家和地区,高效中外产能合作模式的构建反过来也会促进国内市场的开放水平。

第二,以高铁"走出去"带动国内消费品市场的开放。在高铁走向国际化的过程中,中国通过"高铁外交",系统地国家宣传推广,在不断提升中国高铁的知名度和美誉度的同时,树立起了良好的中国品牌形象,也正是向国际社会传递良好的国家形象的重要机会,从而增进国际消费市场对中国这个品牌原产国不断积累好感,从而支撑更多的中国品牌走向世界,为建设开放型市场引领风尚、打好头阵。

第三,以高铁"走出去"带动科技市场的开放。高铁对建设开放市场还有更为深刻的意义,即推动了"一带一路"经济走廊建设,扩大了中外科技文化的交流。中国高铁国际化发展对人才的需求很大,既需要精通技术的人才,也需要掌握法律、投融资、国际贸易、经营管理等知识的复合性科技人才,这些人才将为持续深入开放传授经验。高铁是中国先进制造业的代表,高铁产业走出国门,实质上是建立起中国产品"走出去"的一套"本土化"法则,同样适用于其他"走出去"高科技产品。

(四)形成有序的市场

首先,高铁建设的"有序"推动市场的"有序"。高铁作为交通工具本身在交通运输市场的推进是有序的。交通基础设施的建设规模既应适应经济社会的发展需要,也应避免盲目发展所带来的资源浪费。从2016年修编《中长期铁路网规划》提出高铁布局从"四纵四横"迈入"八纵八横",再到2022年建成高速铁路总里程达4.2万公里、覆盖80%以上大城市,高铁路网始终存在着稳定、有序的发展,这也为整个市场体系的发展起到一个示范作用,也成为有序市场建设的基础。这有助于建立综合的市场管理体制,确保市场作用的正常发挥,节约集约利用市场资源,推动市场有序发展。

其次,高铁的时空效应推动市场准入有序、竞争有序、开放有序。高铁的时空效应使生产要素加速集聚,高铁的区域纵横网络能够优化生产力布局,而相关市场"有序"恰恰是生产力布局"优化"的应有之义。"一带一路"建设的推进是循序渐进的,高铁参与引领"一带一路"建设从而国内市场体系融入"一带一路"沿线市场是有序的,这种有序主要体现为准入有序、竞争有序、开放有序。

最后,高铁网络化实现市场中要素流动的有序。积极构建高铁发展的经济社会效益指标,形成一套整体化、标准化和可视化的高铁效益指标体系。建立好基础后,既需要加速劳动力、资本、技术、信息等要素的自由频繁流动,又需要根据高铁网络化发展,探索引导市场中生产要素有序流动的机制;建立更大规模、更高级别的区域监管和规划,消除地区制度堡垒边界,探索构建区域一体化下有序竞争的市场。

五、高铁提高城市经济效率的对策

(一) 城市建设方面

交通枢纽汇集了城市中的人流和物流,是最具有活力和生命力的场所。没有交通枢纽就形成不了交通网络,有效合理的交通系统是城市持续发展的基本条件,高铁站点就是这样重要的交通枢纽,作为城市交通系统的关键节点,能够促进城市新中心的产生或者强化原有城市中心。此外,高铁站点提高了周围地区可达性,能吸引更多的人流、物流和资金流,使社会经济活动聚集,从而带动站点周边的社会经济发展。但高铁建设仍有需改进之处。

一方面,高铁建设应提高城市规划水平。目前,在部分地区高铁站点建设中,当地政府对高铁改善可达性盲目乐观,高铁新城不适当的开发建设屡见不鲜,比如存在初期规模偏大、功能定位偏高、功能定位偏高、发展模式单一、综合配套不完善等问题,削弱了高铁站点带来的交通节点功能,最终高铁带动站点地区发展的能力有限,甚至造成严重的交通价值浪费。因此,必须要不断完善高铁站点周围及城市交通网络的建设,改进交通技术、投资与服务,提高整体或特定地点的可达性,使周边土地的使用功能和强度得以转变,推动土地在空间上重新分布、调整,在优化高速铁站点周边土地利用结构、聚集资金的同时也影响着城市其他内部空间变化,为改善城市空间结构、优化城市用地布局提供基础。

另一方面,高铁建设应打造新型城市产业体系。推动高铁建设与城市发展良性互动,必须重视站城一体融合发展和配套保障建设,完善城市基础设施建设,实现高铁站点与城市公共交通的无缝换乘,尽力降低城市出行成本,缩短出行时间;盘活城市各区功能、社会闲散资本和人口资源环境等,统筹生产、生活、生态空间布局,充分把握和利用高铁带给城市的发展机会;按照市场化原则运作,结合自身资源禀赋、优势定位,发挥和增强高铁站点的辐射作用,培育和壮大城市特色产业,构建枢纽偏好型产业体系,突出产城融合、站城一体,提高城市生产率。

(二) 城市消费方面

1. 通过高铁实现跨城消费的便捷性

高铁能够缩短城市之间的时空距离,提升城际可达性。高铁一小时的生活圈范围扩充至300公里,使沿线消费变得便捷,从而推动二三线城市中的部分消费人群流向一线城市消费。尤其某些高端服务行业,其从业人员要求具备较高的知识文化水平和专业领域研究能力,譬如医疗、金融、咨询、高素质人才教育培训等,从而为普通消费者提供比其所在城市更为优质的服务。这些高端服务行业能够在大城市的激烈竞争中脱颖而出,要么整个行业尚未满足大城市的超大人口消费需求,要么有其不可替代的优势,而中小城市的需求总量和消费意识不足以支撑这些优质高端服务营利预期。因此被闲置的高铁沿线中小城市的这部分需求自然而然流向临近的大城市。这意味着在较短的距离内,能够享受到更大范围的优质产品和服务体验,这样的距离足以将绝大多数有效消费需求转变为实质消费行为,从而激发消费热情,提高消费质量,拉动异地消费经济。

2. 通过高铁促进本地站点消费和完善本地消费市场搭建

高铁站点地区建设推动商业集聚,消费主要以商务办公、休闲旅游和信息交流为主,作为客流集散中心,站点周边的餐饮、住宿、交通等消费市场也在蓬勃发展。消费空间是提供产品或服务的生产者和消费者间的桥梁,即为人们日常消费活动提供的各种空间、场所。搭建更大空间范围的城市消费市场,离不开以下三个条件:一是空间接近性,需要在心里接受的时间内到达;二是消费者的集合市场,包括消费者的结构、数量、收入和生活方式;三是同行竞争者的数量与能力,土地价值随着地块交通状况的改善而提高,带动的就是更高的站点周围商业付租门槛,高铁沿线成为新的商业走廊。

3. 高铁增强了消费能力的空间集聚

高铁的发展强化了城市消费市场的等级分异,进一步扩大了城乡消费差距和收入水平。由此,大城市应合理规划集散人口的空间流动,降低某些地区的聚集程度,做好分流引导工作;大城市城郊等一些远离高铁站点的地区,要加大自身特色产业的培育和壮大,如种植有机果蔬、经营自家庄园等,形成与城市不同的消费市场,吸引不同消费偏好人群,从而享受到大城市因其自身规模和高铁运营带来的福利;中小城市可发展自身在周边地区的优势服务业,尝试吸引更大范围的人口流入,同时利用好自身临近大城市的区位优势,发展休闲旅游业、文化创意产业、高新技术产业等,积极承接大城市或将溢出的消费能力,扩大本地消费市场,加快形成本地特色消费市场。

(三) 城市投资方面

1. 促进风险投资的发展

高铁开通带来的城市投资源于资本市场对本地市场随交通改善、区位优势增强而增添的市场发展信心,以及高铁站点建设所带动的当地土地增值引发的投资。时空压缩、区位优化、可达性提升等因素使得高铁城市能吸引更多的风险投资,有利于当地经济转型和推动创新。高铁之所以在一定程度上改变着风险投资的"本地偏好"使风险投资沿着高铁动脉向更加广阔的地域范围进行扩展,是因为高铁的通车使风险投资和被投企业之间进行面对面交流的便利性和灵活性增加,风险投资可以便捷地获取企业的软信息,减少了风险投资机构对创业企业的筛选、交易和监督的成本,从而推动了风险投资的发展[①]。初创期、扩张期投资的增加,以及非国有背景风险投资在高铁沿线城市的新增投资明显比国有背景的风险投资更多,进一步表明了高铁带来的空间压缩和地理效率提升,促进了软信息的传递。

2. 完善城市的配套投资

区位因素是影响土地价格的决定因素,高铁站点的建设改善了区位条件,提高了可达性,形成资源集聚效应,吸引大量的人流和资金流,使周围的土地价格提高。高铁站点促进地价提升主要充分发挥了其节点功能、场所功能和交往功能,而高铁站的交通枢纽功能、人口商业集聚和优化空间结构又对土地价值反向促进,即随着站点周边土地的开发,公共服务设施和周围商业配套日趋完善,这里将汇集更多的人流、物流和资金流,地价升值幅度

---

① 龙玉,赵海龙,张新德,李曜.时空压缩下的风险投资——高铁通车与风险投资区域变化[J].经济研究,2017(04):195—208.

更大,从而促进城市高密度混合利用土地,使土地开发呈现出城市综合体特征,城市经济活动向高铁站点区域集中。

3. 引导和规范城市投资

虽然高铁能为城市带来发展资金,但必须避免盲目投资的情况,避免过度的土地投机伤害当地商业活动的健康持续发展,必须将有限资金用在提升城市核心竞争力的刀刃上。因此,开发经营者应加强与政府主体的沟通与协调,大力盘活铁路生产经营性划拨用地,明确各自权责,共同探索完善土地综合开发的模式,实现站点地区土地综合开发产业化,兼顾各利益主体的利益分配权益。对高铁站点周围土地的开发除了平面空间开发外,竖向的地下空间开发利用也是土地开发集约利用的大方向,这样可以提高土地的空间利用效率,提高投资回报率。

4. 引领技术创新投资

高铁城市要牢牢抓住城市投资增加所带来的发展机遇,优先支持本地科技创新能力的提升,以创新谋发展,推动落后产业转型升级,增加科技含量,提高产业和城市的核心竞争力。开通高铁的城市更加容易吸引各类生产要素的流入,也有利于各类科技活动的开展和科技人员的交流。因此,要利用高铁开通的契机,鼓励和引导技术创新类投资,实现创新驱动城市发展。

第二节 宏观层面:以高铁提升发展质量

一、高铁提升创新发展质量的对策

高速铁路是当今时代高新技术的集成和铁路现代化的重要标志,反映了一个国家的综合国力。一方面,高速铁路促进了产业结构转型。高速铁路的建设运营,提高了沿线地区产业的自主创新和协同创新能力,加快了产业结构的优化升级。铁路装备制造业依托高速铁路的投资建设,也相应得到了迅速发展,快速推动了"中国制造"由劳动密集型向技术密集型、由低端向高端、由引进向输出方面发展。另一方面,高速铁路的发展还带动了区域产业间的协同创新,拉动了传统产业转型升级和高新技术产业发展,并进一步推动与之相关的上下游产业企业技术链研发创新的浪潮,从而使落后地区能及时借鉴发达地区成熟的技术和管理经验,实现区域产业从劳动密集型向知识和技术密集型的转型,最终促进产业结构的优化升级。高铁从观念、技术、产品、服务四个方面提升创新发展质量。

(一) 观念创新方面

1. 高铁改变人们的时空观念

在不发达的铁路网络下,人们通常用空间范围来理解距离,要想打破人们这种传统的时空观念,必须不断发展和完善高铁网络在全国的覆盖,持续推进"八纵八横"铁路网的建设。"四纵四横"铁路网缩短了各个地区之间的距离,但是条带状的铁路分布,并未对各个区域产生普遍的影响,而推进"八纵八横"铁路网建设,能够使铁路呈网状在全国铺展开来,"同城效应""同域效应"更加明显,"N 小时圈"让人们对距离的理解时间化,打破了传统的时空观念。

2. 高铁创新人们的通勤观念

交通对人们的通勤模式产生很大的影响,一般情况下,人们会习惯于同城通勤,以保证正常的通勤时间,但是较高的房价让很多人对大城市望而却步。若要创新人们的通勤模式,有必要改善交通,在保证高铁运行安全的情况下,提高铁路的运行速度。通过提高高铁的运行速度,人们能够选择"双城通勤",在大城市的周边选择居住地,在大城市选择工作地,实现通勤模式的创新,为更多人提供更多的工作选择。

3. 高铁转变人们的城乡观念

习近平指出:"我国基础设施建设成就显著,信息畅通,公路成网,铁路密布,高坝矗立,西气东输,南水北调,高铁飞驰。"[1]但中国基础设施建设在城乡之间存在一定的差距,因此,加强乡村地区基础设施建设意义重大。推

---

[1] 习近平. 在庆祝改革开放 40 周年大会上的讲话[N]. 人民日报,2018-12-19(02).

动高铁在城乡之间的建设,比如通过"市市通高铁""县县通高铁"等项目的推进,能够改善乡村的交通基础设施建设,促进乡村地区的发展,打破城乡二元对立的局面,促进城乡之间的融合发展。

(二) 技术创新方面

1. 稳步提升自主创新能力

高铁投资规模大,产业链长,其发展需要冶金、机械、建筑、橡胶、电力、信息、计算机、精密仪器、通信等多个产业的协同,因此高铁不仅是一个国家基础制造能力的体现,更是其科技创新能力的体现。中国高铁要持续领跑世界,必须努力提升自主创新能力。在"创新驱动发展"战略背景下,高铁的快速发展将会带动各个相关领域的技术创新和产业升级,实现创新引领发展的更高目标。

2. 加大对科技创新的支持力度

实现技术创新,离不开科研经费的投入、良好科研环境的创设、科研模式的创新以及相关政策的支持。中国只有努力在高铁的硬件技术上加以突破,努力破除国外技术标准壁垒,推动中国标准国际化,才能在高铁领域实现更好的发展。因此,中国要加大对相关领域的投入,深化政府、企业、高校之间的科研合作,努力提高全产业链的创新能力和水平。

3. 加强国际交流与学习

当前中国高铁发展面临来自如日本、法国、德国等传统高铁制造强国的激烈竞争。与中国相比,他们拥有更为成熟的管理经验和较高的安全标准,其技术在国际上也得到广泛的认同。因此,一方面,中国要尽可能加强高铁领域的国际交流与合作,从而逐步实现中国高铁技术进一步突破。另一方面,更广泛的交流与学习有助于推进高铁领域的经贸合作,促进高铁技术的全球发展,以技术创新为引领,充分发挥高铁本身对经济发展的强势推动作用。

(三) 产品创新方面

一方面,通过高铁产业链搭建高新技术的产业平台。高铁是陆路运输设备中的"明珠",已经形成了具有完整的知识产权、中国独有的丰富的经验、数据、技术、产品和品牌,具备了较强的国际竞争力。围绕高铁的发展,中国在冶金、机械、建筑、电力、信息、精密仪器等相关行业都积极投入研发,很多精密、高技术含量的零部件已经实现了国产替代进口。高铁给中国运输装备业树立了榜样,也为中国高新技术产业发展搭建了平台。

另一方面,通过高铁构建产品创新体系。实现引领型发展的关键在于产业创新,打造产业新优势,不但要加快新领域的技术创新和应用,而且要升级传统优势、构建新体系、拓展新空间,推动产业整体朝中高端水平迈进。在技术升级方面,加快高铁产业领域新产品、新材料、新技术、新工艺的研制开发;在产业升级方面,主动适应经济发展新常态,大力培育新产品、新业态、新模式,以高铁为平台,打造新的经济增长点、增长极;在构建新体系上,落实《中国制造 2025》,坚持创新驱动、智能转型、强化基础、绿色发展,加快从制造大国转向制造强国。

(四)服务创新方面

一是高铁运营要挖掘消费者对创新型服务的需求。铁路客运服务创新应将重点放在提高铁路客运的核心竞争力上,紧密围绕核心服务、便利服务和辅助服务这三种基本服务进行横向与纵向的组合,充分挖掘旅客需求,可以采取市场渗透、市场开发、新产品开发等策略创新出特色服务产品。

二是高铁运营要打造"一站式"服务体系。铁路客运服务创新应在稳步提高便捷、舒适、准时、安全等服务的基础上,重视不同类型服务间的无缝衔接,减少旅客购票、候车以及进站出站时间,最大程度上为旅客乘车提供方便。铁路客运企业在开发多功能、多层次的增值服务方面进行创新,如在高铁上配备餐饮、娱乐、商务、办公等相关设施,开办休闲酒吧和茶座、列车超市等列车特色服务,为乘车旅客提供高附加值的客运产品。列车上诸多创新服务的理念可以引入车站规划和建设之中,将一些客运大站建设成开放式的综合服务型立体交通枢纽,形成"吃住行游购娱"为一体的服务体系[①]。

三是高铁运营要探索个性化服务创新。铁路客运企业要在现有服务基

---

① 靳瀚博.新经济下的铁路客运服务创新研究[D].北京交通大学,2015.

础之上,对有个性化需求的旅客开展能够满足其需求的服务,增加特色服务。要依托铁路客运企业自身人才与资源优势,实施差异化个性化服务,确立服务特色,体现竞争优势。突出文化服务,要随着旅客生活、文化层次的提高,创新出能在提高旅客旅行质量的同时还能够促进精神文明建设的服务项目,此外还可以在传统服务中增加文化内容,提高服务的文化品位,丰富服务的文化内涵,切实提高服务创新的质量[①]。

二、高铁提升协调发展质量的对策

(一) 区域协调发展方面

1. 推动区域内部的协调发展

高铁的开通运行提升了沿线地区的可达性,而且对于不同的区域改善程度不同。高铁通车后会将大量的经济要素吸引到高铁沿线区域,使高铁城市快速发展,同时,还需加强政策协调,避免加剧高铁城市与未通车城市之间的发展差距。此外,高铁的开通运营使高铁网络内的经济要素能够自由流动,各自发展比较优势产业,城市之间的发展差距不断缩小,最终实现区域内部均衡发展[②]。

2. 推动区域之间的协调发展

中西部地区的发展落后于东部地区,主要障碍之一是缺乏交通工具。交通管制不仅限制了资源、人才、知识等要素在中部和西部地区的流动,也阻碍了中部和西部地区的融合。连接东中西部的高铁线便于形成国家市场的统一,推动各生产要素在全国范围内优化配置,有助于各地区发挥各自的比较优势。中西部地区高铁的开通,可以增强中西部地区原材料板块和制造业的竞争力,使这些地区的人流、物流、信息流加速流动,使中西部地区内部的沟通更加便利,使区域经济协调发展具有更高的质量。

---

① 靳瀚博. 新经济下的铁路客运服务创新研究[D]. 北京交通大学,2015.
② 张恒龙,陈方圆. 高铁对区域协调发展的影响分析——基于徐兰客运专线的实证分析[J]. 上海大学学报(社会科学版),2018(09):91—106.

3. 推动不同资源禀赋地区的协调发展

目前,中国高铁网络的规划和建设中,更加重视将中西部地区与东部地区的连接起来,比如贵广线、南广线就是连接西南地区和珠三角的线路,以打通不同资源禀赋之间的联系。西南地区的工业基础比较薄弱,但旅游资源丰富;而珠三角地区制造业发达,但资源禀赋不及西南地区。有了高铁的连接,西南地区与珠三角可以更好地进行各种要素的交流与共享。珠三角地区的投资也可能加速向西南地区延伸,进而提高区域协调发展的质量。

(二) 城乡协调发展方面

1. 推进城乡公共服务均等化

高速铁路在统筹城乡发展、推进公共交通服务水平均等方面作用显著。以京沪高铁为例。目前,即使是在京沪高铁沿线七省市这样经济水平相对发达的地区,城乡交通基础设施仍然存在较大差距,城乡公共交通服务水平差距更加明显,农村地区仍然享受不到很好的公共交通服务。"十二五"期间政府工作的一项重点就是大力增加农村公共财政支出,增加农村地区交通基础设施投资,以提高可达性为主要目标,解决农村和边远地区的出行问题;增加农村公共交通支出,实现公共服务均等化。京沪高铁开通后,沿途各站点均形成大小不一的中心圈,高铁不仅仅为站点城市服务,也为圈内农村居民出行提供了便利条件,带动这些地区的公共交通发展。

2. 带动新型城镇化发展

尤其是在加快新型城镇化进程方面,高铁可以明显地加速沿线城乡人口流动和聚集。数据显示,京沪、京广高铁建成前后3年相比,既有普通铁路客运量的变化较小,而高铁客运量年均分别增长85%和50%。有条件的高铁车站还可以建设成为城市综合体,汇聚客流、物流、商流、信息流、资金流,发展"临铁经济""枢纽经济",形成城市新的交通、商业、产业中心[①]。

---

① 张永军,黄占兵.迎接高铁时代 大力发展内蒙古高铁经济[J].北方经济,2019(07):54—57.

3. 疏散部分城市功能

高铁的出现,城市圈、城市带、城市群融合发展的速度加快,这对于网络型、紧凑型的城镇化发展是大有裨益的。从这个意义上说,高铁的发展将在很大程度上影响城市的功能结构。而从结构层面看,大城市"摊大饼"式的发展,往往容易造成"城市病"。有了高铁和高速公路作为高效率的"传送带",城市之间的距离更近了,一个较为直接的好处是让一部分城市功能和一部分人从大城市向中小城市流动,既有利于疏散城市功能,解决现有大城市过度扩张的问题,也有利于促进城乡协调。

(三) 可持续发展方面

1. 制定科学的可持续发展战略

由于高速铁路在技术、管理、方法、制度安排四方面的改进,相比普速铁路更节能减排,极大地促进了沿线地区的环境保护,营造了可持续的经济发展氛围[①]。因此,借鉴国外政府部门从城市化进程、可持续发展、综合运输体系等宏观经济方面出发,制定新的运输发展战略,以提升高铁的可持续竞争优势的经验,可以促进中国高铁的可持续发展[②]。特别是中国高铁网络从"四纵四横"铁路网向"八纵八横"迈进,就是一种科学的可持续发展战略。

2. 广泛应用节能减排技术

高速铁路对能源的消耗量占铁路总消耗量的比重很小。与飞机相比,虽然客运飞机的人均百公里能耗是高铁动车组列车的12倍,但高铁的运量基本是飞机的10倍左右,所以换每公里的能耗计算,高铁和客运飞机的能耗比为1:1.5。动车组列车依靠电力驱动,电能又可以通过风能、核能、太阳能等清洁能源获得,相比飞机和汽车,减少了对于煤炭、石油的依赖程度。高速铁路除了使用电力机车,能实施"以电代油"工程外,其新式的站房设计由于采用了新技术,实现了节能环保。

[①] 张汉斌.我国高速铁路的低碳比较优势研究[J].宏观经济研究,2011(07):17—19.

[②] 吕忠扬,李文兴.国外高铁建设发展对我国高铁可持续发展的启示[J].物流技术,2013(05):18—20.

3. 切实降低发展过程中的负外部性

根据国际铁路联盟专家对欧洲17个国家的分析结果,交通所造成的外部费用(事故、噪声和空气污染、拥挤等)的9%来自道路交通,只有1.7%来自轨道交通。外部费用中77%来自客运,而私人汽车就占60%,道路货运占21%,摩托车占8%,航空客运占4.5%,航空货运占1.5%。经济合作与发展组织(OCED)的研究也表明,导致全球温室效应的一氧化碳排放量中,来源于交通(主要是公路和航空)的部分已经超过1/5,且该比重仍在上升。因此,要充分发挥高铁更有利于社会的可持续发展的优势,通过适当的方式(如外部性内部化)将客运交通需求引向高铁。

三、高铁提升绿色发展质量的对策

(一) 人与自然和谐发展方面

第一,节约土地资源。中国虽然地大物博,但是由于人口和经济活动集聚特征明显,土地资源依然十分紧缺,在发达地区尤为如此。随着高铁建设的加速推进,所征用的土地面积将不断增加,因此,需要把节约土地资源作为中国高铁设计的理念,贯穿到设计、施工、建设以及商业开发的全过程。目前,中国高铁建设中最具代表性的做法,就是"以桥代路",这种设计既能够提高列车行驶的平稳性、安全性,又能够极大地节约土地资源。高铁桥梁一般仅占路基的40%,而且桥下土地资源还可以再利用。

第二,减少环境污染。高铁的发展快速地提升了铁路的电气化水准,优化了铁路能源结构,实现了铁路大面积的"以电代油",降低了对石油的依赖。高铁出行的便捷性可以和飞机媲美,但是能耗却大大低于汽车和飞机。中国高铁全部使用电力牵引,极大地优化了铁路能耗结构,减少了对燃油的消耗,同时提高了能源利用的效率。特别是高铁列车全面采用再生制动技术,可以在不影响旅客乘坐舒适感的情况下大大降低对电能是消耗量。此外,"以电代油"使得高铁在运行过程中基本上不会对沿线造成固、液、气态废弃物的污染,保护了土壤、水体和大气,从而保护了生态环境。

第三,保护物种多样性。在高铁建设中,坚持把生态环境特别是物种的多样性保护放在首位。在项目的设计、施工、建设过程中,尽量避开自然保护区、自然遗产地、地质公园、森林公园、重要湿地等环境敏感地带。工程建设中如何最大程度地减少对周边野生动物的干扰,也是中国高铁建设研究的重点工作。如中国在建设青藏高铁时,在铁路沿线每隔一段距离设置了"藏羚羊迁徙通道",最大限度地减少对藏羚羊生活的影响。又如,西成高铁在经过朱鹮和大熊猫自然保护区时,也都对动物的活动或迁徙可能造成的影响做了研究,并设计安装了动物辅助通道或防护装置。

(二) 绿色生产方面

一方面,提倡绿色生产方式。高速铁路的建设运营可以促进区域内的能源节约与环境保护促进社会发展。世界铁路发展历史证明,采用高速铁路作为区域经济社会中的骨干运输方式是环境保护与能源节约的必然选择。从能源利用效率的角度看,中国高铁人均百公里能耗为飞机的18%和大客车的50%左右。而以"复兴号"高铁为例,CR400AF型复兴号动车组以时速350公里运行时,人均百公里能耗仅3.8度电,高铁无疑是最节能的交通运输方式。而从环境保护的角度看,高铁对环境的污染最小,这也主要源于其能源种类的优势,即高铁是以电力作为动力的,是一种清洁的运输方式、绿色的交通工具。因此,要发挥高铁在推行绿色生产方式上的示范作用,大力倡导绿色发展方式,提高绿色发展质量。

另一方面,提高绿色生产率,进一步发挥高铁对经济社会可持续发展的作用。中国的发展是借助后发优势,吸取国外成功经验,再结合中国国情而形成核心竞争力。因此,在能源安全和环境污染方面,中国也要把握后发优势,不走先污染后治理的道路,坚持科技兴国的核心思想,坚持能源安全战略,发展绿色经济,提高绿色生产率,创造绿色GDP。随着各种绿色技术的开发与进步,能源使用效率增加,中国的绿色生产率还有更大的提升空间,绿色发展质量还会进一步提升。

（三）绿色生活方面

首先，保证高铁的运行速度以及舒适度，让人们在同等距离情况下优先选择高铁出行。中国不仅是世界上最大的汽车生产国，也是最大的汽车消费国，汽车给人们出行带来便利的同时其排放的尾气也会对环境造成污染，寻求高速度、低污染的交通工具成为可行的方案。高铁作为一种使用清洁能源的交通工具，如果能够保证其运行的高速度以及舒适度，为人们的出行带来较好的体验，则能够让人们在同等距离情况下优先选择高铁出行，帮助人们树立绿色的生活习惯。

其次，适量开通和增加旅游省份的高铁线路，为消费者绿色出行提供便捷的交通条件。随着消费水平的不断提高，人们开始由注重物质消费转向精神消费，更加倾向于通过旅游的方式放松自己，便捷的交通能够增强人们的出行意愿和增加人们出行的次数。对于一些旅游资源丰富的地区，比如西藏和云南，适量开通和增加高铁线路，不仅能够拉动地区经济的增长，也能为消费者提供更加便捷和绿色的交通，吸引更多的消费者，让旅游资源面向更加广阔的市场。

最后，扩大铁路电子客票的推广范围，通过"无纸化"减少对生态环境的破坏。一张小小的火车票看似不会对环境造成污染，但是作为人口流动性很大的国家，每逢春运等高峰客流时，对纸质火车票的需求量就很大，间接地消耗了大量的树木等原材料。扩大铁路电子客票的推广范围，从试点逐步推广开来，通过"无纸化"便捷出行的手续、减少个人对环境的间接影响，正如习近平所说："必须树立和践行绿水青山就是金山银山的理念……形成绿色发展方式和生活方式。"[①]促进绿色生活习惯的养成。

四、高铁提升开放发展质量的对策

（一）扩大经贸合作方面

第一，持续推进"高铁外交"，更好发挥高铁对中外经贸合作的作用。近

---

① 习近平.决胜全面建成小康社会 夺取新时代中国特色社会主义伟大胜利在——中国共产党第十九次全国代表大会上的报告[M].北京：人民出版社，2017：24.

几年,"高铁外交"逐渐成为一个热点词汇,2013—2014年曾掀起了中国"高铁外交"的小高潮。中国企业参与建设印度尼西亚雅万高铁项目、中泰铁路等都是中国"高铁外交"取得的显著成就。它为中国高铁"走出去"和中外国际经贸合作起到强大的推动作用。高铁的广泛建设也使各国经济贸易往来更为密切,有力推动了国际经贸往来。

第二,深入推进"一带一路",为高铁"走出去"创建更优发展环境。中国以"一带一路"倡议为契机,积极推动中国高铁"走出去",致力于实现"一带一路"沿线国家的互联互通,欢迎沿线国家搭乘中国发展的快车、便车,与世界各国人民共享发展成果。中国"一带一路"战略获得了世界多国的广泛认可,为中国高铁"走出去"创造了良好的发展环境。只有继续深入推进"一带一路"建设,才能更好地以高铁联结多国,增进国际贸易往来,共享发展成果。

第三,深化高铁领域国际合作,增加国际高铁领域合作的广度与深度。铁路网络建设对于区域联通、沿线国家协调发展的强势带动作用已经得到全世界的广泛认可。在全球化不断推进的当下,只有不断深化国际间高铁领域的合作,才能更好地实现世界各国互联互通,增进经贸合作,实现更好发展。一方面,要加强各国高铁项目的合作力度,从广度上增进国际间经贸合作;另一方面,要加强各国高铁领域技术的合作与交流,推动从生产制造、技术创新、管理经验到整个高铁产业链的交流和合作的不断深入,从而更好地推进国际多边合作,实现更好的发展。

(二)促进人文交流方面

一方面,通过高铁"走出去"弘扬中华历史文化。中国高铁"走出去",无疑将为世界打开呈现中国文化的一扇窗,除了感受中国博大精深的古老黄河文明,也感受当下中国的现代工业文明。中国高铁"走出去",也将促进世界文化和科技大交流大融合:从线路、桥梁,到车站、列车,都将融合各国各地区的文化代表元素,体现五彩斑斓的文化情怀;从线路、桥梁空间布局,到车站功能和造型设计理念,甚至车厢地板和座椅面料图案,都包含了文化的新观念和新元素。

另一方面,通过高铁"走出去"传播中国的价值观念。高铁作为连接沿线各国的重要纽带,必然促进沿线各国之间的文明对话和文化繁荣。同时,伴随高铁"走出去",各种中国的价值观念,如"和平合作、开放包容、互学互鉴、互利共赢"的丝绸之路精神,将得以薪火相传。随着高铁贯穿亚、欧、非大陆,活跃的东亚经济圈、发达的欧洲经济圈以及发展潜力巨大的广大腹地国家将更紧密相连。原来相对封闭、缺乏交流的各国地域文化,通过高速铁路互补交融,同时,也能够更加直观地理解和认同中国的价值观念,从而促进人类文明的发展进步。

(三) 推动全面开放方面

1. 推动从单项技术到全产业链的开放

中国高铁"走出去"从单项工程技术"走出去"到全产业链"走出去",一定程度上是由"市场供求"所决定的。当前不仅是发展中国家对于基础设施有着巨大的投资需求,不少发达国家也面临着基础设施升级换代的需求,而中国有能力也愿意帮助"一带一路"沿线国家加强基础设施建设规划、技术标准体系对接,共同推进国际骨干通道建设,构建连接亚洲各次区域以及亚欧非之间的基础设施网络。双方的这种需求关系潜在地推动了中国高铁的走出去。这种由双方供求所决定的高铁项目合作,本身就是"开放共赢"思想的体现。

2. 推动海陆双向开放

高铁网络的高效联通,将会实现海陆的双向开放,进一步推动"一带一路"中的跨区域合作,届时世界上经济最活跃的东亚经济圈与世界上最发达的欧洲经济圈将会连接起来,中间广大腹地的中东、北非、中亚、南亚等发展中国家和地区将会获益[1]。中国将自身的发展融入全球的发展进程与发展结果中,利用自身发展的极大的外溢性、正外部性,带动沿线国家的发展进而带动全球的发展。这既有利于发展中国家,也有利于发达国家[2]。这体

---

[1] 刘伟.改变世界经济地理的一带一路[M].上海:交通大学出版社,2015:31.
[2] 刘伟.改变世界经济地理的一带一路[M].上海:交通大学出版社,2015:25.

现的也是一种"开放共赢"思想。

3. 推动形成引领世界经济的开放格局

中国对外开放的广度与深度在不断拓展高铁"走出去"战略,尝试将中国自身的发展纳入经济全球化发展之中①。高铁"走出去"战略未来所带动的沿线贸易往来、地区合作,将会进一步促进形成陆海内外联动、东西双向互济的全面开放新格局,推动建设开放型世界经济。这也是中国推行全面开放、提高开放发展质量的重要体现。

五、高铁提升共享发展质量的对策

广大人民群众共享改革发展成果,是社会主义的本质要求,是社会主义制度优越性的集中体现,是中国共产党坚持全心全意为人民服务根本宗旨的重要体现。共享发展就是坚定不移走共同富裕道路,促进人的全面发展,做到发展为了人民,发展依靠人民,发展成果由人民共享,不断增强人民的获得感、幸福感、安全感。

(一) 公共服务方面

一方面,高铁实现公共服务的均等化。随着社会保障体系建设和劳动力市场发育,中国在基本公共服务均等化和缩小收入差距方面的政策努力已经取得明显效果。只有加强公共产品和服务供给,从培育贫困地区和贫困群众的发展能力、促进发展机会均等化、完善发展的基础设施等环节入手,才能使全体人民共同迈入全面小康社会。高铁的开通从很大程度上创新了各个地区公共服务的提供方式,广泛吸引社会资本参与,增强一般公共产品和服务的共建能力,增加供给数量、丰富供给类型、提高供给质量和效率。

另一方面,高铁提升公共服务的水平。高速铁路的建设运营可以改善

---

① 于立新,陈万灵.互利共赢开放战略理论与政策——中国外向型经济可持续发展研究[M].北京:社会科学文献出版社,2011:4.

区域内人们的出行习惯,提高运输服务质量。自高速铁路运营以来,高速铁路带来的高速、安全的出行效应,不但满足人们对于便捷出行的需求,还逐渐改变了人们的生活方式和思想理念。由于高铁运行速度快,能将偏远、落后地区对于公共服务的需求吸引到其经济中心的高铁站点,然后快速地运送到其他更发达的地区,或者把高质量的商品、服务、设备、设施运输至偏远地区,从而有效地扩展发达地区先进社会资源和服务的应用范围,提高了公共服务水平。

(二) 精准扶贫方面

第一,高铁能够改善落后区域发展条件。铁路线路是国家重要的基础交通设施,也是环保的运输方式,适合中国国情。高铁的开通运行促进了区域经济发展,提供了大量就业岗位,改善了当地的交通条件,降低人员出行成本和信息支出。尤其是对于那些偏远、经济不发达地区,通过高铁,为脱贫致富、缩小与经济发达地区的差距提供了可能和机遇。

第二,高铁能够引导落后地区要素流动。目前,中国高铁已经基本实现了全国各省区市的互联互通。例如,粤沪桂黔滇高铁连接珠江三角洲、长江三角洲、珠江—西江经济带、左右江革命老区、滇桂黔石漠化片区和少数民族地区,东部地区有雄厚的财力、发达的工业、先进的技术、优秀的人才,西部地区有丰富的矿产资源、旅游资源、生态资源和低成本的土地、劳动力,互补性强,合作潜力大。以高铁为纽带,加快建设类似粤沪桂黔滇这样的高铁经济带,有利于加快东部产业向西部转移、推进发达地区和贫困地区产能合作。

第三,高铁能够打造落后地区特色产业。许多贫困地区,经济社会发展水平较低,缺乏支柱性产业,工业化和城市化程度也不高。但是,这些地区也是生态环境没有遭到破坏的地方,正如习近平所指出的,"绿水青山就是金山银山",因此,可以通过高铁推动落后地区的旅游产业发展,并形成特色产业。同时,交通运输部、文旅部、国家扶贫办可以共同支持开行高铁旅游扶贫专列,将旅游资源丰富的贫困地区高铁站设为高铁始发站,支持高铁沿线乡村旅游点基础设施建设,还可以在省会城市高铁站推行境内外游客的免税政策。

(三) 提高收入方面

一是节约成本。高铁的发展,以及其带动的相关产业的发展,将会解决一部分劳动力的就业;从收入来看,高铁节省了大量的时间成本,降低了交易成本、运输成本,将增加企业和创业者的收入。高铁的发展将在很大程度上改善人民群众的生活质量,为广大人民群众创造更加美好的新生活空间。

二是缩小收入差距。为了实现共同富裕的宏伟目标,党中央、国务院从战略高度先后出台并实施了沿海优先发展、中部崛起、振兴东北工业和西部大开发战略。在这种背景下,随着各个区域经济结构的调整,各种产品的升级换代,沿海产业向中西部的转移,在带来更大的人与物流动的同时,也必将对交通运输业的发展提出新的需求和新的挑战,而高速铁路的快速发展为实现国家的经济发展战略提供了坚强的运力保障。

(四) 美好生活方面

1. 实现消费结构的升级

中国已经进入消费结构不断升级的阶段,老百姓从过去主要对吃、穿、住、行、用的需求,上升到对学习的需求、快乐的需求、健康的需求、安全的需求、美丽的需求等多种多样的需求。高铁的快速发展,有利于旅游业等服务业的发展,可以更好地满足老百姓对健康、快乐等方面的需求;同时带动文化产业等相关产业的发展,满足老百姓对快乐、美丽等方面的需求。

2. 丰富人们的休闲生活

高铁的发展,活跃了沿线吸引区各种资源要素和人员流动,实现了"人便其行,货畅其流"。这种便利性对于物流、旅游等第三产业发展的推动作用将逐渐显现。例如,高铁开通以后,城市之间的时间距离缩短,游客的出行成本降低,许多人利用一个周末或者小长假出门旅游的想法更容易兑现,形成了"高铁旅游热"。而旅游业的发展,带动的不仅是餐饮、住宿等行业的发展,还将为文化产业、健康休闲等产业的发展带来更多商机。

3. 改变人们的生活方式

高铁运输的快速和城市公交系统的完善能够提升城际交通出行的便捷性,促使异地工作、异地消费、异地置业等"候鸟式"工作生活方式逐渐普及。根据调查,在京津城际高铁开通之前,北京、天津两个城市的居民中有"两城"职住分离考虑或意愿的人口比重仅为 16% 左右,开通后提高了 24 个百分点,达到 40% 左右。目前,中国大地上出现了越来越多的"1 小时经济圈",高铁不仅有效解决了城际通勤族的"就业同城化刚需",而且很好地满足了城际商务客流的移动办公需求,从而极大地改变了人们的生活方式。

第三节 国际层面:以高铁开创对外开放新格局

中国高铁"走出去"是"一带一路"倡议的重要具体表现形式,既适应了国内经济社会发展变化的现实需要,也顺应了域内各国乃至世界各国的共同呼声。就国际层面而言,中国高铁"走出去"将在国际公共品的供给、推动经济全球化发展、建立世界政治经济新秩序、推进"一带一路"倡议、构建人类命运共同体等方面起到破局作用,必须充分认识高铁"走出去"战略的重大意义,针对高铁"走出去"在以上方面遇到的问题提出合理有效的对策建议,最大程度地发挥中国高铁"走出去"在开创对外开放新格局方面的战略作用。

一、提供国际公共品的对策

20 世纪 80 年代末,改革开放的总设计师邓小平在深入分析国际国内形势后,作出外交上"韬光养晦,有所作为"的战略部署。这一重要对外交往策略对于保障中国经济发展发挥了关键性作用。随着 40 多年来中国经济的快速发展,中国综合国力的逐渐提升,国际政治经济格局已经发生了根本性变化,中国已经成为具有重要影响力的区域性乃至全球性大国,中国也开始逐渐承担起更多的国际责任,如参与地区维和、援非抗疫等,与此同时,中国也努力为国际社会提供更多的公共产品。高铁则是中国在"一带一路"框架下为区域乃至全球提供的一项重要公共品,对于推动国际公共品供给模式变革具有深远影响。中国在国际公共品供给体系中的角色变化既是一种难得机遇,也是一个巨大挑战,必须制定符合中国实际又适应各国需要的高铁供给模式与供给策略。

(一) 建立"共商、共建、共享"的高铁供给模式

自"一带一路"倡议提出以来,中国秉承与"一带一路"沿线国家"共商、共建、共享"的原则,致力于共同打造开放、包容、均衡、普惠的区域合作框架,在国际社会引起了强烈反响,更是得到了沿线国家的积极回应。"一带一路"沿线国家在地理区位、经济发展水平、交通基础设施建设状况以及对高速铁路的需求程度等方面存在较大差异,这就需要中国与沿线各国加强政策协商、沟通,平衡各方差异,最大程度达成共识,为后期的高铁项目建设凝聚多方合力。同时,随着中国高铁"走出去"战略的深入推进,涉及的目标对象国将越来越多,区域也将越来越广,各国在政治、经济、文化、社会等呈现出不同形态,中国在提供高铁这一国际公共品时,必须充分认清各国国情的多样性,把握各国的需求差异,提供差异化的供给模式。当前国际社会出现的诸如恐怖主义扩散、气候变化、金融危机、公共疾病防治等问题均说明第二次世界大战结束后依靠霸权国家单方面供给的模式存在较大弊端,非霸权的多边合作供给模式将成为当前和今后国际公共品的主流模式。高速铁路作为一种高端技术产品,因其高效、安全、节能、环保等诸多优点,受到一些国家政府和人民的青睐,国际需求较大。然而,高速铁路建造工艺复杂、成本较高,这也使得单靠任何一个国家的力量均无法提供持续供给。中国在以往的高铁"走出去"实践中多采取向项目建设国提供无息贷款或带资修建等方式,这在一定程度上给中国的财政造成巨大压力,也使中国企业和中国政府在高铁项目中承担了更多的风险。在今后的高速铁路的国际供给中,中国应该与目标建设国充分进行政策沟通,多寻找利益共同点、平衡点,在达成战略共识的基础上共同建设。只有在共同商议、共同建设的基础上,参与高铁建设的各国才能更好地实现共同享

有。高速铁路"共商、共建、共享"供给模式,不仅有助于缓解一国在高速铁路国际供给中的压力,也有助于增强各国人民的获得感,更符合当前国际公共品供给的主流方向。

(二) 拓展融资渠道,增强高铁产品的供给能力

公共产品的提供需要巨大的财力作为支撑,必须多渠道拓展资金来源。提升高铁的国际供给能力,是中国参与国际公共品供给并倡导新国际公共品供给模式的重要保证。高速铁路项目资金需求大、建设周期长、面临风险多,且当前对高速铁路需求大、具有发展高铁意向、与中国签订高铁项目合同的国家多为经济发展水平相对落后的发展中国家,它们通常很难筹集项目建设所需的巨额资金。中国经过改革开放40多年的高速发展,经济实力强劲,资金相对充足,在过去一段时期内,中国承建高铁项目多采用"带资"建设的方式。然而,随着国内经济进入结构性减速期、中国经济下行压力加大,同时中国高铁企业承建的海外项目逐渐增多,给中国企业和中国政府造成了较大的融资压力,也使"带资"建设的运营模式变得不可持续。除了高铁建设的东道国需在项目融资上作出努力外,中国也应该多方拓展融资渠道,提供高铁项目建设的资金保证。

国际公共品的提供需要一个长期融资机制,在"一带一路"框架下,中国政府主导成立了基础设施借贷机构——亚洲基础设施投资银行和专门的基础设施建设基金——丝路基金。此外,中国还主导成立了金砖国家银行,基本形成了以中国为中心的国际公共品供给的金融支持合作网络体系。新兴市场国家尤其是亚投行的目标市场国家基础设施建设资金需求巨大,中国和其他亚投行的发起国应扩大融资规模、加大融资力度,为类似高速铁路这种建设周期长、投资回报慢但外部经济效益明显的跨区域基础设施建设项目提供稳定资金来源。具体而言,亚投行和金砖国家银行应主动与国际金融机构如亚洲开发银行、欧洲复兴银行以及世界银行等加强合作,拓展融资渠道,此外,鉴于高速铁路的在基础设施互联互通中的破局作用以及域内各国对高速铁路建设的巨大需求,应考虑在现有的亚投行和金砖国家银行内部成立专门用于高速铁路建设的专项基金,为各国进行高速铁路项目建设

提供资金支持。除了基础设施借贷机构,私人组织的支持也是中国提供高速铁路这一国际公共品的重要资金来源。目前公共私营合作机制(PPP模式)被广泛运用于道路、桥梁等城市基础设施建设项目。政府与企业组织之间以特许权协议为基础,通过签订合同来明确双方的权利和义务,形成伙伴式合作关系,完成公共产品和服务的提供。PPP模式为增强中国在高铁这一国际公共品的供给能力上创造了可能。中国国内的储蓄率一直处于较高水平,鼓励民间资本参与中国高铁"走出去"项目,将在很大程度上释放中国的投资潜力。

二、引领经济全球化发展的对策

全球化的发展促使当代中国同世界的关系发生了根本性变化,中国的前途命运早已同世界的前途命运日益紧密地联系在一起。中国的快速崛起使得中国在经济全球化进程中的身份和定位发生了巨大转变,即由之前的参与者转变为如今的引领者。中国高铁"走出去"战略则是中国引领经济全球化进程的一大重要战略举措。当前处于经济全球化发展的重要调整期,一方面,原有经济全球化的倡导者如美国、英国等逐渐成为经济全球化的反对者,甚至推行一系列倒行逆施的"逆全球化"政策;另一方面,国际力量对比发生深刻变化,以中国为主要代表的新兴市场国家逐渐成为经济全球化进程的坚定支持者和重要推动力量。在经济全球化新旧动能的换挡期,中国如何发挥好高铁"走出去"战略的破局作用、推动经济全球化发展是一个必须加以认真研究的重要课题。

(一) 培育引领经济全球化新动能

创新是引领发展的第一动力。在全球经济增长放缓、经济复苏乏力的情况下,世界各主要国家都加入了科技创新竞赛的行列,谁掌握了科技创新的制高点,谁就掌握了世界经济发展的主动权。中国政府对科技创新的重大作用始终保持着清醒的认识。党的十八大提出创新驱动发展战略,强调科技创新是提高社会生产力和综合国力的战略支撑,必须摆在国家发展全局的核心位置。党的十八届五中全会进一步提出"创新、协调、绿色、开放、共享"的发展理念。早在2016年,中央就发布了《国家创新驱动发展战略纲要》。创新驱动发展是中国立足国内发展实际、面向全球作出的重大战略调整。中国高铁是中国科技创新能力的集中体现,是中国创新创造的一张亮丽名片,堪称中国技术创新的成功典范。《国家创新驱动发展战略纲要》明确了中国科技创新的发展目标:到2020年进入创新型国家行列,基本建成中国特色国家创新体系;到2030年跻身创新型国家行列,发展驱动力实现根本转换;到2050年建成世界科技创新强国,成为世界主要科学中心和创新高地。

要以高速铁路发展为机遇,积极推动产业技术体系创新,形成发展新优势。高速铁路发展涉及钢铁制造、工程建造、通信设备、集成控制、内饰零件等众多相关产业和行业。在高铁"走出去"的过程中,尤其是在和日本、德国、法国等老牌高铁制造国的竞争过程中,暴露出中国高铁依然存在着核心竞争力不强、比较优势不明显等突出问题。过去,中国高铁以"引进、消化、吸收、再创新"的战略路线,实现了跨越式发展,当前中国已是世界上首屈一指的高铁大国、高铁强国,在博采众长、吸收借鉴外国经验的基础上应更加重视自主创新,加大自主创新力度。高铁作为大国重器,高铁产业链的技术创新很难依靠企业和个人去完成,必须发挥政府的主导作用,从战略上和政策上进行顶层设计、谋篇布局,基于中国当前高铁产业的发展状况,及时做好下一阶段高铁产业发展的整体规划。铁路主管部门要加大研发投入,有步骤、有重点地攻克一批关键性技术领域。企业不仅是市场、产业的主体,更是科技创新的重要力量,中国高铁产业链上的相关产业要充分利用高铁"走出去"过程中暴露问题与不足的难得机遇,加快外来技术转化和内部技术创新,多措并举,推动产业结构升级,促进中国高速铁路发展。同时,高等院校、科研院所等单位应注重发挥在技术创新上的重要作用,鼓励广大铁路相关院校和科研单位以市场需求为导向,以科研项目为依托,构建产、学、研相结合的"三位一体"创新平台,以创新驱动发展,为引领经济全球化提供新动能。

（二）推动经济全球化朝着更加"开放、包容、普惠、平衡、共赢"方向发展

党的十九大指出，要"推动经济全球化朝着更加开放、包容、普惠、平衡、共赢的方向发展"；党的二十大进一步指出，"中国坚持经济全球化正确方向，推动贸易和投资自由化便利化，推进双边、区域和多边合作，促进国际宏观经济政策协调，共同营造有利于发展的国际环境，共同培育全球发展新动能"。这些都为中国引领经济全球化进程指明了方向。党的十一届三中全会作出对内改革、对外开放的顶层设计后，中国逐步形成了由点到线再到面的对外开放格局。在过去对外开放的过程中，中国东部沿海地区一直是对外开放的窗口和前沿，而深处内陆的中西部地区在经济全球化进程中的参与感和存在感较弱。要以中国高铁"走出去"战略尤其是欧亚、中亚、泛亚三条高铁线路为战略突破点，分别从北面、西面和西南方向将中国的中西部地区与亚欧大陆以及非洲大陆各国联系起来，扩展中国对外开放的空间格局，进而形成一个海陆联动、八方互济、全方位开放的对外开放新格局，增强中西部地区在经济全球化过程中的参与感和存在感，推动中部崛起和西部大开发战略的落实，更好地引领经济全球化的发展。

中国高铁"走出去"为中国企业走出去以及中国产品进军国际市场积累了宝贵经验。与之前中国为世界提供低附加值的轻工业产品不同，中国高铁作为高新技术产品，其"走出去"实现了中国在国际产业链、价值链中的巨大跨越。目前中国高铁已经实现了从零部件到整车再到营运服务的"走出去"。中国应对内以加快形成更高水平开放为目标，通过全面深化改革，促进产业调整升级，加大创新力度，加快形成中国高铁的国际标准、国际品牌，从而实现中国高铁从设计、建造、装备、运营维护"走出去"到技术、标准、品牌"走出去"。以高铁为抓手，助力中国实现从制造业到服务业这一对外开放层次的跨越，以更高水平的对外开放推动经济全球化进程。中国高铁"走出去"战略天然具有包容、普惠、平衡、共赢等内在特质，在高铁走出去的过程中也应更加注重发挥其国际公共品的优势，尽量多让高铁项目东道国得实惠，实现双赢乃至多赢。

三、建立世界政治经济新秩序的对策

随着经济全球化的深入发展,国际力量对比发生深刻变化,第二次世界大战结束后以美国为首的西方国家主导建立的具有明显霸权主义色彩的世界政治经济秩序已经无法代表世界大多数国家的利益,建立能够反映、维护世界大多数国家共同利益的世界政治经济新秩序成为当前国际社会的共同呼声和紧迫课题。中国作为拥有全球四分之一人口、经济总量全球第二的世界大国,理应承担起构建世界政治经济新秩序、维护世界和平稳定发展的国际责任。党的十八大以来,以习近平同志为核心的新一届党中央领导集体改变以往的对外交往策略,中国开始更加积极主动地参与国际公共事务,反映了中国在建立世界政治经济新秩序方面作出的诸多努力和强烈愿望。中国高铁"走出去"战略是中国在新的历史时期对外交往的重大战略抉择,也是中国参与国际事务进程、倡导世界政治经济新秩序的重要举措。

(一)建立世界地缘政治新秩序

在过去中国参与经济全球化的过程中,海运一直都是最重要的运输方式。然而,当今世界几条重要的海运航线如马六甲海峡、苏伊士运河、巴拿马运河等均被美国及其盟友所掌控,时刻对中国的航运安全造成威胁,在美国提出重返亚太战略后,这一威胁变得更加明显,中国政府对此也始终保持清醒的认识。中国高铁"走出去"战略有助于中国突破西方国家的战略封锁,为中国的对外经贸提供保证,为中华民族伟大复兴中国梦的实现提供重要战略支撑。

近年来,中美欧俄等世界几个重要经济体的双边关系和多边关系发生了深刻、复杂变化,中国应该充分认识当前的国际政治形势,充分发挥中国高铁"走出去"的战略优势,与"一带一路"沿线国家以及其他有意向发展高速铁路的国家加强合作,共同修建、编织四通八达的高速铁路网络。通过高速铁路网将欧亚大陆乃至全球串联起来,形成新的地缘政治格局,从而在一定程度上对冲美国及其盟国的海洋霸权给中国带来的战略压力。中国正在规划的欧亚高铁、中亚高铁、泛亚高铁以及中俄美加高铁路线可以构建全球高速铁路网,中国政府应与规划线路的沿线各国政府加强政策协商,为中国高铁企业加快走出去步伐,为全球高速铁路网络的早日建成提供保证。目前,中国与"一带一路"沿线国家正在积极规划建设中巴、孟中印缅、新亚欧大陆桥、中蒙俄、中国—中亚—西亚、中国—中南半岛六大经济走廊。以中巴经济走廊建设为例,该线路建成后,中国的大量货物将可以从瓜达尔港装车通过高铁线路运回国内,从而无须经过马六甲海峡,避免美国的威胁。面对中国在海外高铁项目建设过程中遇到的诸如资金、技术、安全等问题,中国政府应积极与目标国家加强合作,克服困难,保证项目顺利实施,充分发挥政府主导、统筹和协调作用。

(二)建立世界经济新秩序

不论是亚洲开发银行、世界银行还是国际货币基金组织,都是由西方发达国家主导建立的。中国围绕高铁"走出去"和"一带一路"倡议展开了一场金融领域的创新活动。由中国主导成立的丝路基金和亚投行,将在一定程度上打破原有的西方国家主导的世界金融秩序。丝路基金和亚投行在中国高铁"走出去"的过程中发挥了重要作用,同时也在一定程度上有助于化解中国的外汇储备风险、加快人民币国际化进程。要进一步加大对丝路基金和亚投行的资助力度,同时,虽说亚投行建立的初衷是为亚洲国家的基础设施建设和"一带一路"建设提供资金支持,然而它的创始成员国已遍布亚洲、欧洲、非洲、南美洲和大洋洲的近200个国家,事实上它已不再是一个仅限于亚洲的区域性金融机构,而是一个全球性的金融机构,因此要进一步扩大亚投行的融资范围,提升其国际化水平和全球服务能力,加快人民币的国际化进程。

随着中国高铁"走出去"步伐的加快,已经建成并投入运营的高铁线路逐渐成为沿线各国贸易往来的重要物流通道,在繁荣"一带一路"沿线国家货物贸易方面发挥了重要作用。以中蒙俄经济走廊为例,重庆—杜伊斯堡、成都—罗兹、郑州—汉堡、苏州—华沙、武汉—捷克和波兰、长沙—杜伊斯堡、义乌—马德里等近20条"中欧"班列线路开通并实现了常态化运营,极大地便利了中国各省区市与欧亚大陆沿线国家之间的经贸往来。要进一步扩大中国高铁对外输出,加快形成互联互通的高速铁路网络体系,利用高铁开拓欧洲、非洲乃至全球市场,密切中国与周边国家的经贸合作。通过金融创新和更加密切的对外经贸合作,建立中国主导、多方参与的世界经济新秩序。

(三) 提升中国国际话语权

国际话语权既彰显了一国的整体实力及其国际影响力,也反过来促进着该国实力的提升[①]。随着经济全球化的深入发展、中国国际地位的提升,中国国际话语权的建设逐渐成为政界和学界日益关注的重点话题。中国国际话语权的提升是中国崛起的应然逻辑,是中国自身利益的正常表达,也符合构建世界政治经济新秩序的内在要求。中国高铁"走出去"对内有助于中国经济的转型升级,对外有助于繁荣地区乃至全球的货物贸易、加强经贸合作,因此要进一步落实高铁"走出去"战略,扩大高铁输出,深化国内产业结构改革,扩大国际经贸市场,进一步夯实中国国际经济话语权的物质基础。

中国高铁发展迅速,技术体系也较为成熟。然而,当前高速铁路的国际标准普遍采用的是日本、德国、法国等老牌高铁强国的技术标准,中国作为国际高铁市场的后起之秀和新进者,在高铁"走出去"的过程中遇到诸多技术标准问题带来的困难。在今后的发展中,中国应加大技术研发力度,提高中国高铁技术标准的制定能力和国际竞争力。要根据当前区域和国际标准的现状,加大中国高铁标准在经济性、安全性、高效性、开放性等方面的宣传力度,提高中国标准的吸引力。同时,中国还应深化与两大国际铁路组织和国际标准组织的交流与合作,为中国高铁标准的制定和推广寻找组织基础。通过加快中国高铁标准的输出、提升国际社会对中国高铁标准的认同,提升中国的国际制度话语权。

提升国际话语权除了需要强大的物质基础,还需要文化软实力。中国作为四大文明古国之一,具有悠久的文明历史和丰富的文化资源。然而我

---

① 陈宗权等."一带一路"建设与中国国际话语权提升[M].成都:西南财经大学出版社,2017.

们同时也清楚地看到,与中国已跻身世界经济大国相比,中国的文化影响力和价值输出能力显然与经济实力还具有不小的差距,这也是中国提出文化自信的内在逻辑之一。中国高铁"走出去"的很多路线与古代丝绸之路重合,能够唤起沿线国家民众的文化基因,加强他们对中华文明的认同。可以围绕中国高铁和古丝绸之路多举办一些相关论坛,加强文化宣传。以高速铁路为契机大力提倡铁路沿线国家的广大青年来华访学、广大民众来华旅游,通过多种形式加强中国与高铁沿线国家的人文交流。同时,中国媒体和文化产业还应积极配合高铁"走出去"战略,利用高铁优势,加快自身走出去步伐,多向发力,共同推动中国国际文化话语权的提升。

四、推进"一带一路"建设的对策

(一) 打造"一带一路"商贸圈

"一带一路"倡议是中国践行积极主动对外交往策略的品牌性工程,是打通亚欧大陆东西商贸通道、实现"五通三同"的繁荣之路与幸福之路。推进"一带一路"沿线国家基础设施互联互通和国际大通道建设,共建国际经济合作走廊是"一带一路"建设的重点内容。其中,道路交通互联互通既是"一带一路"建设的题中应有之义,也是实施"一带一路"倡议的最佳切入点和坚实保障。《推动共建丝绸之路经济带和21世纪海上丝绸之路的愿景与行动》指出,"基础设施互联互通是'一带一路'建设的优先领域"。高铁"走出去"作为"设施联通"领域道路交通基础设施互联互通的重要组成部分,是"一带一路"建设在特定方向和地域上的战略支点,必须最大限度地发挥高铁"走出去"对"一带一路"建设的推动作用。

"一带一路"倡议是一个可持续发展的战略构想,也是一条"绿色之路"。加快国内经济发展方式转变和产业结构调整升级,积极开拓国外市场,解决国内严重的产能过剩和资本过剩,不仅是中国经济发展进入新常态的需要,也是实施"一带一路"倡议的内在要求。要充分利用高铁"走出去"在境外的项目建设,促进国内工程建设能力转移,加快中国在钢铁、水泥等方面的去产能进程,实现可持续发展。以综合交通运输网络体系为载体促进货物、贸易自由流动是"一带一路"倡议的重要内容,也是实施"一带一路"倡议的重要途径。高速铁路具有的传统铁路运量大以及高速、节能等优点使得其成为"一带一路"沿线国家打造快速物流网络的最现实、最可靠也是最经济的选择。同时,高速铁路本身也作为一种商品,参与到中国与"一带一路"沿线国家的商贸交往。应从国内和国际两个层面充分认识中国高铁"走出去"在推进"一带一路"建设方面的"先行军"作用,加快高铁"走出去"步伐,打造"一带一路"商贸圈。

(二)增强"一带一路"认同感

高速铁路是技术密集型产业,只有掌握核心技术才能占领核心市场。中国高铁建设发展历程较短,虽说在采取"引进、吸收、借鉴、转化、创新"这一发展模式后,中国逐渐掌握了高速铁路的核心技术,并具备了一定的自主创新能力。但与传统的高铁强国相比,中国的技术创新能力依然比较薄弱,尤其是在高速列车运行控制系统、通信信号、牵引供电等软件技术方面还不具备完全的自主创新能力。中国在高铁核心技术的专利申请方面较日本、法国、德国等高铁强国明显处于劣势地位,以往中国企业并不注重在海外申请专利和知识产权保护。一方面中国屡屡陷入与日法德等国的知识产权纠纷,被污蔑为技术抄袭,另一方面中国的核心技术也容易被一些发展中国家抄袭,使中国蒙受了巨大损失。这些都使中国高铁"走出去"的目标市场国对中国高铁技术的安全性、可靠性以及技术来源的正当性存有疑虑。此外,日本、法国、德国高速铁路起步较早,积累了丰富的运营管理经验。而中国高铁发展不过十年,在运营管理以及相关软件配套设施上还不够成熟,容易使企业在项目建设与运营管理过程中出现问题,给当地民众带去较差的服务体验。

中国高铁在技术和服务上面临的这些问题,在一定程度上阻碍了中国高铁"走出去"的步伐,降低了沿线国家参与"一带一路"的积极性。对此,中国高铁企业必须在以下几个方面努力。一方面,中国高铁企业要加大研发投入,增强高铁核心技术的完全自主创新能力,增强中国高铁的安全性和可靠性。另一方面，中国高铁企业要增强对知识产权的保护意识，及时申请国际专利，提升中国高铁在核心技术领域的国际专利数量，同时，注重自身知识产权保护，防止外国窥探、窃取中国高铁核心技术，主动开展知识产权海外诉讼维权行动，消除国际社会对中国高铁技术来源正当性的疑虑。此外，中国高铁企业要积极总结国内高铁运营管理的成功经验，并广泛借鉴日本、法国、德国等国家在高铁运营管理上的成功做法，加以吸收转化。同时还要注意将这些有益的国内外经验与高铁目标市场国的实际情况相结合，制定一套符合目标市场国的个性化高铁运营管理模式，提高中国高铁企业的运营管理服务水平，优化目标市场国对中国高铁的体验，提升其对中国"一带一路"的认同度。

（三）通过高铁加快与沿线各国建立对接机制

中国高铁"走出去"尽管具有多重战略意义，但高铁实质上还是中国参与对外贸易的一种商品。要以高铁"走出去"为机遇，在与"一带一路"沿线国家进行贸易谈判时，在充分考虑目标市场国的发展现实和贸易诉求的基础上，致力于建立更加互惠的双边或多边商品贸易合作机制。同时，充分发挥中国高铁在知识产权、技术创新等方面的优势，加快与欧美等发达国家签订双边或多边互惠贸易协定。中国高铁"走出去"带动了中国资本、技术、人才、劳动力等生产要素的对外流动，要以此为契机，进一步与目标市场国及沿线国家加强政策沟通，消减贸易壁垒、改善投资环境、简化审批手续，努力建立直接投资便利化机制。中国必须清楚地认识到，"一带一路"沿线国家普遍经济发展较为落后、抵御金融风险能力较弱且差异明显，在中国高铁"走出去"，尤其是与"一带一路"沿线国家共同出资建设的过程中，要增强利益共享、风险共担意识，与沿线国家建立共同防范金融风险的有效机制。伴随着中国高铁"走出去"，中国储蓄潜能释放、国内过剩产能逐渐对外转移，人民币跨境业务量显著提升。"一带一路"沿线国家货币存在多样性，各国货币政策和汇率政策差异较大，不利于高铁"走出去"和其他贸易的开展。因此要以高铁"走出去"为抓手，加快建立统一协调的货币与汇率机制，推广人民币境外直接结算，加速人民币国际化进程。

五、构建人类命运共同体的对策

党的十八大报告首次提出"倡导人类命运共同体意识",2013年3月,习近平首次在外交场合向世界提出"人类命运共同体"倡议;2015年9月,习近平在联合国总部提出要"构建以合作共赢为核心的新型国际关系,打造人类命运共同体",并详细阐释了"人类命运共同体"的核心思想;2017年,习近平在日内瓦进一步明确了中国提出"人类命运共同体"的动因、愿景以及构建"人类命运共同体"的路径;党的二十大报告明确指出"促进世界和平与发展,推动构建人类命运共同体"。高铁"走出去"与"一带一路"构想正是要倡导构建利益共同体、价值共同体、责任共同体基础上的人类命运共同体。

(一) 以高速构建利益共同体、责任共同体

中国高铁"走出去"符合中国的发展利益,也是对"一带一路"沿线国家和国际社会共同的利益诉求的回应。一方面,"一带一路"沿线国家多为发展中国家和新兴市场国家,它们普遍面临交通基础设施落后的困难局面,落后的交通运输网络难以满足经济发展的需求,发达国家虽说交通运输体系较为完善,也依然具有改造、升级交通基础设施体系的巨大需求。另一方面,中国经过改革开放40多年的快速发展,积累了大量的资本、技术,尤其是在高铁方面,具有技术安全性好、性价比高的巨大优势。同时,伴随着中国经济步入结构性调整期,国内也面临着较为严重的产能过剩问题,中国急需通过高铁"走出去"实现产能、资本、劳动力的对外转移。因此,中国高铁"走出去"符合各方利益,高速铁路的互联互通也将进一步推动建立利益共同体、责任共同体。

中国政府要以海外高速铁路建设为契机,围绕高铁建设遇到的相关问题与高铁目标市场国加强政策协商、机制对接,建立高效的政策沟通机制。中国高铁企业必须加快高铁"走出去"步伐,加速中国海外高铁项目建设进度,抓紧形成互联互通的陆上高速铁路网络体系。以互联互通的高速铁路

网络为欧亚大陆、非洲大陆以及世界各国间加速要素流动、深化经贸往来提供畅通的物流基础,实现区域间、国家间贸易联通,推动经济一体化发展,形成你中有我、我中有你的利益共同体。中国高铁"走出去"不仅是要推动经济发展,更要推动各国间的文化、文明的交流、交融。古丝绸之路使中国的茶文化远播世界各国,今天我们更应充分利用高铁"走出去"形成的互联互通的交通网络体系将中国文化融于中国的产品、技术,通过贸易联通推动中国文化与世界各国文化交流、交融,加强域内各国乃至世界各国的民间交往,实现民心相通,夯实共同的民意基础。同时,在海外高铁项目建设过程中,中方要注重与目标市场国在平等互利的基础上共同参与项目建设、资金投入,共同享有高铁项目建设成果,同时要强化共担高铁项目责任与风险的意识,构建责任共同体。通过高铁"走出去","一带一路"沿线各国以及世界各国构建利益共同体、责任共同体是构建人类命运共同体的关键一招。

(二)以高铁构建价值共同体

中国高铁"走出去"的道路并非一帆风顺,除了上文提到的技术、资金以及外部竞争对手的挑战等问题外,价值认同问题则是中国高铁"走出去"面临的另一个非常棘手但又必须解决的问题。以美国为首的西方国家一直对中国采取战略敌视态度,对中国的一切外交行动始终保持着高度的警惕,具有很强的戒备心理。早在"一带一路"倡议提出之初,美国就在国际上重弹"中国威胁论"的老调。"一带一路"倡议及其背景下的中国高铁"走出去"将改变欧亚大陆现有的地缘政治格局,实际上,这是符合欧亚大陆各国的共同利益。但美国却不愿面对这一现实,在各种国际场合对中国的"一带一路"倡议和中国高铁"走出去"战略进行歪曲解读,宣称中国的"一带一路"倡议和高铁"走出去"战略将会对"一带一路"沿线国家的安全造成威胁,并对这些国家进行资源掠夺。由于历史和自身的一些政治、社会原因,一些不明真相的发展中国家以及部分"一带一路"域内国家轻信美国所谓的"中国威胁论",认为中国的"一带一路"倡议是中国对外扩张和进行资源掠夺的工具,高铁建设将严重破坏当地的生态环境等,甚至还有一些国家的民众认为中国在当地建设高铁项目会挤占当地人的就业机会。外部的这些负面舆论给中国高铁"走出去"以及"一带一路"倡议的落地造成了不小的阻力，同时，也暴露出中国在舆论宣传上劣势明显，仍需付出更多努力。

中国政府应利用各种国际场合主动发声，为"一带一路"倡议和高铁"走出去"正名。要坚定地向国际社会阐明"和平发展、共享发展、包容发展"的中国价值，表明中国高铁"走出去"所遵循的"共商、共建、共享"的原则立场，争取赢得国际社会的价值认同。事实上，中国高铁企业以及其他工程建设企业在海外进行项目建设时都聘用一定比例的当地工人，给当地民众创造了大量的就业机会。中国高铁企业应该以实际行动向东道国和潜在的目标市场国证明，中国高铁"走出去"不仅不会给当地带来威胁，反而给当地带来了发展机遇。具体而言，中国高铁企业及其他中方企业应将带动当地就业和促进当地经济发展的经验数据整理成册，每年以多种语言出版相关报告，从直观上增强高铁项目东道国民众和世界各国民众对中国高铁"走出去"战略的了解，谣言不攻自破。中国高铁在走出去的过程中要尽量淡化政治色彩，以企业为主，并加强民间的人文交流合作，为中国高铁做好宣传。在员工出国前中国高铁企业要有针对性地对其进行相关培训，使其了解东道国的政治、经济、社会、文化、风俗、法律等方面知识，出国后要充分尊重东道国的风俗习惯，与当地民众、企业建立良好的联系，融入当地文化。环保问题不仅是东道国关注的重点问题，也是中国始终强调并大力整治的重点问题，中国高铁企业在高速铁路的工程建设过程中要提前谋划部署，尽量将对当地生态环境的破坏程度降到最小。同时，中国高铁企业也应注重更新高铁技术，优化高铁服务，使东道国民众具有良好的高铁体验。通过多种措施共同发力，提升中国高铁"走出去"的国际价值认同，构建价值共同体，进而构建人类命运共同体。

参考文献

[1] 巴雷特. 合作的动力:为何提供全球公共产品?[M]. 上海:上海人民出版社,2012.
[2] 蔡昉. 全要素生产率是新常态经济增长动力[J]. 经济研究信息,2015(12):10—13.
[3] 曹亚林. 高速铁路的社会效益及其计算方法[J]. 中国铁路,1992(11):18—21,38.
[4] 陈佳丽. 产业集聚区的经济与社会效益分析[J]. 商场现代化,2013(12):136—137.
[5] 陈婧,方军雄,秦璇. 交通发展、要素流动与企业创新——基于高铁开通准自然实验的经验证据[J]. 经济理论与经济管理,2019(04):20—34.
[6] 陈云贤. 以科技创新促进产业结构转型升级[J]. 行政管理改革,2016,1(01):24—28.
[7] 陈宗权等. "一带一路"建设与中国国际话语权提升[M]. 成都:西南财经大学出版社,2017.
[8] 成长春,徐海红. 中国生态发展道路及其世界意义[J]. 江苏社会科学,2013(03):1—11.
[9] 程恩富. 政治经济学(第五版)[M]. 北京:高等教育出版社,2019.
[10] 程庆国,尹令昭,陈修正,等. 论我国发展高速铁路的必要性[J]. 中国铁道科学,1992(02):1—8.
[11] 邓金堂,李进兵. 我国战略性新兴产业内生增长机制研究[J]. 软科学,2013,27(08):20—25.
[12] 邓涛涛,王丹丹,程少勇. 高速铁路对城市服务业集聚的影响[J]. 财经研究,2017,43(07):119—132.
[13] 邓小平. 邓小平文选(第三卷)[M]. 北京:人民出版社,1993.
[14] 丁志刚,孙经纬. 中西方高铁对城市影响的内在机制比较研究[J]. 城市规划,2015,39(07):25—29.
[15] 杜明军. 区域一体化进程中的"虹吸效应"分析[J]. 河南工业大学学报(社会科学版),2012,8(03):38—41,46.
[16] 杜兴强,彭妙薇. 高铁开通会促进企业高级人才的流动吗?[J]. 经济管理,2017,39(12):89—107.
[17] 樊丽明,石绍宾. 关于国际公共品供给与消费的研究综述[J]. 经济学动态,2003(11):80—83.
[18] 冯华,黄凌翔. 发挥铁路现代化作用 实现高速铁路综合效益最大化[J]. 中国铁路,2010(10):4—7.

[19] 冯华,薛鹏.中国高速铁路的综合效益与支持政策探析[J].广东社会科学,2011(03):12—19.

[20] 高柏等.高铁与中国21世纪大战略[M].北京:社会科学文献出版社,2012.

[21] 高铁见闻.高铁风云录[M].长沙:湖南文艺出版社,2015.

[22] 耿坤.高速铁路的社会效益研究——以京广高速铁路为例[J].天津经济,2013(04):44—46.

[23] 郭进,白俊红.高速铁路建设如何带动企业的创新发展——基于Face-to-Face理论的实证检验[J].经济理论与经济管理,2019(05):60—74.

[24] 国家铁路局《高铁经济学导论》编写组.高铁经济学导论[M].北京:中国铁道出版社,2018.

[25] 韩爽.我国产业集聚形成机制:理论与实证分析[D].吉林大学,2009.

[26] 胡延珽,孙有望.基于双重效益发展高速铁路快运物流的研究[J].物流科技,2013,36(10):119—122.

[27] 蒋海兵,徐建刚,祁毅.京沪高铁对区域中心城市陆路可达性影响[J].地理学报,2010,65(10):1287—1298.

[28] 蒋丽.从"第一生产力"到"第一动力"——论社会主义生产力基础与创新发展战略的逻辑起点契合[J].广西社会科学,2018(09):28—33.

[29] 姜荣春,江涛.新时代全面开放新格局思想的逻辑关系研究[J].国际贸易,2018(07):11—15.

[30] 靳瀚博.新经济下的铁路客运服务创新研究[D].北京交通大学,2015.

[31] 孔令章,李晓东,白洋.高铁对欠发达地区可达性影响及空间发展策略研究——以兰新高铁为例[J].西北师范大学学报(自然科学版),2019,55(03):112—117.

[32] 来逢波.综合运输体系对区域经济空间格局的塑造与优化研究[M].北京:经济科学出版社,2014.

[33] 兰英.高速铁路对中国经济发展的影响[M].北京:经济日报出版社,2016.

[34] 李乐乐,周国华.我国高铁社会效益指标体系研究[J].世界科技研究与发展,2010,32(05):707—711.

[35] 李想,杨英法.高铁经济效应的两面性及对策[J].云南社会科学,2014(02):94—97.

[36] 李正彪,杨青,王焱.基础设施建设对经济增长的促进作用研究——以云南省为例[J].经济问题探索,2012(08):28—32.

[37] 林晶晶,骆玲.高速铁路对区域经济影响评价[M].成都:西南交通大学出版社,2015.

[38] 林晓言,罗燊,朱志航.区域质量与高速铁路社会效用——关于高速铁路建设时机的研究[J].中国软科学,2015(04):76—85.

[39] 林晓言.高铁经济研究成果述评及基础理论走向[J].北京交通大学学报(社会科学版),2018,17(04):20—37.

[40] 刘芳.高速铁路、知识溢出与城市创新发展——来自278个城市的证据[J].财贸研究,2019(04):14—29.

[41] 刘方棫.论产业布局优化[J].求索,1990(03):3—9.
[42] 刘和东.国内市场规模与创新要素集聚的虹吸效应研究[J].科学学与科学技术管理,2013,34(07):104—112.
[43] 刘昆.高速铁路对沿线城市生产性服务业集聚影响研究——以京广高铁为例[D].北京交通大学,2018.
[44] 刘莉文,张明.高速铁路对中国城市可达性和区域经济的影响[J].国际城市规划,2017,32(04):76—81,89.
[45] 刘亮娇.郑西高铁对沿线城市可达性及旅游经济的影响研究[D].陕西师范大学,2018.
[46] 刘世锦.推动经济发展质量变革、效率变革、动力变革[J].中国发展观察,2017(21):5—6,9.
[47] 刘伟.改变世界经济地理的一带一路[M].上海:交通大学出版社,2015.
[48] 龙玉,赵海龙,张新德,等.时空压缩下的风险投资——高铁通车与风险投资区域变化[J].经济研究,2017(04):195—208.
[49] 鲁万波,贾婧.高速铁路、城市发展与区域经济发展不平等——来自中国的经验数据[J].华东经济管理,2018,32(02):5—14,2.
[50] 骆玲,曹洪.高速铁路的区域经济效应研究[M].成都:西南交通大学出版社,2010.
[51] 罗鹏飞,徐逸伦,张楠楠.高速铁路对区域可达性的影响研究——以沪宁地区为例[J].经济地理,2004(03):407—411.
[52] 罗文.紧扣高质量发展要求 加快发展先进制造业[J].求是,2018(8):23—25.
[53] 吕健,刘静静.中国高铁经济研究的现状、演进与趋势[J].产业经济评论(山东大学),2019(3):87—113.
[54] 吕忠扬,李文兴.国外高铁建设发展对我国高铁可持续发展的启示[J].物流技术,2013(05):18—20.
[55] 马克思.资本论(第一卷)[M].北京:人民出版社,1975.
[56] 马克思,恩格斯.马克思恩格斯选集(第一卷)[M].北京:人民出版社,2012.
[57] 马克思,恩格斯.马克思恩格斯全集(第二十卷)[M].北京:人民出版社,1972.
[58] 马敏.如何理解新时代"强起来"的深刻内涵[N].陇南日报,2018-09-22.
[59] 毛泽东.毛泽东文集(第5卷)[M].北京:人民出版社,1996.
[60] 倪艳霞,孙敬.关于高铁路域环境累积效应的研究[J].商,2014(18):181.
[61] 宁吉喆.如何看待我国服务业快速发展[J].求是,2016(20):38—40.
[62] 农业部.全国农业可持续发展规划(2015—2030年)[R].农业部,2015:154.
[63] 覃成林,杨晴晴.高速铁路对生产性服务业空间格局变迁的影响[J].经济地理,2017,37(02):90—97.
[64] 史敦友.高速铁路的城市群产业发展效应[D].西南交通大学,2015.
[65] 宋文杰,史煜瑾,朱青,等.基于节点-场所模型的高铁站点地区规划评价——以长三角地区为例[J].经济地理,2016,36(10):18—25,38.
[66] 孙健韬.高速铁路对区域经济的影响分析[D].北京交通大学,2012.
[67] 万昆,李建生,江毅.国际知识建构研究的热点领域和前沿演变——基于WOS期

刊文献的可视化分析[J].现代情报,2017,37(12):154—161.
[68] 王姣娥,焦敬娟,金凤君.高速铁路对中国城市空间相互作用强度的影响[J].地理学报,2014,69(12):1833—1846.
[69] 王洁,薛华琳,张小远.高铁经济下的大中城市虹吸作用机制研究[C].北京:中国城市规划年会,2015.
[70] 王鹏,李彦.高铁对城市群经济集聚演化的影响——以中国三大城市群为例[J].城市问题,2018(05):62—72.
[71] 汪青松.新时代马克思主义中国化的新飞跃[J].当代世界与社会主义,2018(01):41—46.
[72] 王晓东.建设统一开放、竞争有序的市场体系[J].求是,2018(02).
[73] 王垚,年猛.高速铁路带动了区域经济发展吗?[J].上海经济研究,2014(02):82—91.
[74] 王翔民."从站起来、富起来到强起来"的历史唯物主义逻辑[N].学习时报,2018-01-24(02).
[75] 卫藤卓也.交通运输经济论[M].北京:人民交通出版社,2015.
[76] 魏际刚.生产性服务业发展呈现新趋势[N].经济日报,2018-08-09(15).
[77] 魏立佳,张彤彤.铁路经济学研究的新进展[J].经济评论,2018(06):154—166.
[78] 卫兴华.大家手笔:马克思的生产力理论超越了西方经济学[N].人民日报,2017-04-10(07).
[79] 吴锦顺.高铁改造引发的大都市圈效应对县域经济的影响[J].地域研究与开发,2019,38(03):1—5.
[80] 习近平.变中求新、新中求进、进中突破——在省部级主要领导干部专题研讨班上的讲话[R].新华社,2016-01-22.
[81] 习近平.高举中国特色社会主义伟大旗帜 为全面建设社会主义现代化国家而团结奋斗——在中国共产党第二十次全国代表大会上的报告[M].北京:人民出版社,2022.
[82] 习近平.共建创新包容的开放型世界经济:在首届中国国际进口博览会开幕式上的主旨演讲[M].北京:人民出版社,2018.
[83] 习近平.关于《中共中央关于全面深化改革若干重大问题的决定》的说明[N].人民日报,2013-11-16(01).
[84] 习近平.坚定信心增强定力 坚定不移推进供给侧结构性改革[N].人民日报,2016-07-09(01).
[85] 习近平.决胜全面建成小康社会 夺取新时代中国特色社会主义伟大胜利——在中国共产党第十九次全国代表大会上的报告[M].北京:人民出版社,2017.
[86] 习近平.开放共创繁荣 创新引领未来:在博鳌亚洲论坛2018年年会开幕式上的主旨演讲[M].北京:人民出版社,2018.
[87] 习近平.立足我国国情和我国发展实践 发展当代中国马克思主义政治经济学[N].人民日报,2015-11-25(01).
[88] 习近平.联通引领发展 伙伴聚焦合作[N].人民日报,2014-11-09(02).

[89] 习近平. 面向未来开拓进取促进亚太发展繁荣——在亚太经合组织第二十四次领导人非正式会议第一阶段会议上的发言[N]. 人民日报,2016-11-22(02).

[90] 习近平. 齐心开创共建"一带一路"美好未来——在第二届"一带一路"国际合作高峰论坛开幕式上的主旨演讲[M]. 北京:人民出版社,2019.

[91] 习近平. 让工程科技造福人类、创造未来——在2014年国际工程科技大会上的主旨演讲[N]. 人民日报,2014-06-04(02).

[92] 习近平. 深化伙伴关系 增强发展动力——在亚太经合组织工商领导人峰会上的主旨演讲[N]. 人民日报,2016-11-21(01).

[93] 习近平. 深化文明交流互鉴 共建亚洲命运共同体——在亚洲文明对话大会开幕式上的主旨演讲[M]. 北京:人民出版社,2019.

[94] 习近平. 深刻认识建设现代化经济体系重要性 推动我国经济发展焕发新活力迈上新台阶——在中共中央政治局第三次集体学习上的讲话[R]. 新华社,2018-01-30.

[95] 习近平. 顺应时代前进潮流 促进世界和平发展——在莫斯科国际关系学院的演讲[N]. 人民日报,2013-03-24(02).

[96] 习近平. 为建设世界科技强国而奋斗——在全国科技创新大会、两院院士大会、中国科协第九次全国代表大会上的讲话[N]. 人民日报,2016-06-01(02).

[97] 习近平. 习近平谈治国理政(第一卷)[M]. 北京:外文出版社,2014.

[98] 习近平. 习近平谈治国理政(第二卷)[M]. 北京:外文出版社,2017.

[99] 习近平. 携手推进"一带一路"建设——在"一带一路"国际合作高峰论坛开幕式上的演讲[N]. 人民日报,2017-05-15(03).

[100] 习近平. 在出席金砖国家领导人厦门会晤时的讲话[M]. 北京:人民出版社,2017.

[101] 习近平. 在出席世界经济论坛2017年年会和访问联合国日内瓦总部时的演讲[M]. 北京:人民出版社,2017.

[102] 习近平. 在出席亚太经合组织第二十六次领导人非正式会议时的讲话[M]. 北京:人民出版社,2018.

[103] 习近平. 在二十国集团工商峰会开幕式上的主旨演讲[N]. 人民日报,2016-09-04(01).

[104] 习近平. 在庆祝改革开放40周年大会上的讲话[N]. 人民日报,2018-12-19(02).

[105] 习近平. 在庆祝海南建省办经济特区30周年大会上的讲话[M]. 北京:人民出版社,2018.

[106] 习近平. 在庆祝中国共产党成立95周年大会上的讲话[N]. 人民日报,2016-07-02(02).

[107] 习近平. 在省部级主要领导干部学习贯彻党的十八届五中全会精神专题研讨班上的讲话[N]. 人民日报,2016-5-10(02).

[108] 习近平. 在十八届中共中央政治局常委同中外记者见面时强调:人民对美好生活的向往就是我们的奋斗目标[N]. 人民日报,2012-11-16(04).

[109] 习近平. 正确发挥市场作用和政府作用 推动经济社会持续健康发展[N]. 人民日报,2014-05-28(1).

[110] 习近平. 之江新语[M]. 杭州:浙江人民出版社,2013.

[111] 席强敏.优化生产性服务业的空间结构[N].中国社会科学报,2019-05-22(04).

[112] 肖金成,袁朱.中国将形成十大城市群[J].党政干部文摘,2007(05):21—22.

[113] 谢汉生,黄茵,马龙.高速铁路节能环保效应及效益分析研究[J].铁路节能环保与安全卫生,2011,1(01):19—22.

[114] 辛大楞,李建萍.高铁开通与地区旅游业发展——基于中国287个地级及以上城市的实证研究[J].山西财经大学学报,2019,41(06):57—66.

[115] 徐飞.中国高铁的全球战略价值[J].人民论坛·学术前沿,2016(02):6—20.

[116] 徐玉萍.高速铁路建设促进区域经济发展问题研究[J].江西社会科学,2011(12):62—65.

[117] 杨万东,张建君,程冠军.关键一招——对话改革开放40年[M].北京:经济科学出版社,2018.

[118] 杨有国.高速铁路对区域人才流动的叠加效应研究[J].铁道运输与经济,2019,41(03):12—17.

[119] 姚诗煌.高铁经济[M].上海:上海科学技术文献出版社,2019.

[120] 姚文捷,朱磊.基于分向引力模型的点轴城市系统双重虹吸效应研究——以沪杭一线(上海—嘉兴—杭州)为例[J].地域研究与开发,2018,37(02):20—24.

[121] 于立新,陈万灵.互利共赢开放战略理论与政策——中国外向型经济可持续发展研究[M].北京:社会科学文献出版社,2011.

[122] 余庆.高速铁路经济效益及其影响因素分析[J].中国市场,2017(27):22—23.

[123] 余泳泽,潘妍.高铁开通缩小了城乡收入差距吗?——基于异质性劳动力转移视角的解释[J].中国农村经济,2019(01):79—95.

[124] 张国华.中国城市化下半程,公共服务业决定成败[EB/OL].https://www.yicai.com/news/100113203.html.

[125] 张汉斌.我国高速铁路的低碳比较优势研究[J].宏观经济研究,2011(07):17—19,49.

[126] 张恒龙,陈方圆.高铁对区域协调发展的影响分析——基于徐兰客运专线的实证分析[J].上海大学学报(社会科学版),2018(05):91—106.

[127] 张克中,陶东杰.交通基础设施的经济分布效应——来自高铁开通的证据[J].经济学动态,2016(06):62—73.

[128] 张楠楠,徐逸伦.高速铁路对沿线区域发展的影响研究[J].地域研究与开发,2005(03):32—36.

[129] 张文松."一带一路"倡议下中国高铁"走出去"战略研究[M].北京:经济管理出版社,2019.

[130] 张永军,黄占兵.迎接高铁时代 大力发展内蒙古高铁经济[J].北方经济,2019(07):54—57.

[131] 章玉贵.中国宜稳步构筑贸易与金融新边疆[N].证券时报,2014-11-11(03).

[132] 张召华,王昕.高铁建设对劳动力资源配置效果检验——来自产业-就业结构偏差的解释[J].软科学,2019,33(04):44—47,61.

[133] 张兆同.论我国增长极的扩散效应实现[J].江苏社会科学,2009(06):73—77.

[134] 赵丹,张京祥.高速铁路影响下的长三角城市群可达性空间格局演变[J].长江流域资源与环境,2012,21(04):391—398.

[135] 中共中央.中共中央关于党的百年奋斗重大成就和历史经验的决议[N].人民日报,2021-11-17(01).

[136] 中共中央.中共中央关于坚持和完善中国特色社会主义制度 推进国家治理体系和治理能力现代化若干重大问题的决定[N].人民日报,2019-11-06(01).

[137] 中共中央.中共中央关于全面深化改革若干重大问题的决定[N].人民日报,2013-11-16(01).

[138] 中共中央.中国共产党第十八届中央委员会第五次全体会议公报[N].人民日报,2015-10-30(01).

[139] 中共中央文献研究室.邓小平年谱(1975—1997)[M].北京:中央文献出版社,2007.

[140] 中共中央文献研究室.习近平关于全面建成小康社会论述摘编[M].北京:中央文献出版社,2016.

[141] 中共中央文献研究室.习近平关于社会主义经济建设论述摘编[M].北京:中央文献出版社,2017.

[142] 中共中央宣传部.习近平总书记系列重要讲话读本[M].北京:人民出版社,2016.

[143] 中共中央宣传部,国家发展和改革委员会.习近平经济思想学习纲要[M].北京:人民出版社,2022.

[144] 钟山.实现我国开放事业新发展新提高新突破[N].国际商报,2017-06-20(01).

[145] 钟业喜,黄洁,文玉钊.高铁对中国城市可达性格局的影响分析[J].地理科学,2015,35(04):387—395.

[146] Bin Geng, Haijun Bao, Ying Liang. A Study of the Effect of a High-speed Rail Station on Spatial Variations in Housing Price Based on the Hedonic Model[J]. Habitat International, 2015, 49.

[147] Chen C. CiteSpace II: Detecting and Visualizing Emerging Trends and Transient Patterns in Scientific Literature[J]. Journal of the American Society for Information Science and Technology, 2006, 57(03):359-377.

[148] Hyojin Kim, Selima Sultana. The Impacts of High-speed Rail Extensions on Accessibility and Spatial Equity Changes in South Korea from 2004 to 2018[J]. Journal of Transport Geography, 2015, 45.

[149] Jayaraman, R., Kanbur, R. International Public Goods and the Case for Foreign Aid[M]. Cornell University Press, 1998.

[150] Kaul I., Conceicao, P., Le Goulven, K., Mendoza, R. U. Providing Global Public Goods: Managing Globalization[M]. New York: Oxford University Press, 2003:23.

[151] Kindlerberger, C. P. Dominance and Leadership in the International Economy: Exploitation, Public Goods, and Free Riders[J]. International Studies Quarterly, 1981, 25(02):242-254.

[152] Kindlerberger, C. P. International Public Goods without International Government[J]. The American Economic Review, 1986, 76(1):1-13.

[153] Kindlerberger, C. P. The World in Depression 1929-1939[M]. London: The Penguin Press, 1973.

[154] Kobayashi K, Okumura M. The Growth of City Systems with High-speed Railway Systems[J]. Annals of Regional Science, 1997, 31(01):39-56.

[155] Krugman, P. Geography and Trade[M]. Cambridge: The MIT Press, 1991.

[156] Moshe Givoni, David Banister. Speed: the Less Important Element of the High-Speed Train[J]. Journal of Transport Geography, 2012, 22.

[157] Nordhaus, W. D. Global Public Goods and the Problem of Global Warming[R], The Institut d'Economie Industrielle, 1999(06).

[158] Preston J, Wall G. The Ex-ante and Ex-post Economic and Social Impacts of the Introduction of High-speed Trains in South East England[J]. Planning Practice & Research, 2008, 23(03): 403-422.

[159] Roger Vickerman. Can High-speed Rail Have a Transformative Effect on the Economy?[J]. Transport Policy, 2018, 62.

[160] Roger Vickerman. High-speed Rail and Regional Development: the Case of Intermediate Stations[J]. Journal of Transport Geography, 2015, 42.

图书在版编目(CIP)数据

高铁政治经济学/吕健著.—上海：复旦大学出版社,2024.4
ISBN 978-7-309-16725-2

Ⅰ.①高… Ⅱ.①吕… Ⅲ.①高速铁路-作用-研究-中国 Ⅳ.①F532.3

中国国家版本馆 CIP 数据核字(2023)第 018880 号

高铁政治经济学
GAOTIE ZHENGZHI JINGJI XUE
吕　健 著
责任编辑/谢同君

复旦大学出版社有限公司出版发行
上海市国权路 579 号　邮编：200433
网址：fupnet@fudanpress.com　http://www.fudanpress.com
门市零售：86-21-65102580　团体订购：86-21-65104505
出版部电话：86-21-65642845
上海盛通时代印刷有限公司

开本 787 毫米×960 毫米　1/16　印张 17.5　字数 252 千字
2024 年 4 月第 1 版
2024 年 4 月第 1 版第 1 次印刷

ISBN 978-7-309-16725-2/F・2958
定价：88.00 元

如有印装质量问题，请向复旦大学出版社有限公司出版部调换。
版权所有　　侵权必究